Cantabria:
Románico imprescindible

1ª edición: marzo 2017

Supervisión técnica: Pedro Luis Huerta

Fotografías: Fundación Santa María la Real del Patrimonio Histórico
(**Santillana de Mar:** Jaime Nuño González y Esteban Sainz Vidal; **Socobio-Castañeda:** Jaime Nuño González y Jesús Herrán Ceballos; **Bareyo:** Esteban Sainz Vidal y Jesús Herrán Ceballos; **Yermo:** Esteban Sainz Vidal y Jesús Herrán Ceballos; **Silió:** Jaime Nuño González y Jesús Herrán Ceballos; **Bárcena de Pie de Concha:** Jaime Nuño González y Jesús Herrán Ceballos; **Retortillo:** Jaime Nuño González y Jesús Herrán Ceballos; **Cervatos:** Jaime Nuño González y Jesús Herrán Ceballos; **San Martín de Elines:** Jaime Nuño González y Jesús Herrán Ceballos; **Piasca:** Jaime Nuño González, Jesús Herrán Ceballos y Darío Herrán de la Gala)

Planos: Fundación Santa María la Real del Patrimonio Histórico
(**Santillana de Mar:** José Ramón Fuente López; **Socobio-Castañeda:** Alfredo Antuña Presa; **Bareyo:** Francisco de Borja Ferrer; **Yermo:** Francisco de Borja Ferrer; **Silió:** Eduardo González de Prado; **Bárcena de Pie de Concha:** FSMLR; **Retortillo:** FSMLR; **Cervatos:** Alfredo Antuña Presa; **San Martín de Elines:** FSMLR; **Piasca:** José Ramón Fuente López)

Diseño de la colección: Jesús Herrán Ceballos

Diseño de cubierta: Jesús Allende Valcuende,
sobre una imagen de José María Pérez, "Peridis"

Maquetación: Camus Impresores, S.L. (Begoña Diez)

Impresión: Camus Impresores, S.L.

ISBN: 978-84-15072-98-0

Depósito Legal: P 47-2017

Cantabria
Románico imprescindible

Jesús Herrán Ceballos

FUNDACIÓN
**Santa María la Real
del Patrimonio Histórico**

Índice

Declaración de intenciones

Esta guía que tienes en las manos no es una guía al uso. En ella no está representado todo el románico de Cantabria, pero sí el esencial.

Desde Aguilar de Campoo, los componentes del equipo de profesionales de la Fundación Santa María la Real del Patrimonio Histórico hemos seleccionado para tu viaje los diez edificios que consideramos de visita obligada cuando el tiempo de que dispones es escaso.

Hemos organizado el recorrido en cuatro rutas, aunque, por supuesto, tienes libertad para adaptarlo a tus necesidades, sabiendo de antemano que cada visita tiene sentido en sí misma.

Por mi parte, intentaré guiarte por las iglesias como si vinieras conmigo, consciente de que pocas compañías son tan cercanas como las del escritor con sus lectores. Por eso me ofrezco desde este momento a ser tu anfitrión.

Cuento para ello con el vasto fondo de información que contiene la *Enciclopedia del Románico en Cantabria*, del maestro Miguel Ángel García Guinea, cuya edición estuvo a mi cargo. Pero, no temas. Voy a intentar transmitirte del modo más ameno posible parte de su amplísimo saber. Y, por supuesto, no voy a apabullarte con datos eruditos ni con fechas abundantes, porque, siguiendo el sabio consejo de Borges, que consideraba «que las fechas son para el olvido, pero fijan en el tiempo a los hombres», te proporcionaré las estrictamente necesarias para «fijar en el tiempo» los edificios y sus artífices.

De vez en cuando le pediré a José María Pérez, *Peridis*, mi acompañante en esta andadura, que me dibuje una iglesia, un capitel, un canecillo…, detalles sueltos que, gracias a su generosidad, compartiré luego contigo en esta guía.

Pero, dejémonos de charlas. Ponte ropa y calzado cómodos, toma tu cámara fotográfica y dile a tu familia o a tus amigos que te acompañen. Que vamos a emprender un viaje apasionante por los diez edificios imprescindibles que hemos elegido para ti en Cantabria.

Adelante, pasa la página y nos ponemos en marcha.

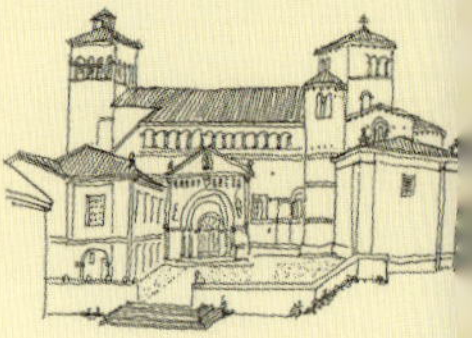

1. Santillana del Ma

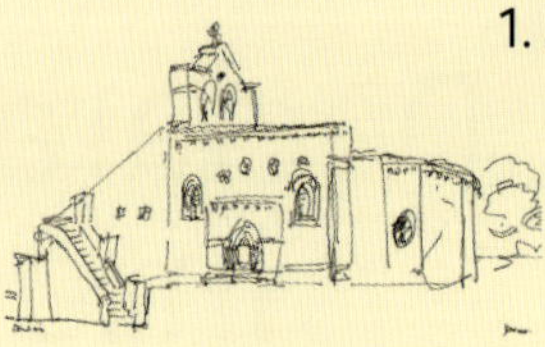

4. Yermo

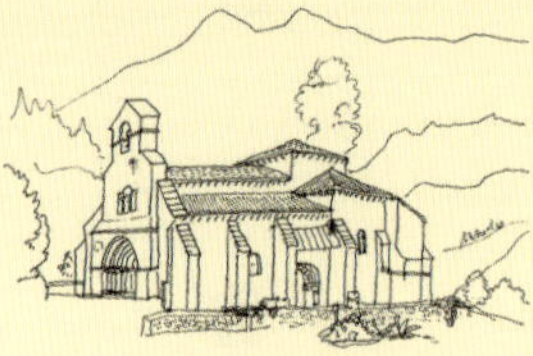

10. Piasca

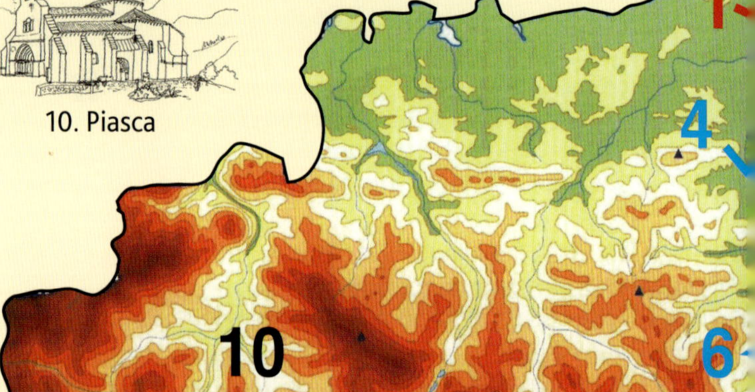

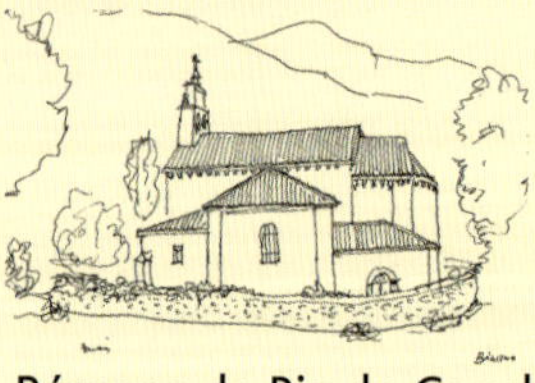

6. Bárcena de Pie de Concha

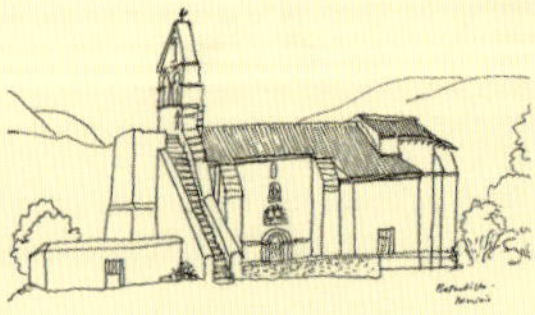

7. Retortillo

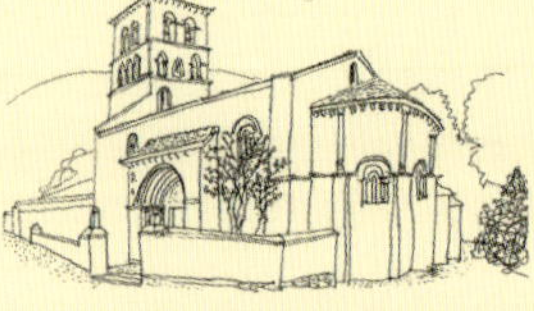

8. Cervatos

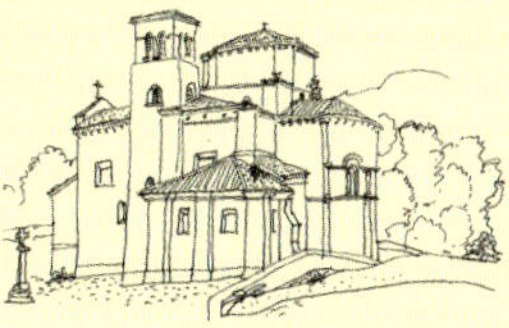

2. Castañeda

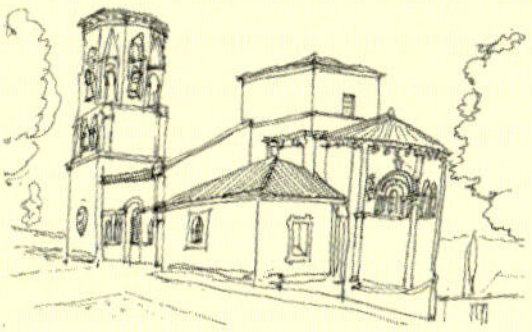

3. Bareyo

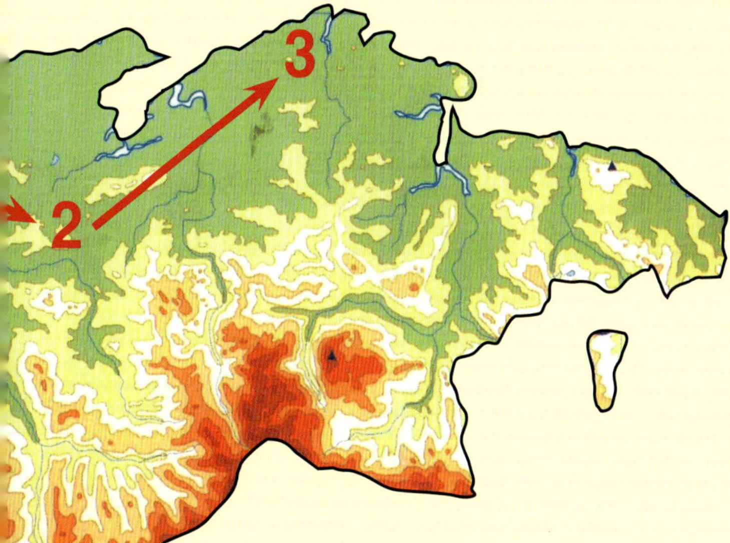

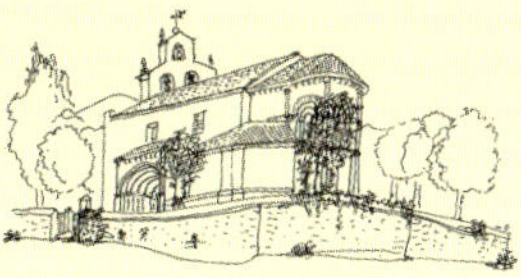

5. Silió

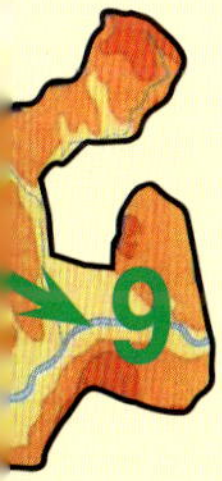

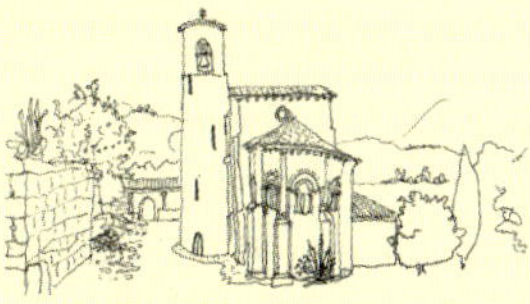

9. San Martín de Elines

ROMÁNICO IMPRESCINDIBLE DE CANTABRIA PARA VISITAR EN 4 JORNADAS

Ruta 1: Santillana, Castañeda y Bareyo
Ruta 2: Yermo, Silió y Bárcena de Pie de Concha
Ruta 3: Retortillo, Cervatos y San Martín de Elines
Ruta 4: Piasca

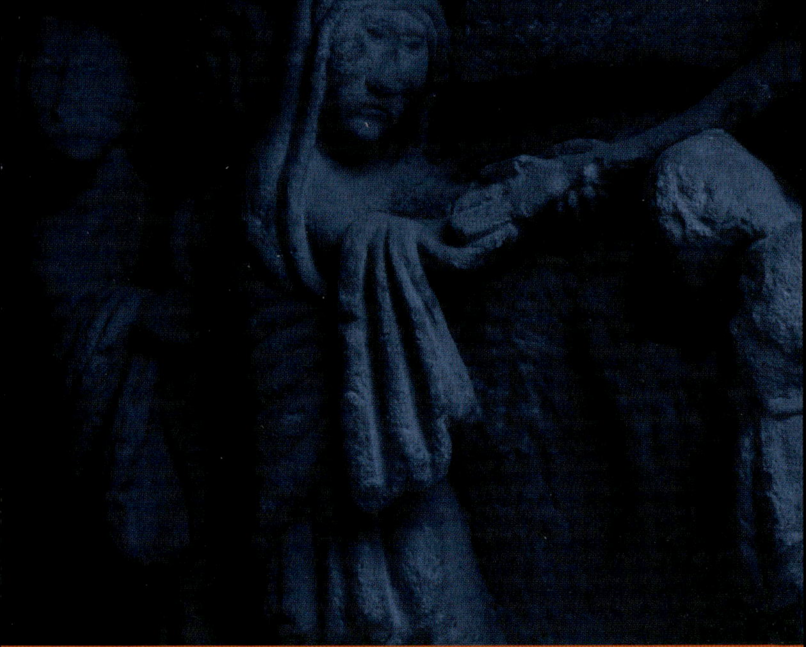

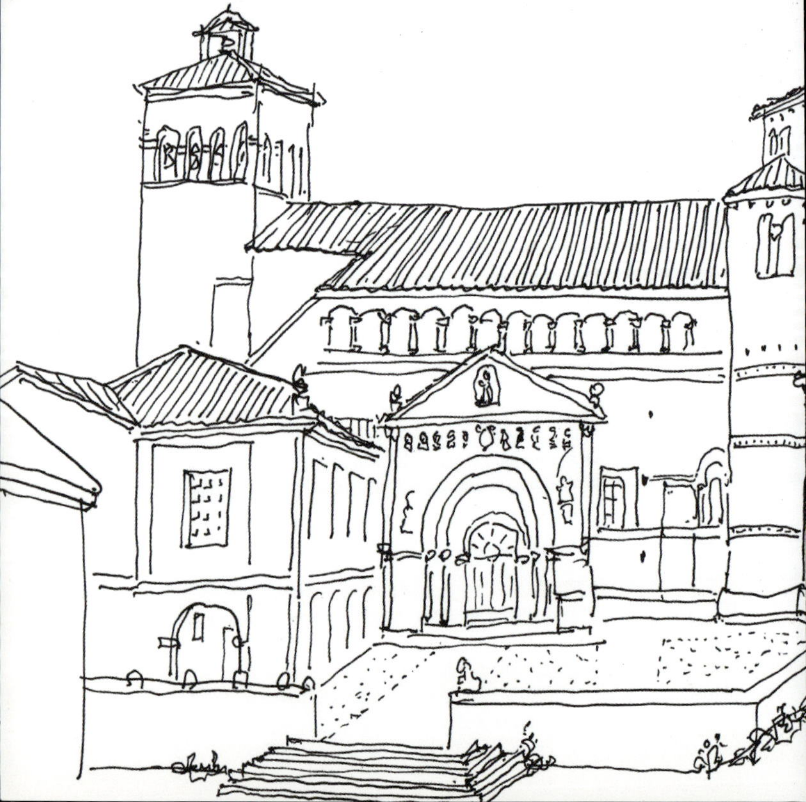

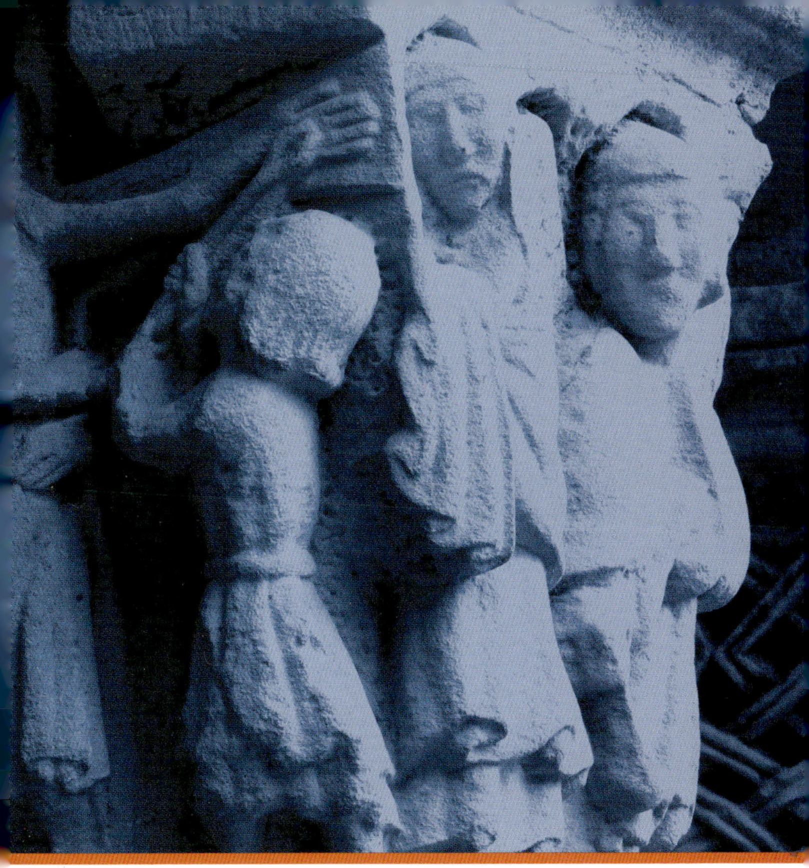

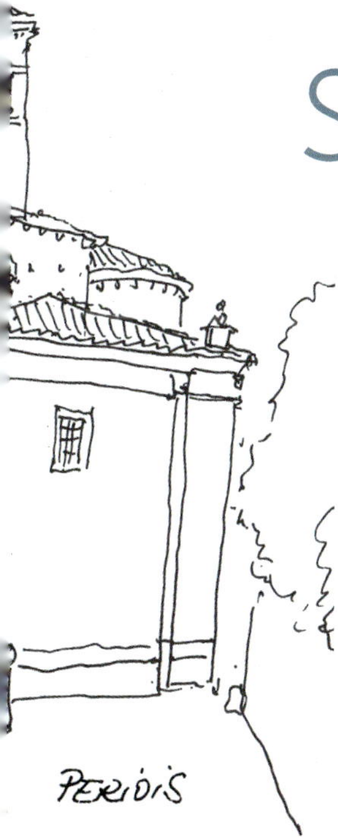

Santillana del Mar

Colegiata de Santa Juliana

Santillana del Mar

Visitar Santillana del Mar siempre es una experiencia placentera. Y si lo podemos hacer a primera hora del día, cuando los visitantes aún no se han adueñado de sus calles, tanto mejor. No debemos desdeñar, en absoluto, los días nublados o los lluviosos, porque es entonces cuando el pueblo alcanza su máximo esplendor, con el silencio, con la quietud, con el manso ruido de los goteriales que caen sobre el empedrado, con el olor a lluvia que desprenden sus calles.

El agua ambienta Santillana a las mil maravillas, un lugar romántico donde los viejos señoríos –el religioso, el real, el laico y el concejo de la villa–, antaño tan belicosos, parecen haberse dado una pausa, agotados tras siglos de disputas. Aunque yo mantengo la sospecha de que siguen ahí, vigilantes, agazapados tras las paredes de pomposos escudos, dispuestos a emprender las luchas de poder en cualquier momento.

Cuando nos adentramos en sus calles adoquinadas, conviene saber que estamos en un lugar de viejísima alcurnia, que fue capital durante toda la Edad Media de las Asturias de Santillana. En un lugar que, pese a los avatares de la historia, conserva casi intacto su origen medieval, aquél que se desarrolló lentamente

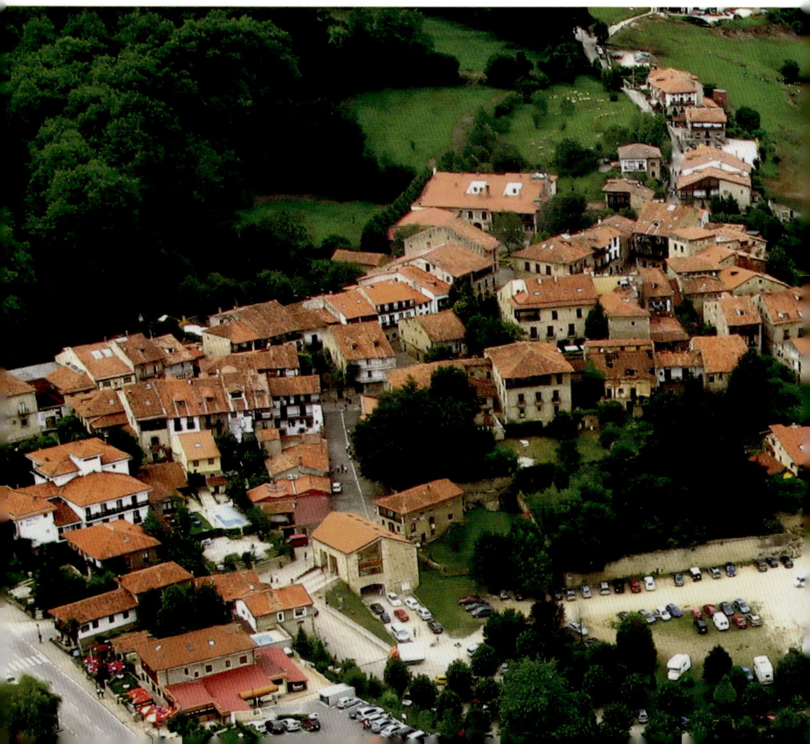

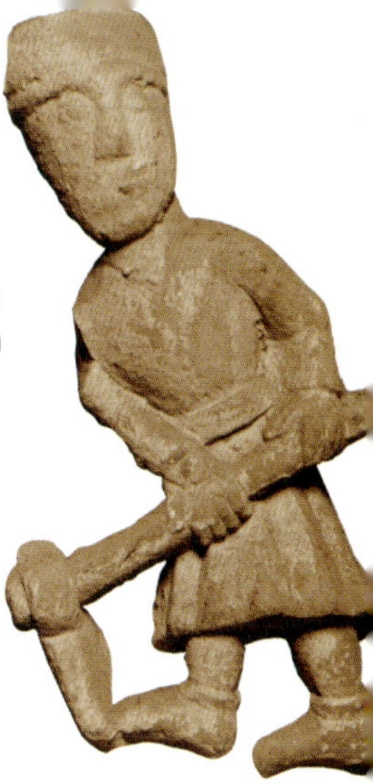

en torno a la Abadía de Santa Juliana, sólo renovado en los primeros años del siglo XVIII con la construcción de casonas hidalgas que se adaptaron con reverencial respeto al trazado del antiguo caserío. Su patrimonio cultural, arquitectónico y urbanístico fue declarado Conjunto Histórico-Artístico en 1943.

Al transitar por cualesquiera de sus dos arterias principales se hace verdad el dicho de que todos los caminos llevan a Roma, porque en Santillana, avancemos por donde avancemos, terminamos siempre abocados a la suave hondonada sobre la que se alzó, ya en el lejano siglo IX, la primitiva iglesia que sirvió para acoger las reliquias de la mártir Santa Juliana, llegadas hasta aquí desde la lejana Bitinia (Turquía), y que fue el origen remoto de la actual Colegiata.

En este último viaje he terminado encaramado en el balcón de la Casa Quevedo para tener mejor vista de la colegiata y poder fotografiarla con tranquilidad. Es la primera hora de la mañana. Apenas hay bullicio. Los turistas más madrugadores inician la jornada, debajo de mi balcón, tomando fuerzas con un vaso de leche y un sobao.

Aún impera el silencio.

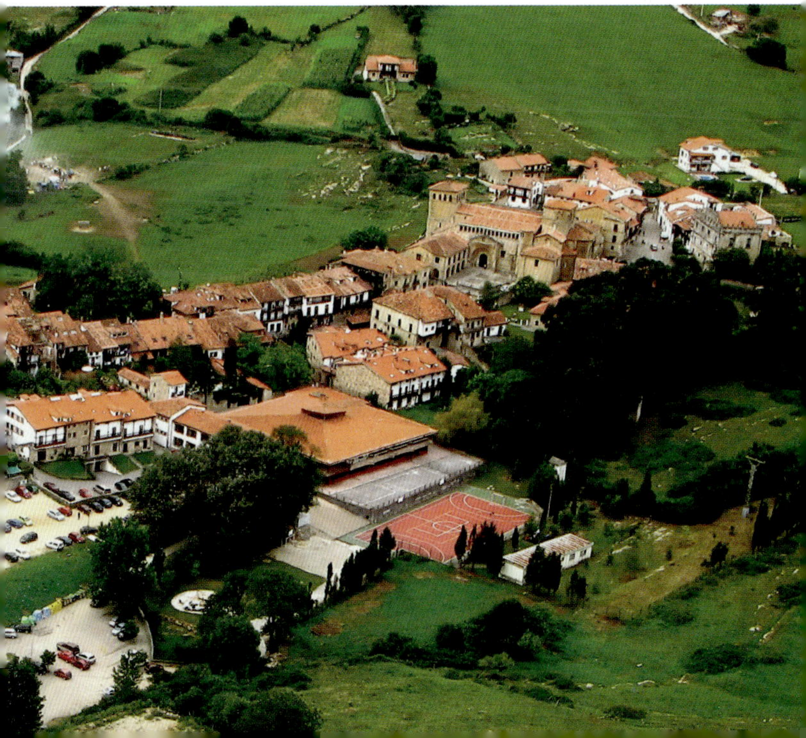

Colegiata de Santa Juliana

Dejando atrás los orígenes primitivos y las posibles construcciones de las que prácticamente nada se conserva, centraremos nuestra atención en las partes románicas de la iglesia, levantadas en distintos momentos del siglo XII.

Ya desde la distancia se puede apreciar la majestuosa presencia del edificio, «la fortaleza aliada con la gracia», que dijo Gerardo Diego. Amplio, macizo, construido con sillares calizos de escuadra perfecta, algo que solamente se aplicaba entonces a las construcciones más señeras.

Obtuvo la declaración de Monumento Histórico Artístico en 1889.

La puerta y el friso

Tras subir las escaleras que nos acercan a él, nos encontramos con la gran puerta del muro meridional y sus cinco arquivoltas primitivas de medio punto, labradas con sencillez y sin decoración. Las columnas, dos a cada lado, tienen muy desgastados sus capiteles, pero todavía se puede distinguir cuadrúpedos afrontados y basiliscos que chocan las cabezas.

Lo más interesante lo encontramos al elevar la mirada, en el friso superior, que contiene un Pantocrátor central dentro de una mandorla ovoide que sujetan cuatro ángeles que parecen volar. Nos bendice con la derecha, como dándonos la bienvenida, y tiene

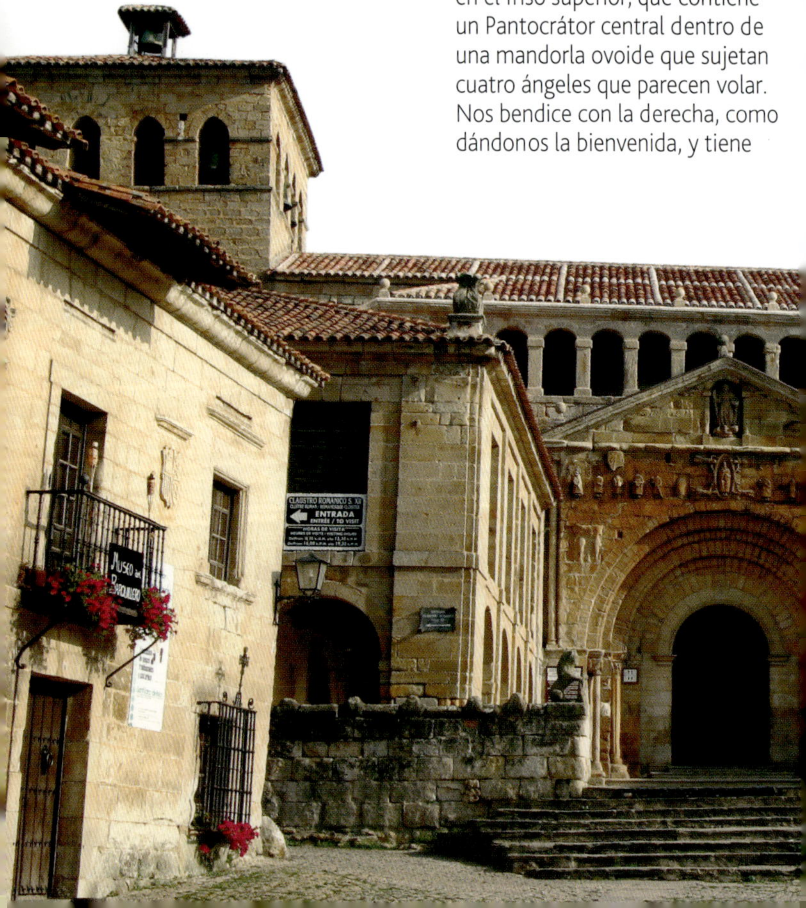

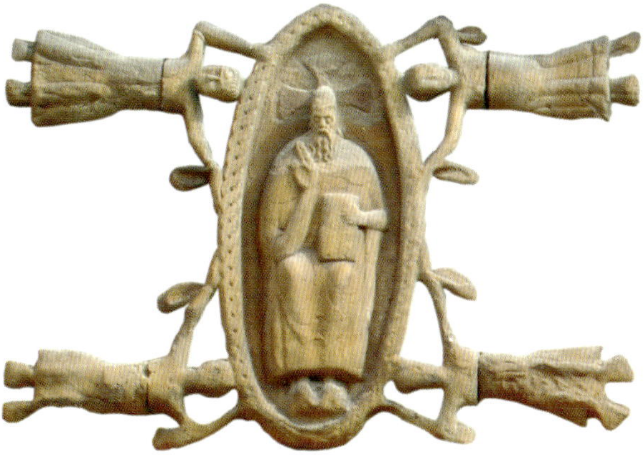

en la mano izquierda el Libro de la Vida. A cada lado, seis figuras muy desgastadas, casi todas sin cabeza, sugieren la existencia de un apostolado que debió de tener una factura muy primitiva. Y en las enjutas de la puerta hay otras figuras muy deterioradas. Las del lado izquierdo bien pueden componer una escena de Adán y Eva; las del derecho, un obispo y sus acólitos.

El frontón superior, que contiene la imagen de Santa Juliana dominando al demonio, ya es obra del siglo XVII.

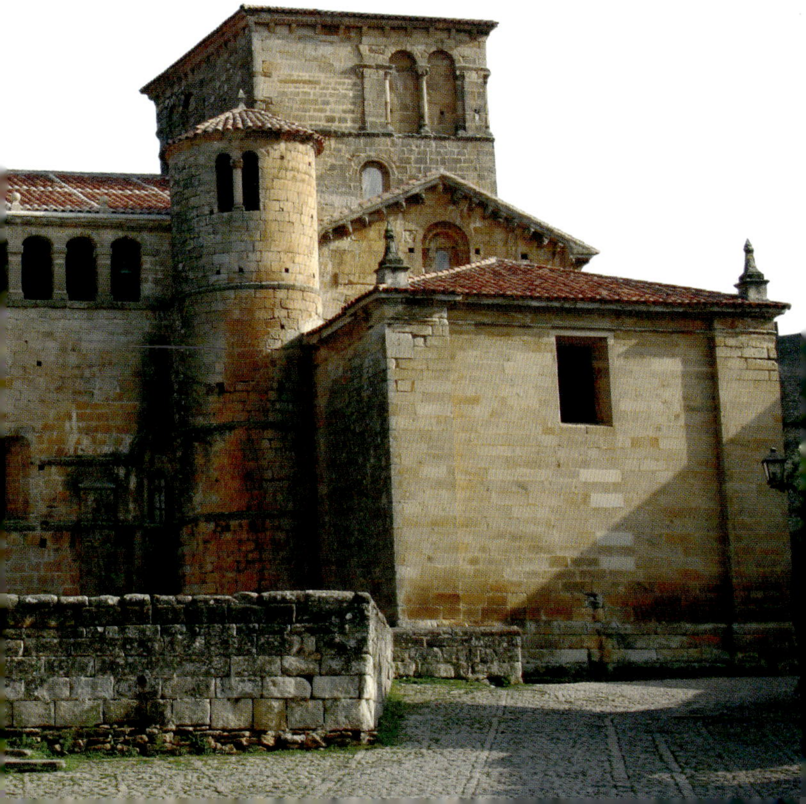

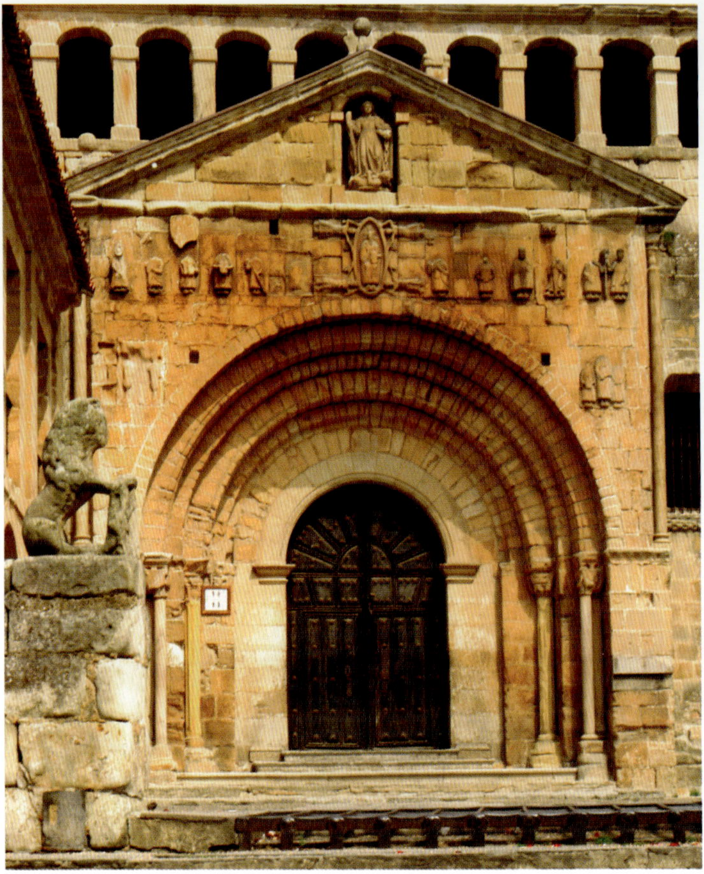

Un paseo por el exterior

Si me has seguido hasta aquí, te pido que no entres aún a la iglesia. Te propongo que demos una vuelta por su entorno.

Lo primero que nos encontramos hacia el muro sur es la torre cilíndrica, no muy alta, que abre una ventana románica en su último tramo. Sigue luego la cornisa a dos aguas del transepto meridional, con canecillos de figuras animales y humanas, y una ventana con arco de medio punto. Y en lo más alto, solemne, el cubo de la linterna, que refuerza el carácter románico del edificio, con sus arcaduras ciegas, separado del cuerpo inferior por una imposta de rombos.

Y, caminando, llegamos hasta los tres ábsides, que se corresponden exteriormente con el modelo interior de tres naves, la central más alta y más ancha que las laterales. El ábside de la izquierda es similar a los de San Martín de Frómista y a los de la catedral de Jaca, con dos cuerpos horizontales y dos calles laterales.

Llegados aquí, es el momento de demorarnos en la contemplación

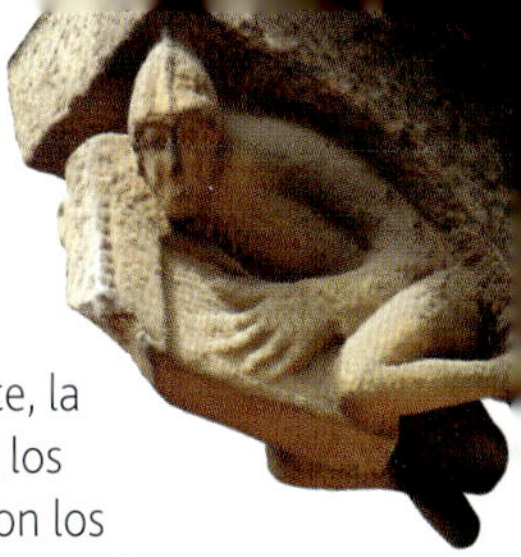

de las dos ventanas y sus capiteles –repara en el externo de la ventana derecha, un mono o un hombre en difícil postura acrobática, tal vez un gimnasta, un titiritero o un contorsionista, que el secreto se lo llevó consigo el artífice de la talla–. Y mira también, despacio, los canecillos, pues todos parecen querer contarnos algo desde sus formas humanas o animales.

El ábside central es el más espectacular. Tiene dos cuerpos horizontales, tres calles verticales y cuatro columnas que abrazan y enmarcan a las tres ventanas. La ventana central tiene capiteles y fustes modernos, pues en 1682 el maestro de cantería Francisco del Pontón abrió sin miramientos esa calle para construir una pequeña sacristía. Cuando se decidió eliminar dicha sacristía, porque rompía la unidad de los tres ábsides, esta parte fue reconstruida como hoy la vemos. Afortunadamente, la obra no afectó a los canecillos, que son los originales en las tres calles. Con figuras animales, humanas o geométricas, con escenas diversas, tiernas o monstruosas, pero siempre artísticas, atraen nuestra atención antes de que nos dirijamos hacia el tercer ábside, el del lateral derecho, el más pobre arquitectónica y artísticamente hablando.

Este ábside está hoy casi escondido entre el central y el muro del presbiterio, como

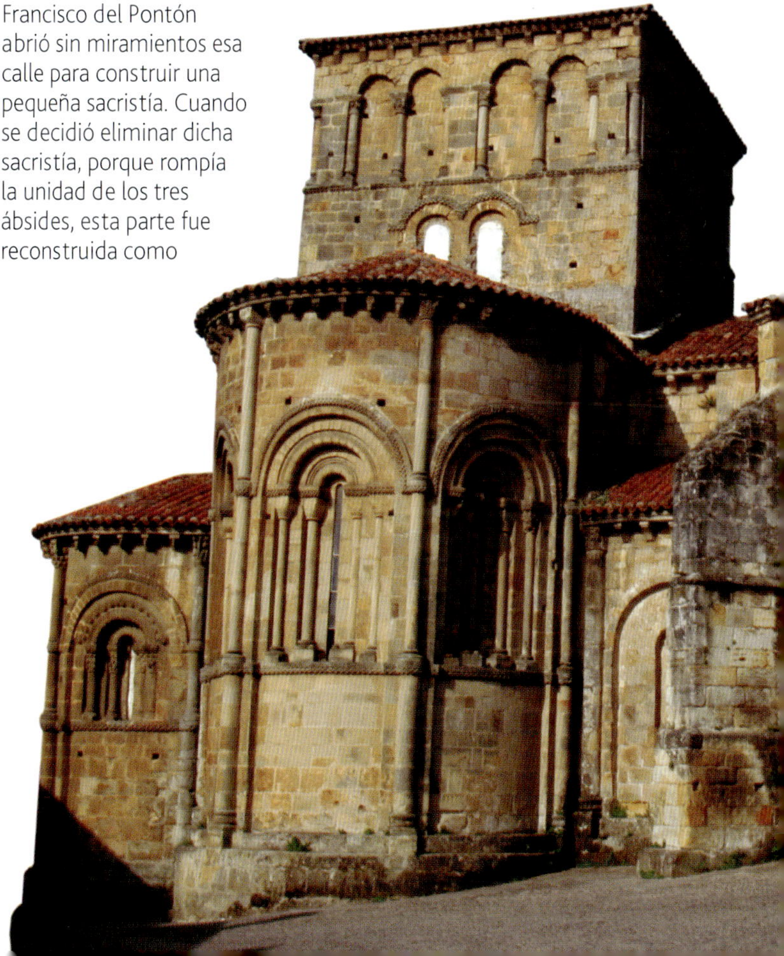

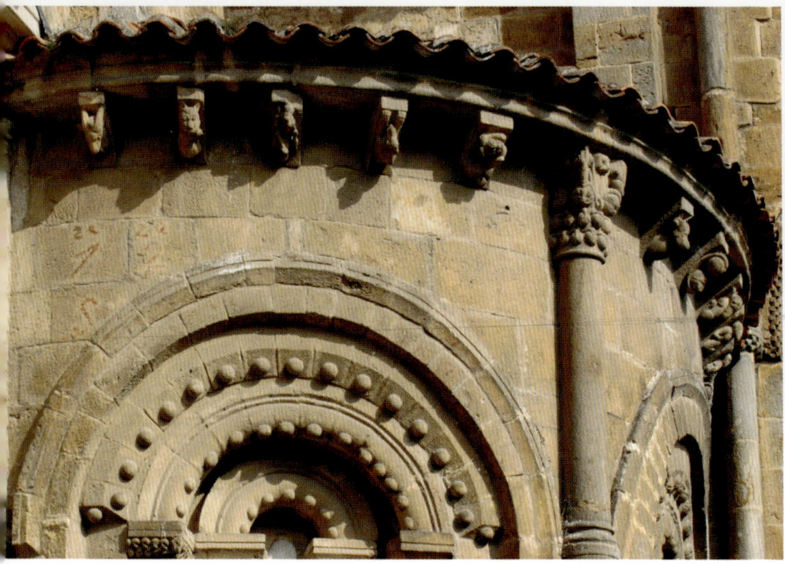

Detalle del ábside lateral izquierdo

avergonzado de su desnudez, pues nada hay en él que pueda compararse con la categoría artística de sus dos hermanos.

Antes de dirigirnos definitivamente al interior del edificio –que ya lleva tiempo reclamándonos– rodearemos las naves norte de la iglesia, más difíciles de apreciar porque están casi ocultas por el claustro, aunque desde la calle, a medida que vamos avanzando, podremos apreciar la línea de canecillos, la mayoría sencillos, en caveto, y unos pocos con figuras animales, humanas o geométricas.

Visitando el interior

Al adentrarnos en el interior de Santa Juliana lo primero que nos sorprende son sus grandes dimensiones y su gran altura. La anchura se corresponde con la medida de las tres naves (la central mide seis metros y las laterales cuatro, con ligeras variaciones). Tres ábsides semicirculares –ya lo vimos en el exterior– conforman la cabecera, actualmente sobreelevada y separada del piso

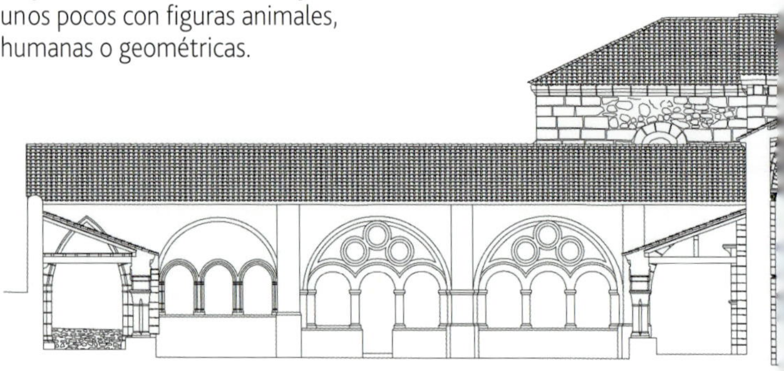

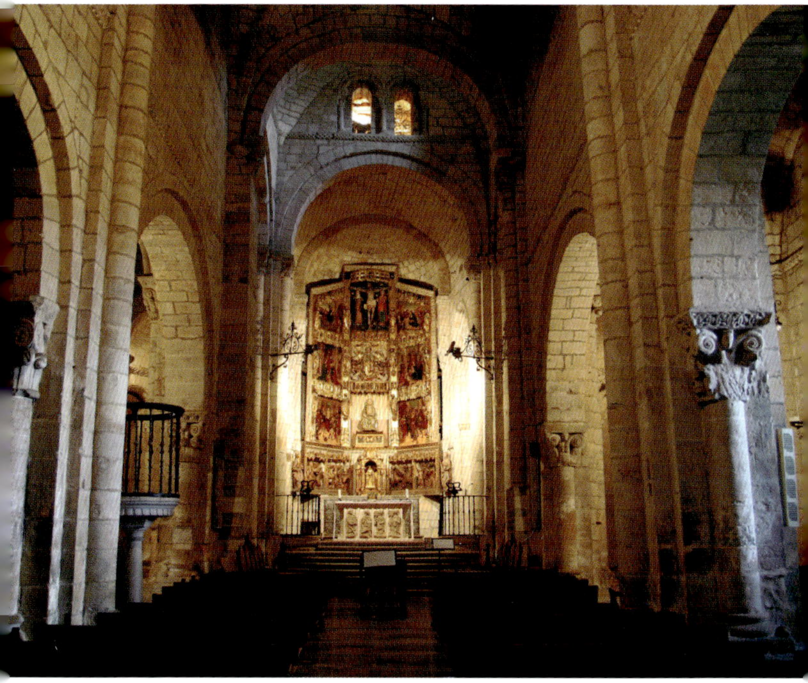

del crucero y de las naves por seis escalones. En la nave central se encuentra el sepulcro de Santa Juliana, cuyos restos llegaron hasta aquí tras largo y difícil camino, en el que abundaron, como es de rigor, los hechos milagrosos. Y con el paso del tiempo la propia villa asumió el nombre de la santa tras una lógica transformación lingüística que hizo derivar Santa Iuliana en Santillana.

Las naves están separadas entre sí por ocho pilares, algunos muy alterados por reformas, sobre todo los de la cabecera.

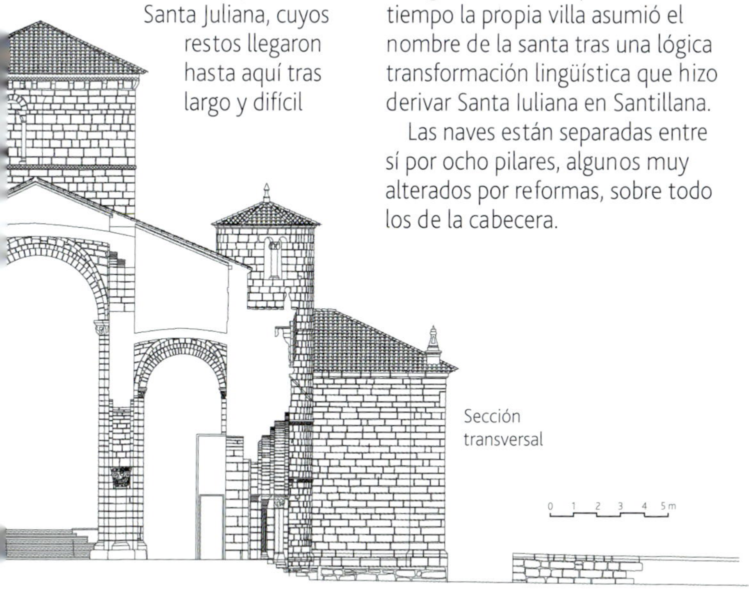

Sección transversal

Capiteles

Ahora quiero llamar tu atención sobre la amplia, variada y muy notable colección de capiteles y cimacios decorados que encierra el interior. Sesenta y tres hemos contado entre las cabeceras, el transepto y las naves. Quiero destacar que uno de ellos, el número 42 del plano que te adjunto, que se encuentra en el segundo arco de la nave derecha, tiene un cimacio que no se corresponde con el estilo románico de los demás, lo que hace sospechar a los expertos que quizá sea una pieza descontextualizada de origen prerrománico. Si así fuera, estaríamos ante el vestigio más antiguo que se conserva en el edificio.

En la elaboración de los capiteles han podido intervenir las manos de varios canteros, como delatan las formas y los temas que tratan. Uno de ellos, el más simplista y rústico, pudo tallar el Pantocrátor, las figuras de los apóstoles y los dos relieves de las

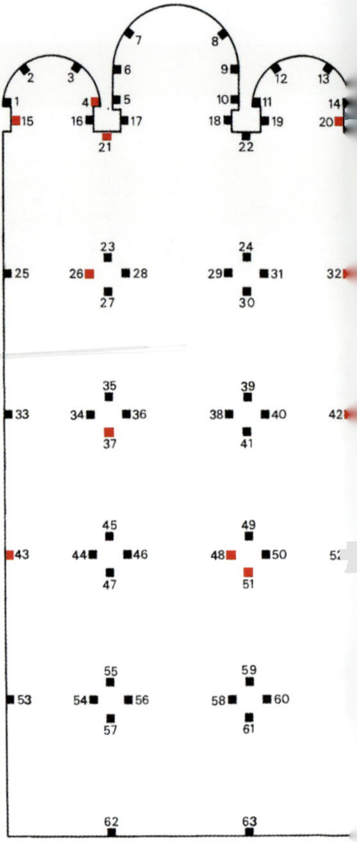

Situación de los capiteles según García Guinea. En rojo, los que aparecen en esta guía

Vista del ábside central

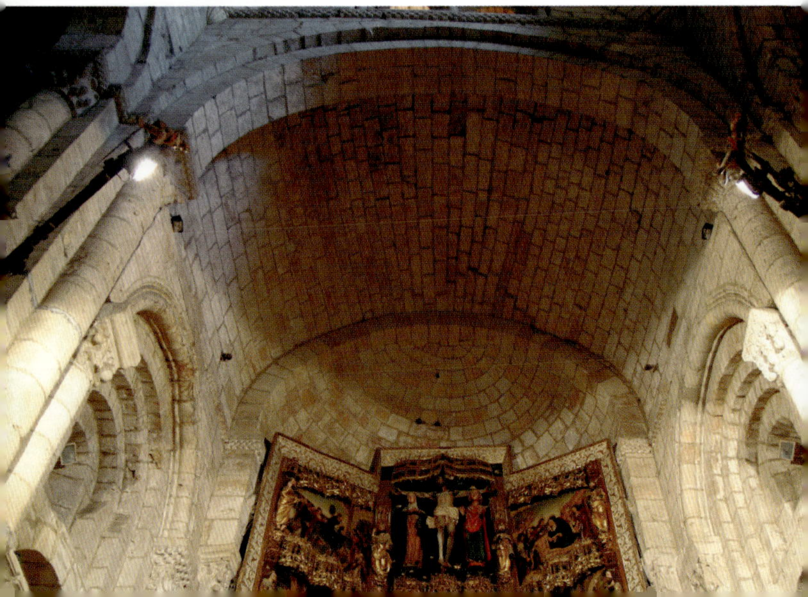

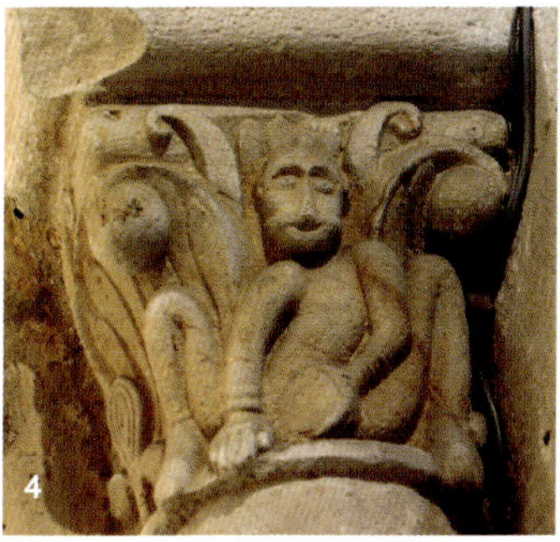

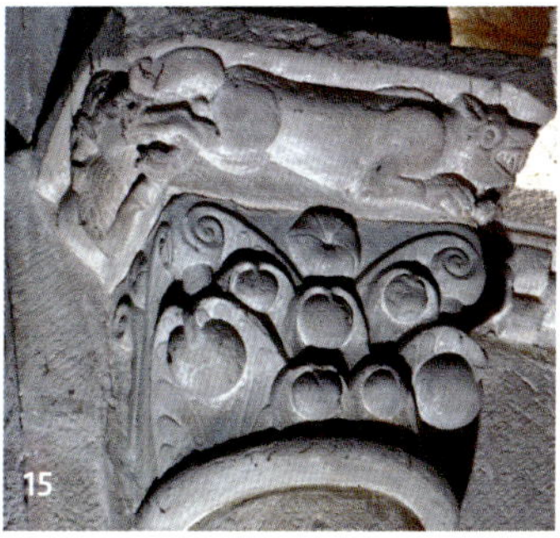

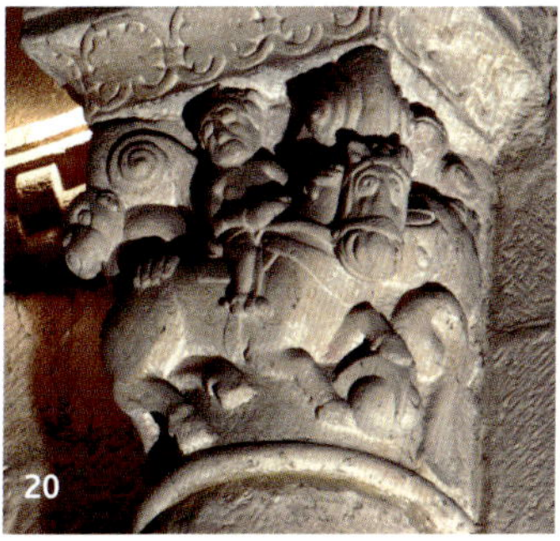

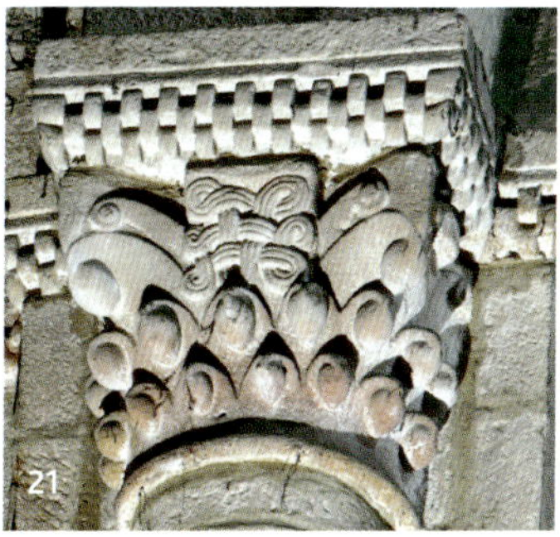

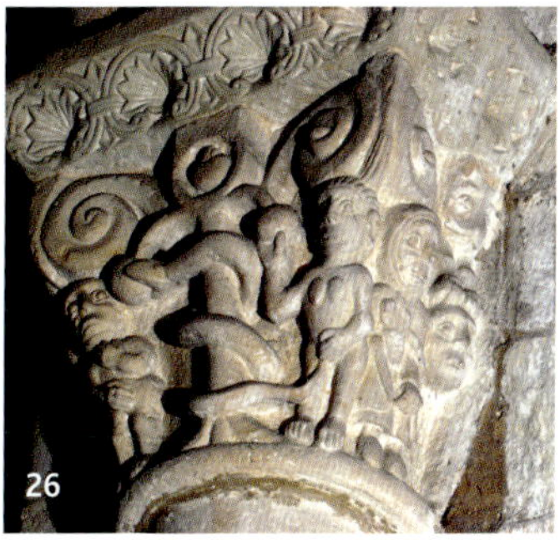

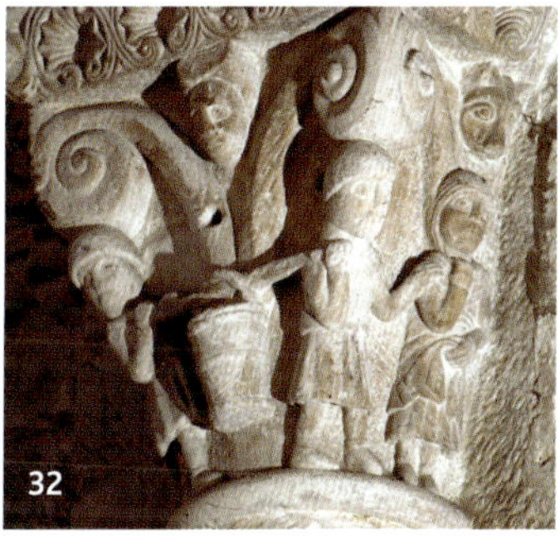

enjutas que vimos sobre la puerta en el inicio de esta visita. Maestros más destacados pudieron ser los artífices de las tallas de los tres ábsides, y trabajaron sobre todo figuras animales y humanas de mayor esbeltez. Una tercera mano, menos original, pudo tallar varios capiteles de los pilares que dan al crucero, que tienen en común la utilización de cabecitas humanas o animales en lo alto de las cestas y figuras con un canon corporal más reducido. Y las manos de otros ejecutores pudieron desarrollar el resto de capiteles de caulículos y volutas planas, los de cabezas humanas y pelícanos… Incluso algún tallista local pudo labrar, ya en el siglo XIII, ciertos capiteles de las bóvedas altas.

En todo caso, lo mejor es que nosotros, aprovechando el recogimiento del lugar,

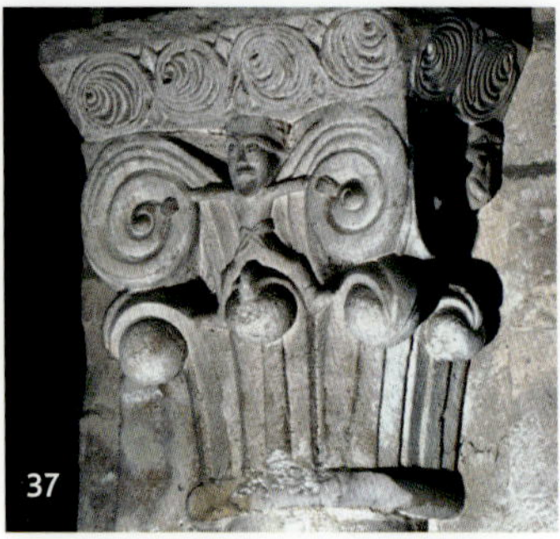
37

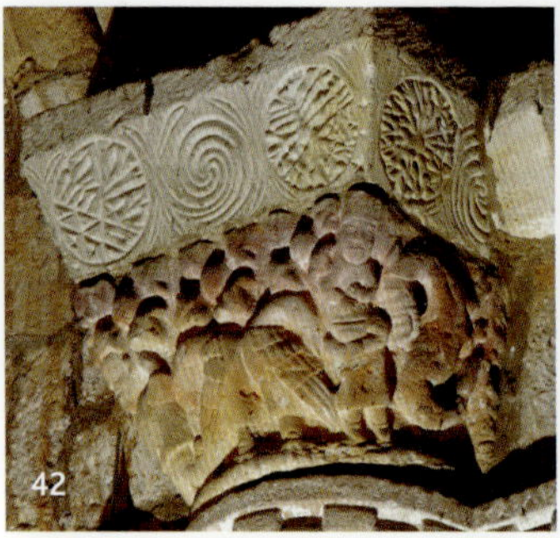
42

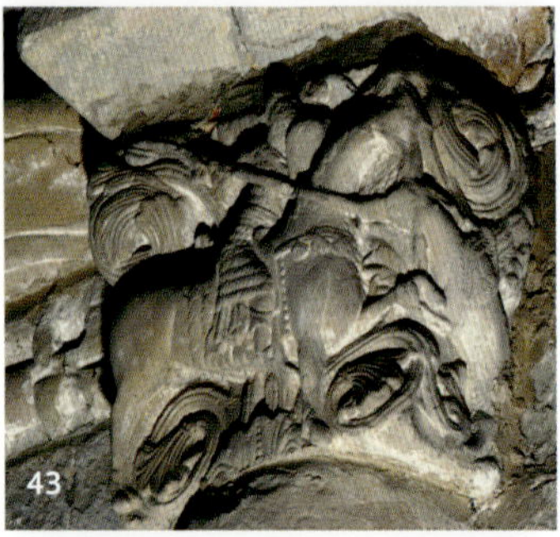
43

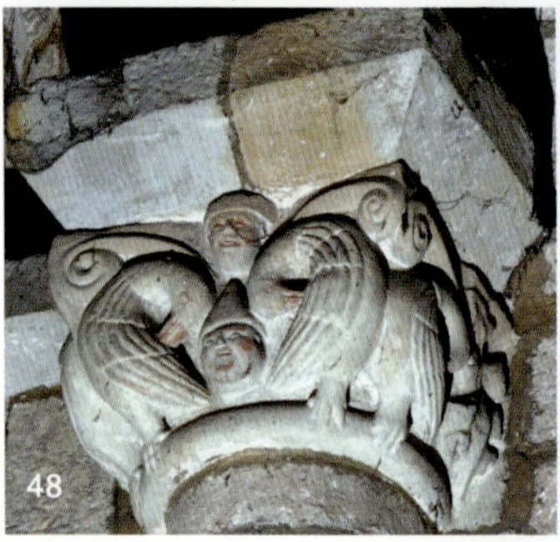
48

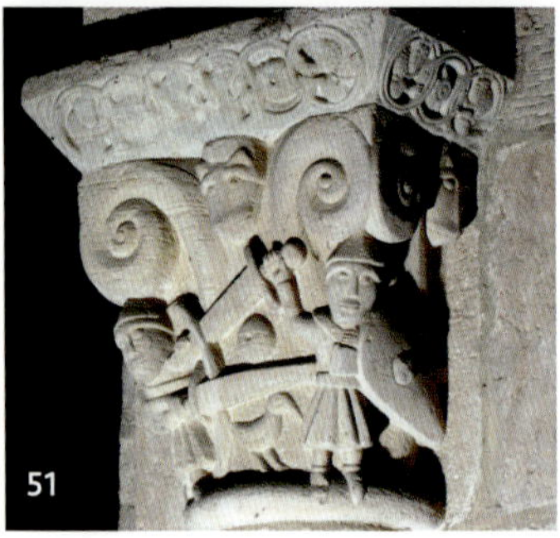
51

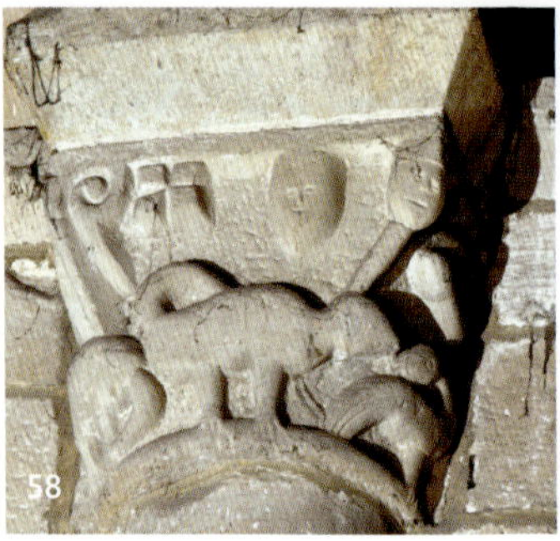
58

avancemos con detenimiento mirando a lo alto y tratando de desvelar los mensajes que esos artífices medievales plasmaron en su mágico alfabeto. Ahí está mezclado todo –lo religioso y lo pagano, ángeles y esforzados caballeros, la gloria y el castigo, el miedo y el gozo, el trabajo diario y el recogimiento místico, ancianos y reyes, profetas y apóstoles, ángeles y arcángeles…– con un lenguaje artístico sencillo, emotivo, cercano, que todavía nos conmueve casi mil años después.

Placas románicas en relieve

Y aún nos aguarda alguna joya escultórica en el interior. Colocadas en diversos puntos de la iglesia hay varias piezas descontextualizadas, relieves monumentales de gran calidad artística. La más imponente por su tamaño y perfección es la de un gran Cristo Pantocrátor que se halla en el baptisterio, esculpido en un solo bloque de piedra caliza. Aparece sentado, en postura frontal. Le falta la mano derecha, con la que hace una bendición. Pudo pertenecer a un conjunto de relieves que debió de adornar una posible puerta del muro occidental, desaparecida cuando se construyó la torre de las campanas. A ese mismo grupo escultórico, también trabajados en piedras calizas individuales, debieron de pertenecer los cuatro apóstoles, colocados ahora en el frontal del altar, supervivientes de los doce que acompañarían al Pantocrátor.

Dos nuevas placas, grandes, en relieve y talladas en un bloque cada una, cierran la colección. Una representa a la Virgen con el Niño, la otra a santa Juliana echando una soga al cuello del demonio.

Todas estas imágenes parecen realizadas por un mismo maestro, que trabajó aquí en las últimas décadas del siglo XII para dejarnos en herencia unas piezas excepcionales en nuestro arte románico regional y que alcanzó su esplendor en los capiteles del claustro, salidos en gran parte de esas mismas manos.

Relieves del Pantocrátor y de cuatro apósteles

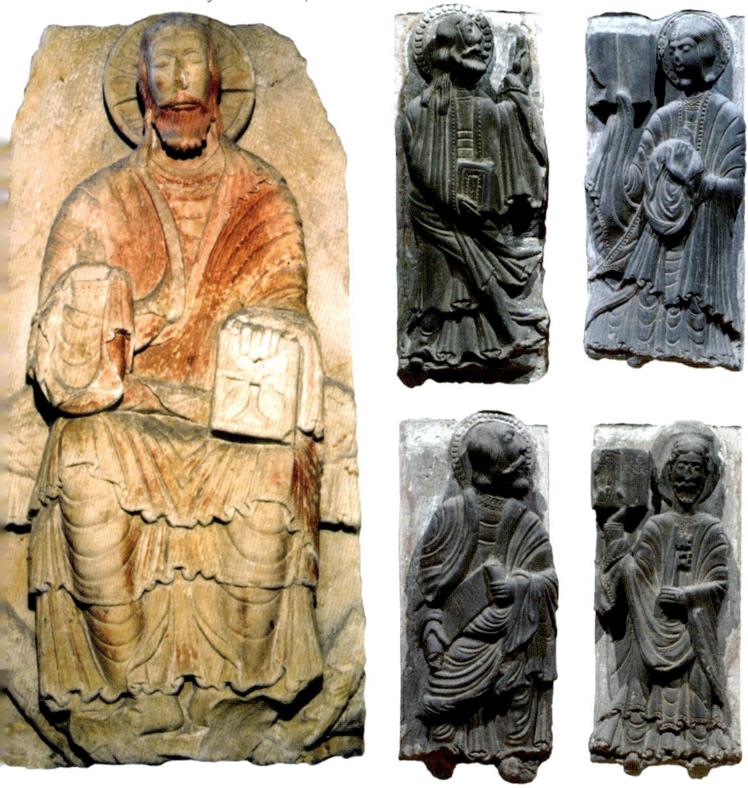

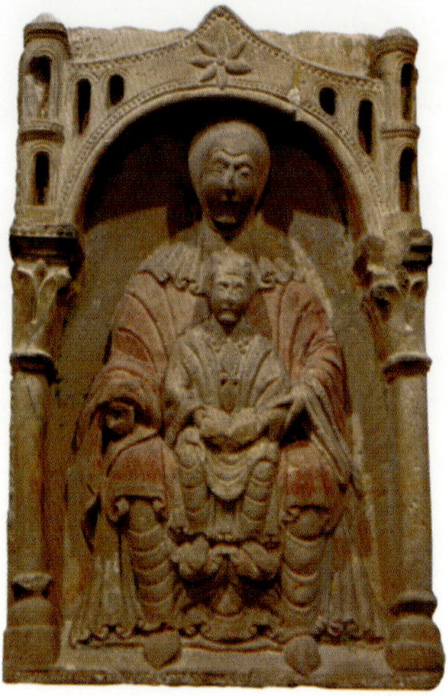

Virgen con el Niño

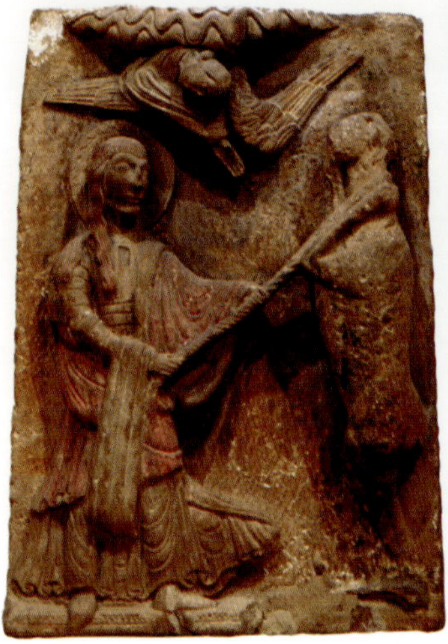

Santa Juliana

Otras piezas escultóricas

A una nueva vida se adentran los cristianos por el sacramento del bautismo; otra, eterna, es la que creen alcanzar tras la muerte. De la liturgia de ambos momentos hay piezas escultóricas románicas en esta colegiata: una pila bautismal, dos sarcófagos y dos tapas de sarcófagos.

La pila bautismal está a los pies de la iglesia, en el bajo de la torre, y es la más monumental de cuantas existen en Cantabria, semejante en tamaño a las de Bareyo y Santoña. En su frente muestra la escena de Daniel entre los dos leones.

Uno de los sarcófagos está colocado junto al ábside de la epístola, a la izquierda del acceso de la actual sacristía. Dice la tradición que pertenece a doña Fronilde, dama noble y generosa, emparentada con los condes de Castilla, que siempre favoreció

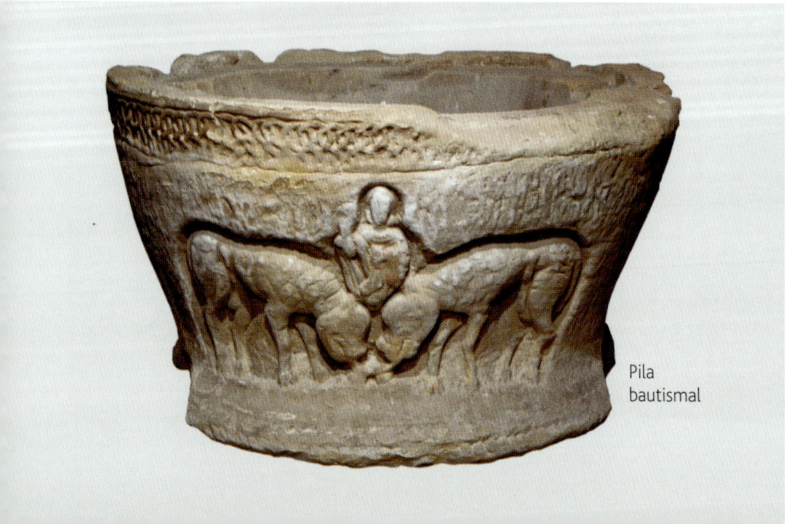

Pila bautismal

a la abadía de Santillana con donaciones: en el año 983 con la iglesia de Santa María de Renedo; en el 987 con la de San Juan de Ubiarco; en el 1001 con el monasterio de San Julián de Mortera y con uno de Campoo con la advocación de San Pedro. Pero los restos de tan generosa dama no son los que descansan en el interior de este féretro fechado en el primer cuarto del siglo XII, y sí los de un infante castellano. El bello epitafio latino de su tapa lo aclara:

Habiendo vivido por largo tiempo con mi padre, el rey, y feliz con mi esposa, reducido a cenizas paso el tiempo en esta tumba. Verás que, malévolamente, la abundancia de riquezas ha desaparecido para mí por no haber tenido poder sobre la muerte.

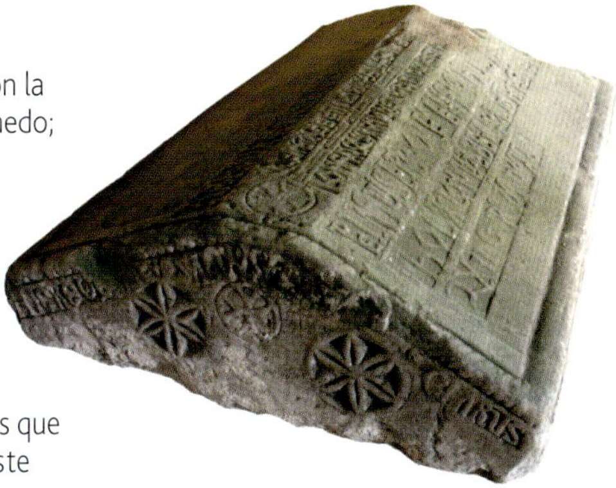

Sepulcro del obispo Pelayo

Sepulcro de doña Fronilde

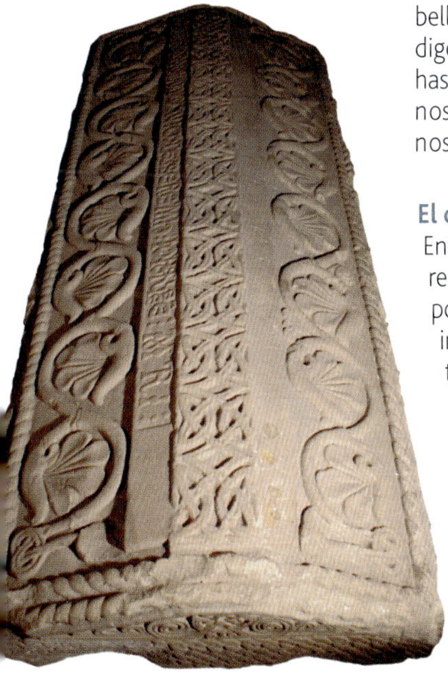

El otro sarcófago pertenece al obispo Pelayo. Está partido y destruido en su parte inferior, tiene escrita la fecha de 1124 (era 1162) y se encuentra en la galería este del claustro (lo veremos luego). En esta misma galería están colocadas dos tapas de féretros fechadas en época románica tardía: 1202 y 1215.

Hasta llegar aquí hemos saboreado las delicias artísticas, exteriores e interiores, de este bello edificio, pero créeme si te digo que todo lo que hemos visto hasta ahora es un aperitivo que nos prepara para el gran festín que nos aguarda en el claustro.

El claustro

Entramos ahora en un mundo de recogimiento sólo interrumpido por una voz que, grabada, informa una y otra vez a los turistas sobre las características del claustro y de sus capiteles.

La construcción tiene forma cuadrangular, ligeramente irregular. Se apoya en el muro norte de la iglesia, y sus cuatro pandas, hoy cubiertas por un tejado que no existía en tiempos románicos, se abren a un patio central. Sólo tres de ellas son románicas porque el lado este es gótico.

Al menos por lo que se refiere a la escultura de sus capiteles, hay que considerar al claustro más moderno que el resto del edificio, ya que pudo ser obra realizada entre las dos últimas décadas del siglo XII y las dos primeras del XIII. Su edificación debió de comenzar por el ala sur, donde casi todos los capiteles son iconográficos, seguir por el ala oeste y terminar por el ala norte, cuyos capiteles están ya decorados al gusto cisterciense.

Los ejecutores de la obra del ala sur parecen ser los mismos que esculpieron las placas románicas que vimos en el interior de la iglesia, y pertenecen a la escuela que a finales del siglo XII desarrolló su trabajo en el monasterio de Santa María la Real, en Aguilar de Campoo. Desde esa localidad extendieron su influencia por todo el norte de Palencia y por el sur de Cantabria. Su particular

Lado sur del claustro

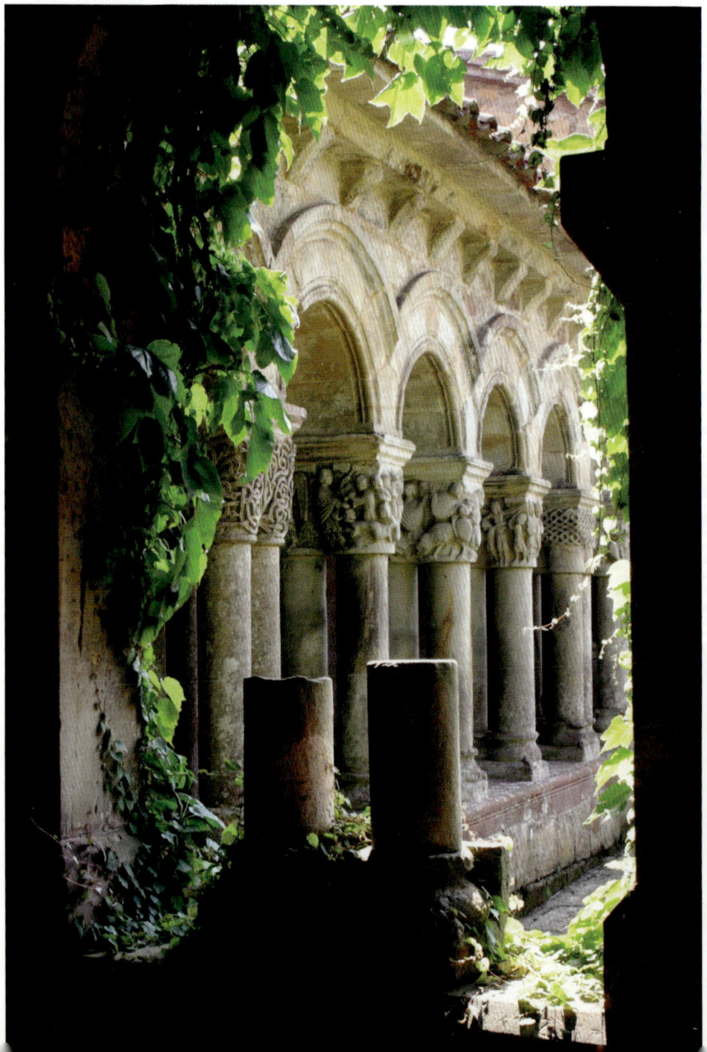

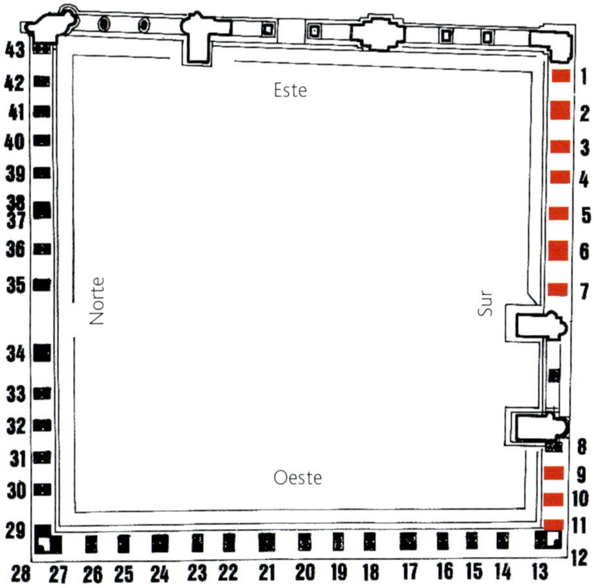

Situación de los capiteles según García Guinea. En rojo, los que aparecen en esta guía

estilo, de acentuado naturalismo, perfeccionista en las formas y en la expresión, próximo ya a la estética gótica, así lo delata.

Los arcos son de medio punto y se apoyan sobre dobles columnas de fustes gruesos y de poca altura, lo que nos va a permitir contemplar las escenas de los cuarenta y tres capiteles de época románica desde el nivel de nuestras cabezas.

Capiteles

Te sugiero que avancemos juntos. Vamos a detenernos más a fondo en los capiteles del lado sur. Conviene analizar el desarrollo de sus cuatro caras, aunque sólo voy a trasladarte la historia principal que se talla en una de ellas.

El primer capitel representa la figura de un Pantocrátor y los apóstoles; el segundo, motivos vegetales que se entrelazan; el tercero tiene como motivo central el bautismo de Cristo; el cuarto, la historia de Daniel entre los leones; el quinto, el Descendimiento de Cristo; el sexto es de entrelazos; el séptimo esculpe el recibimiento de un caballero por parte de una dama; el octavo se halla después de atravesar un espacio que fue demolido y tiene una gran piedra escuadrada que suple al original, desaparecido; el noveno presenta la lucha de un caballero a pie contra un monstruo; el décimo tiene como motivo principal otra lucha, en esta ocasión la de un ángel contra un dragón alado; el undécimo muestra a un pastor luchando contra las alimañas que amenazan a su rebaño; el duodécimo, en esquina, da final a la panda sur con la representación de serpientes que tienen cabeza de animal carnicero y que se muerden entre sí.

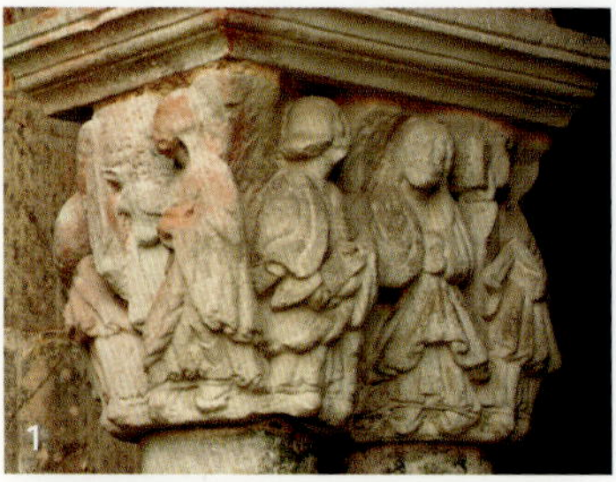
1

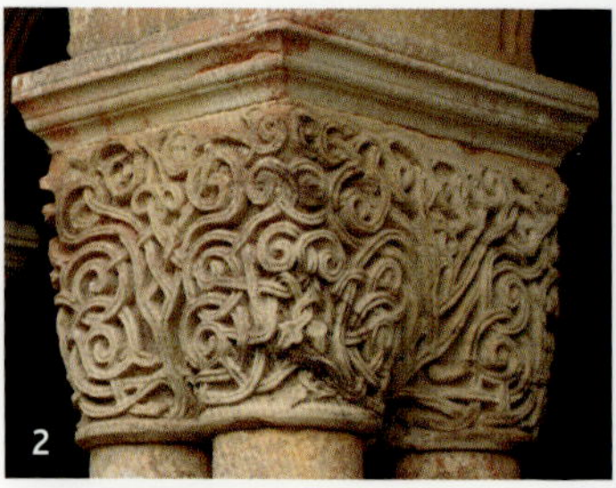
2

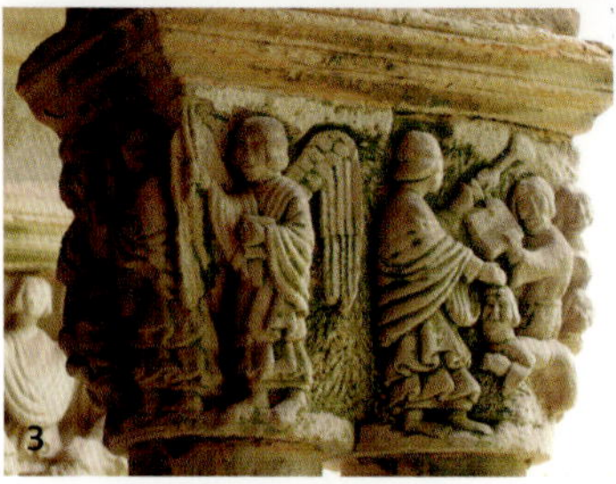
3

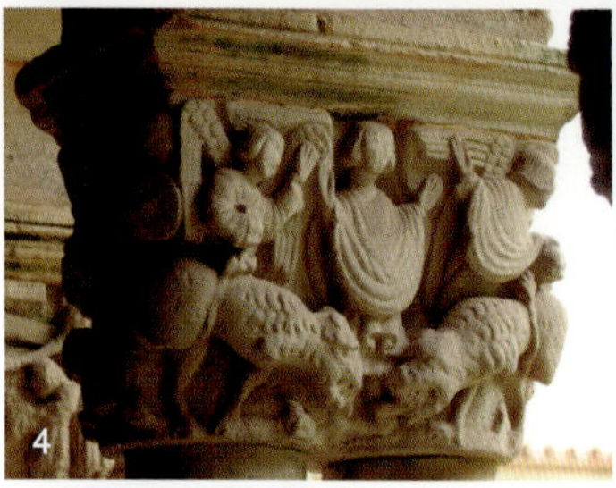
4

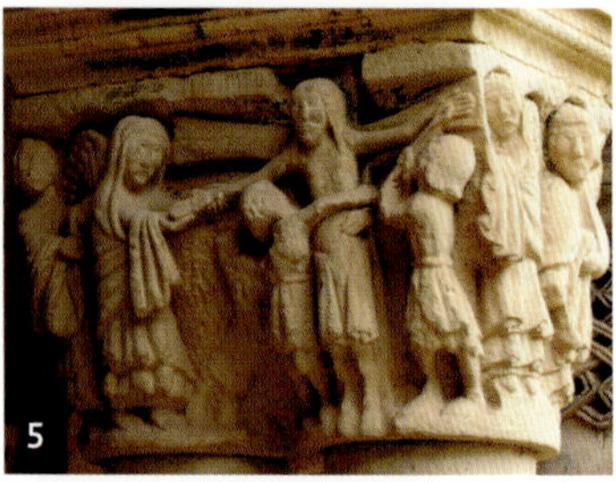
5

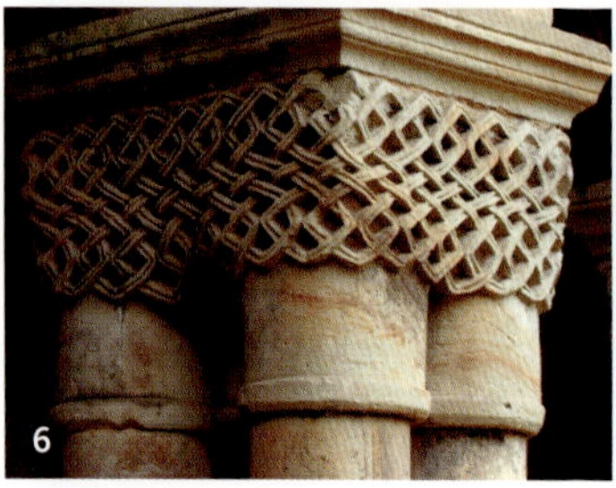
6

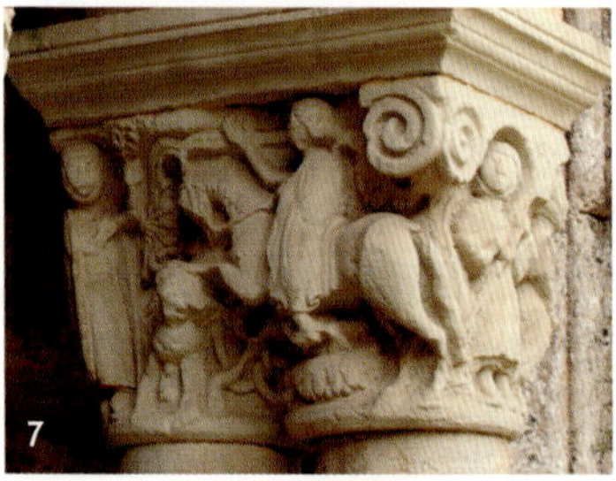
7

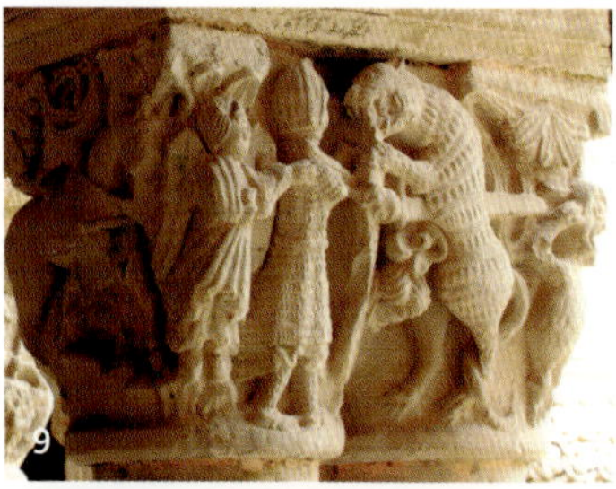
9

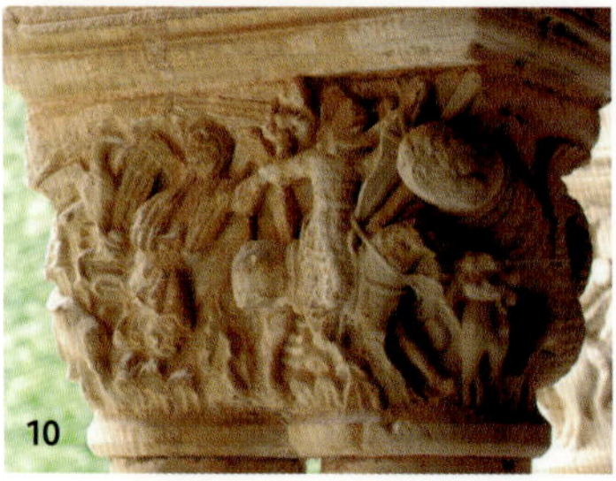
10

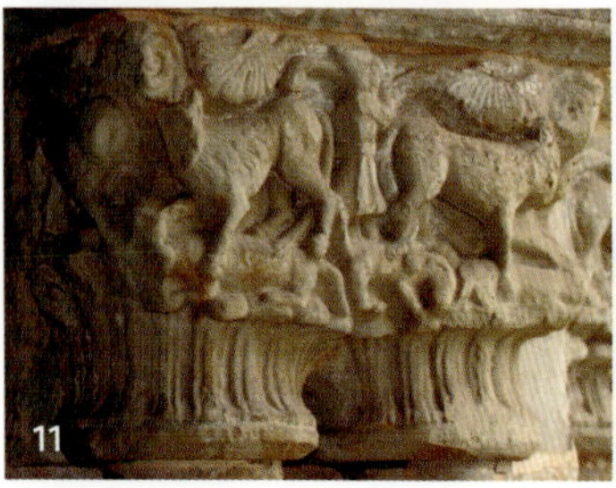
11

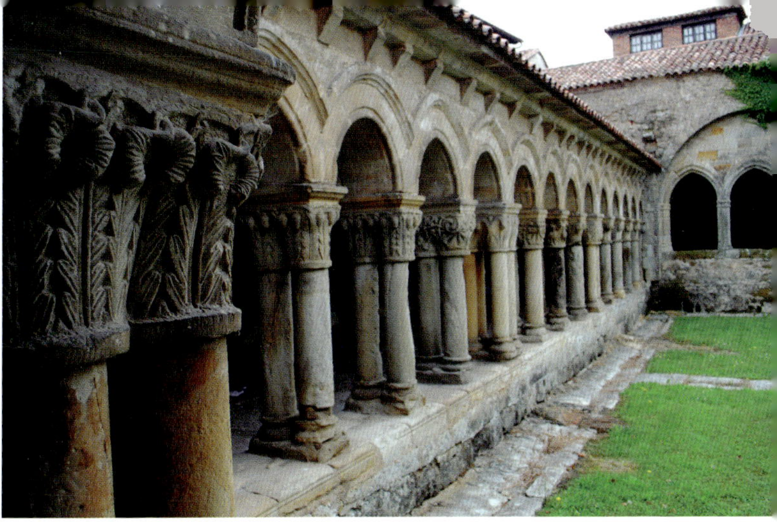

Si en la panda sur solamente dos capiteles son de motivos vegetales (el segundo y el sexto), a partir de ahora, ya desde este lado oeste que comenzamos a transitar, estos motivos junto con los geométricos serán los preponderantes, con las siguientes excepciones: el decimotercero, que muestra grifos pisando animales más pequeños; el decimocuarto, con centauros con arco y gorro frigio que luchan en una cara contra un mono u homínido y en la otra contra un grifo de larga cola; el decimosexto, con leoncillos en posición vertical inscritos en círculos; y el decimoctavo, que parece representar escenas del Juicio Final, con ángeles y demonios que amparan o retienen a justos y condenados.

El último de los figurativos lo encontramos en el lado norte, concretamente en el capitel treinta y seis, que muestra dos basiliscos que se enfrentan volviendo sus cabezas.

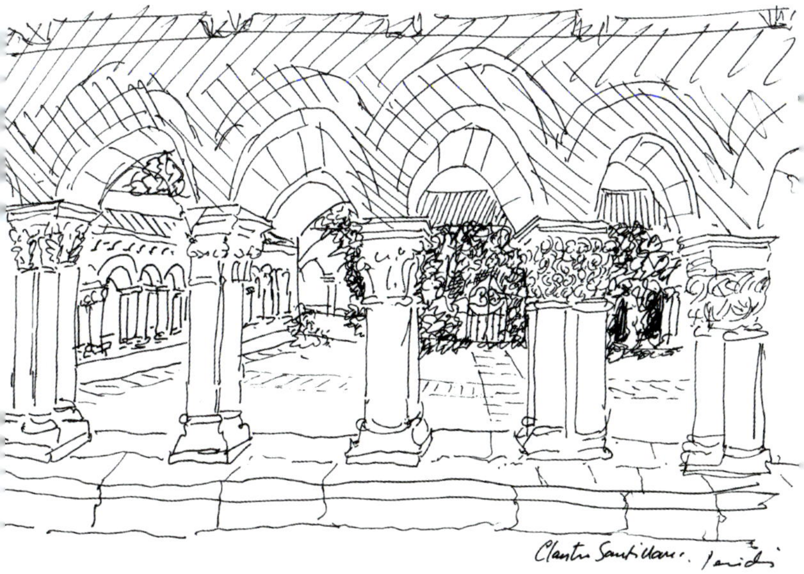

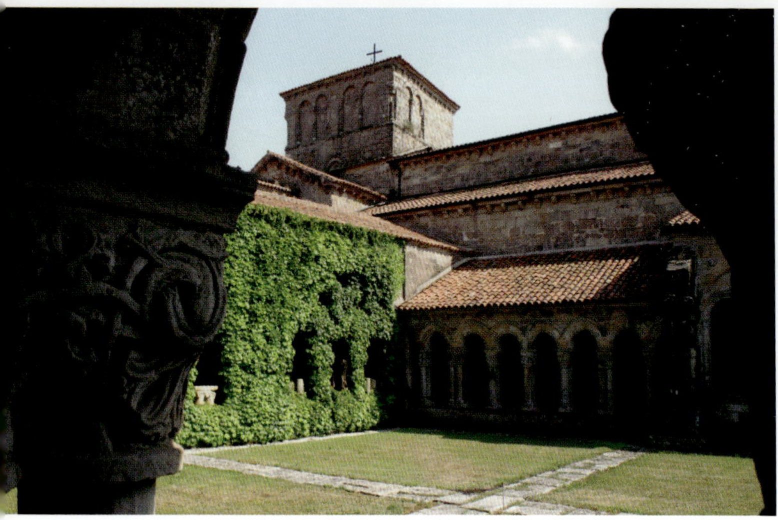

Vista lejana de la linterna y del lado sur del claustro

Los canecillos colocados en el ala norte del claustro

Precisamente en este lado norte están recogidos gran parte de los canecillos románicos que sostenían la cornisa del muro sur. Fueron retirados en el siglo XVII cuando se construyó la logia que vino a sustituirla, y permanecieron ocultos en un espacio entre las bóvedas y el tejado hasta que fueron hallados en los años setenta del pasado siglo XX.

Ahora los vemos aquí, desvalidos y algunos en malas condiciones, como si los hubiesen golpeado sin miramientos al desmontarlos. Hay un grupo que tiene como protagonistas dos personajes, sentados o de pie, con una relación entre ellos difícil de explicar; otro grupo lo forman los que esculpen una sola figura humana; otra colección la integran cuadrúpedos difícilmente identificables, animales diversos y con motivos geométricos; y otros están tan dañados por la destrucción o la erosión que nada nos pueden transmitir desde sus pobres fragmentos.

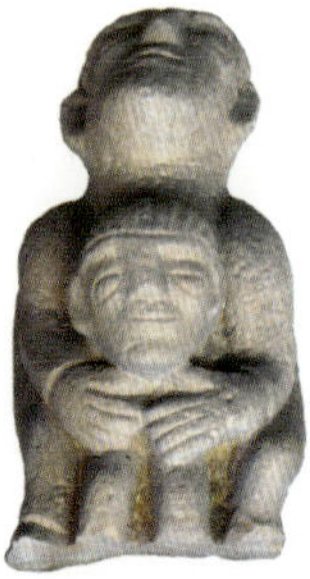

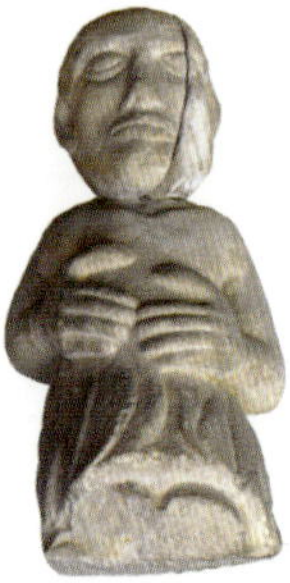

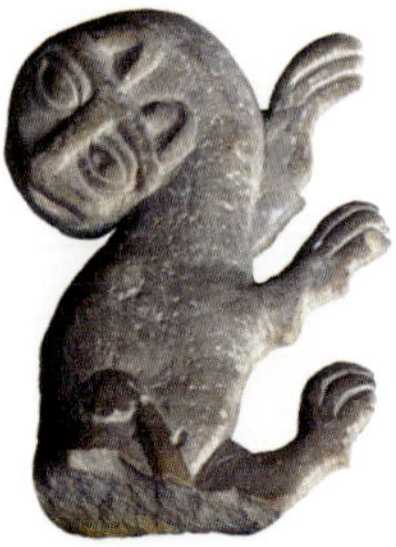

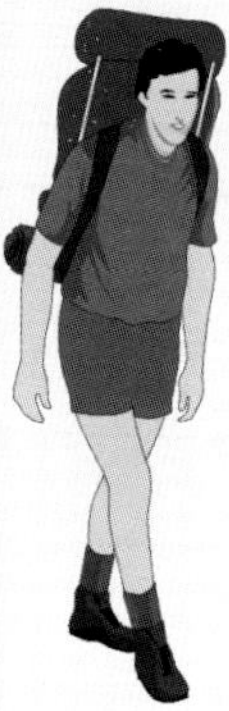

Final de la visita

Y aquí termina nuestra visita a esta magnífica colegiata.

Quizá sea llegado el momento de volver a transitar despacio por las calles del pueblo, y de admirar sus escudos y sus solanas repletas de flores, y de que nos perdamos por tiendas y bazares, y de que compremos algún producto de la rica artesanía cántabra, y de que probemos un vaso de leche fresca bien acompañada de sobaos pasiegos, como antes hicieron los turistas mientras yo fotografiaba en el balcón de Casa Quevedo, vigilado por los imponentes escudos que mostraban con orgullo su antigua alcurnia. O, simplemente, de que nos sentemos a reponer las fuerzas en alguno de los restaurantes que nos seducen al paso con la oferta de la cocina tradicional de Cantabria. Que no sólo de arte vivimos los amantes del románico.

Ya recuperados, podemos emprender el viaje hacia Castañeda, donde nos está esperando la Colegiata de Santa Cruz.

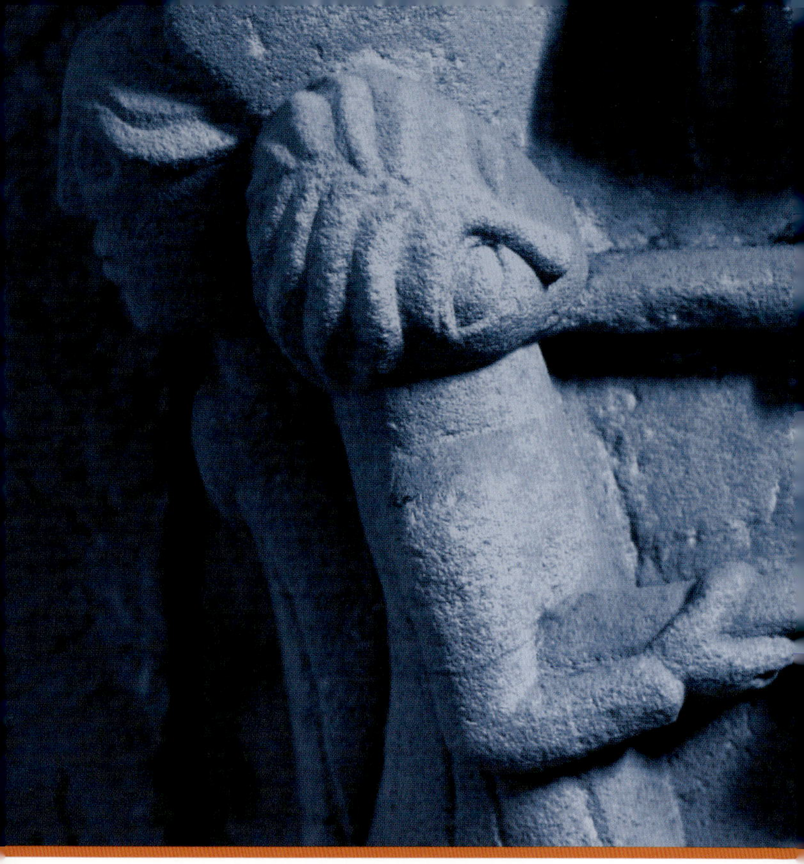

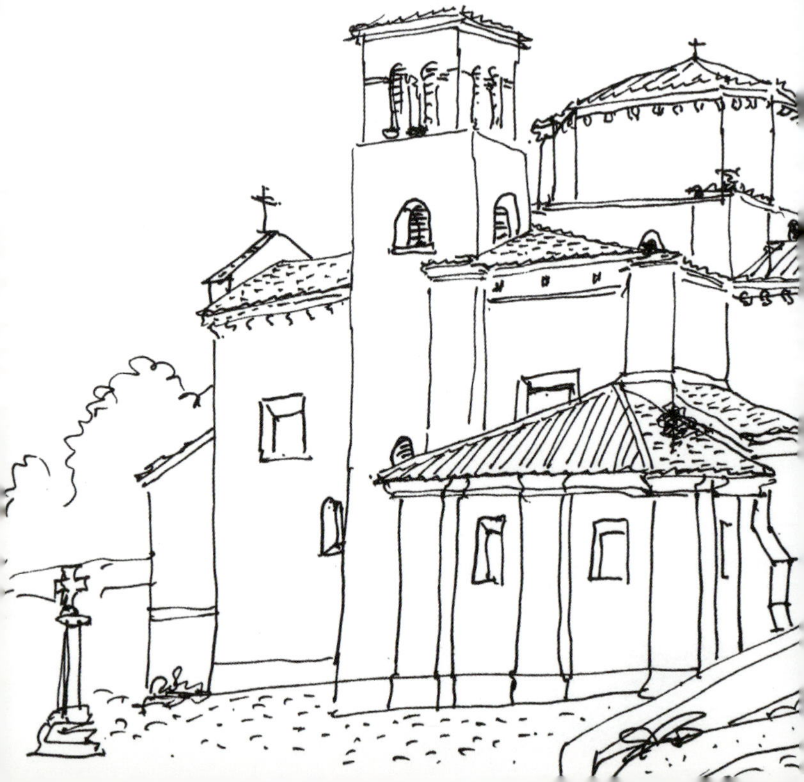

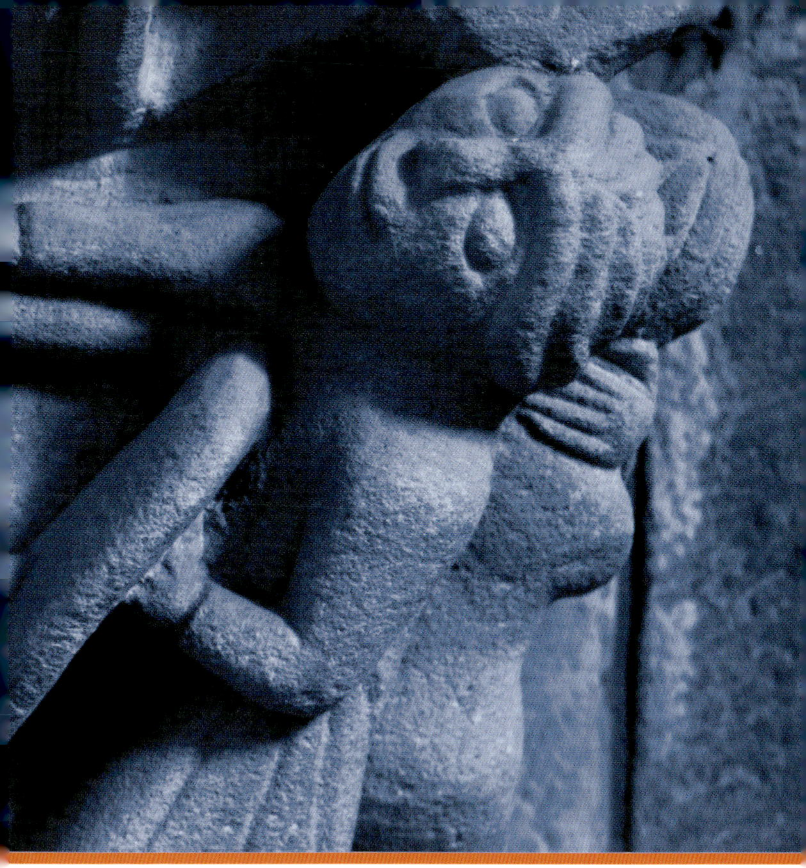

Socobio Castañeda

Colegiata de Santa Cruz

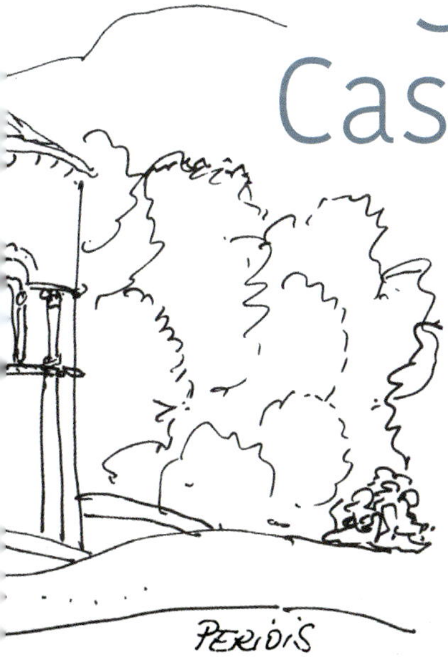

Socobio-Castañeda

El municipio de Castañeda está situado en la fértil vega del río Pisueña, abrigado por las sierras de Caballar y Carceña, monte este último que, según Pascual Madoz, había sido «la flor de los de la baja Cantabria por la abundancia de robles, hayas, alisos y otros arbustos que contenía [...]. Ahora apenas hay el necesario arbolado para el consumo por las continuas talas que se hicieron para la Cavada».

En efecto, con la madera de estos bosques, hoy pródigos en eucaliptos, se alimentaron los hornos de la Real Fábrica de Artillería de La Cavada entre los siglos XVII y XIX. Pero ya mucho antes, desde al menos el siglo XIII, el monte sufrió la explotación masiva de sus árboles, pues sabemos que la nao que rompió las cadenas del puente de barcas de Triana y liberó Sevilla allá por el año 1248 se construyó en Cantabria con las maderas de estos bosques, de ahí que portara el nombre de «Carceña», en su honor. Así cantó la hazaña Amós de Escalante en el primer cuarteto de un célebre soneto:

En tus quebrados senos, oh Carceña,
retoña el roble que robusta quilla
dio a las cántabras naves, y en Sevilla
plantó, hace siglos, la cristiana enseña.

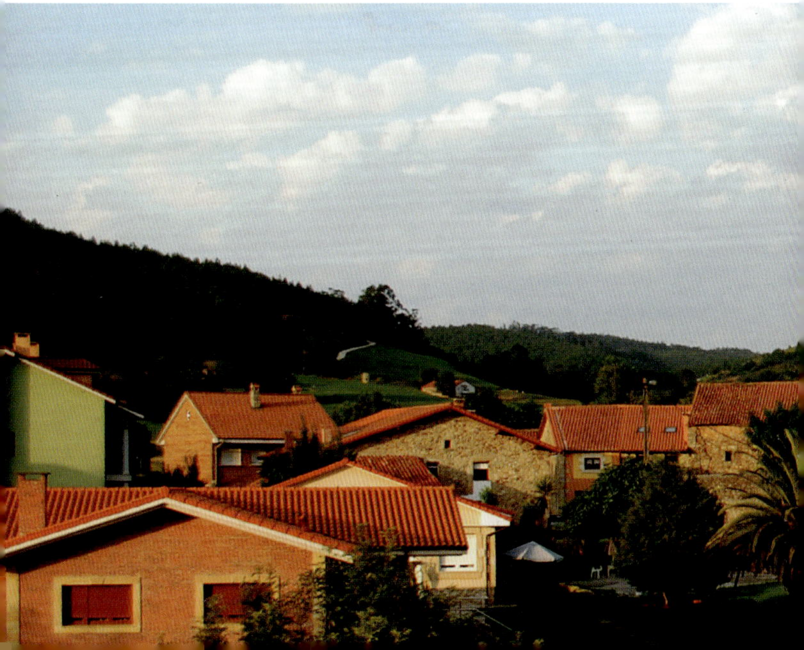

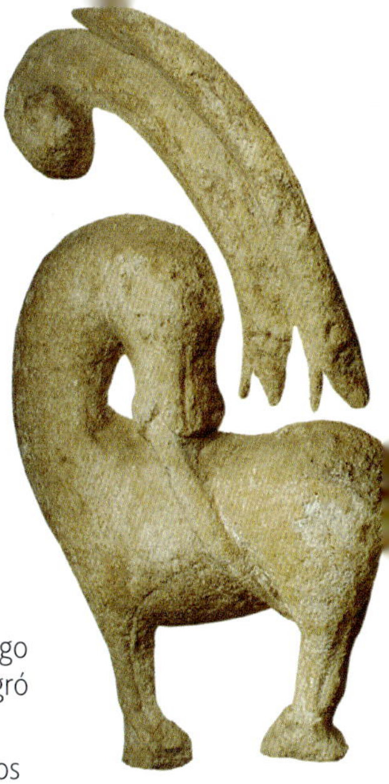

La colegiata que vamos a visitar ahora se halla en Socobio, uno de los cuatro pueblos que componen Castañeda, junto con La Cueva, Villabañez y Pomaluengo, que es la capital del municipio. Cuando nos acercamos a ella comprobamos que un grupo de construcciones recientes parecen querer abrazarla. Pero por suerte la colegiata no lo admite y permanece aislada, protegida por la amplia campa que la circunda y por la nobleza de una historia que ni el reiterado fuego que sufrieron sus cartularios y documentos logró hurtarnos totalmente.

En efecto, en 1560, 1721, 1804 y 1807 sucesivos incendios destruyeron, como si se tratase de una maldición, muchos datos sobre la historia del edificio y del valle que lo acoge, pero las piedras siguen ahí para que podamos siquiera esbozar una cronología de su construcción, amparados, también, por una escritura del *Cartulario de Santa María de Puerto* (Santoña) que recoge que ya en el año 1092 el monasterio estaba dirigido por el abad Juan *(Ioannes abba de Castanneta)*. Aunque es casi seguro que tuviera un origen anterior, en los siglos VIII, IX y X, cuando Alfonso I y Alfonso II comenzaron a fortalecer, repoblándolas, las zonas costeras cantábricas.

En 1930 el edificio fue declarado Monumento Nacional.

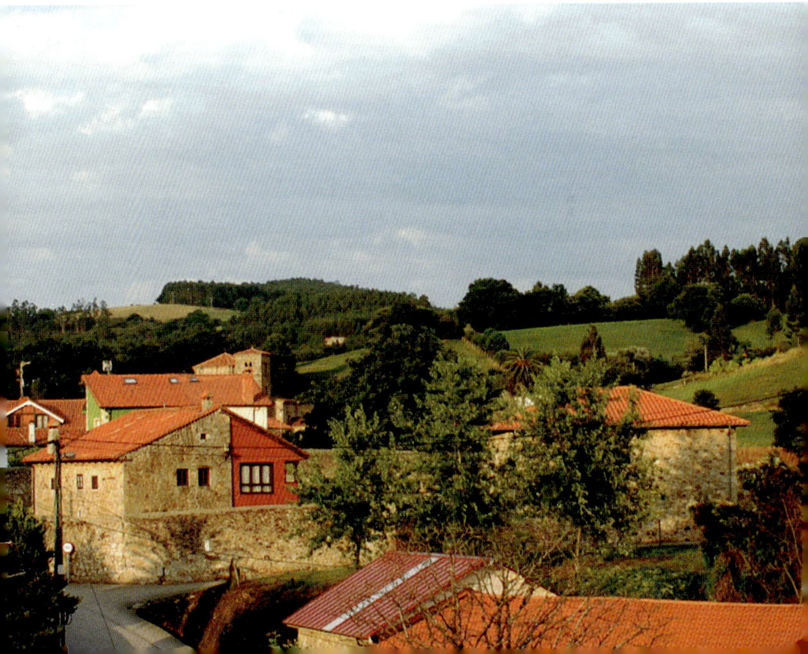

Colegiata de Santa Cruz

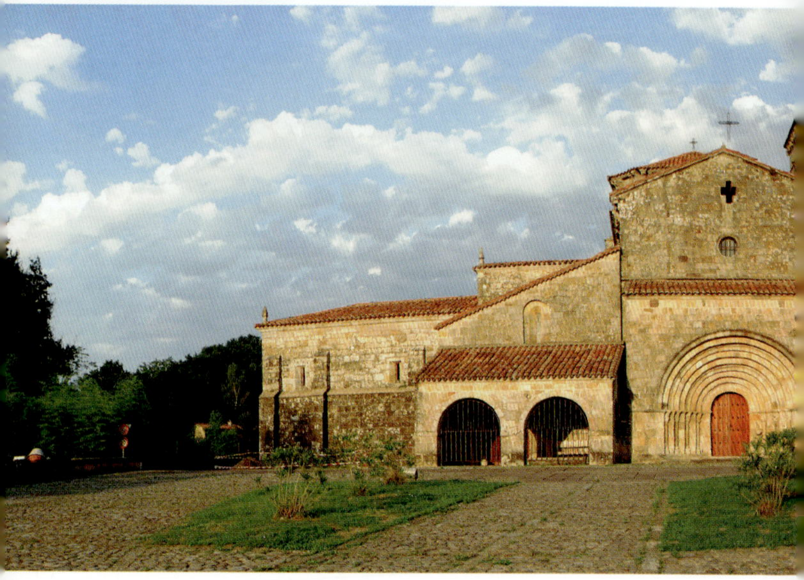

Si nos colocamos frente al edificio, podremos ver sus bien talladas y escuadradas piedras, que nos transmiten un origen notable, pues una construcción de tal calibre no se pudo levantar sin contar con el apoyo económico de reyes y nobles. Acaso su importancia podía deberse a la veneración de una reliquia de la cruz de Cristo (de ahí su nombre), pero, de ser así, este secreto, como otros muchos, se los llevó el fuego.

La iglesia tiene una planta románica que no resulta muy habitual en los templos de Castilla y Cantabria: una nave central, cúpula y tres ábsides (el izquierdo demolido en 1706 para construir la capilla que mandó levantar para su mayor gloria el indiano Juan de Frómesta Cevallos). Es probable que dicha construcción de tres ábsides y una sola nave viniera propiciada porque la torre del muro meridional, ya construida al tiempo que la nave y el ábside central, impidió el levantamiento de las naves laterales.

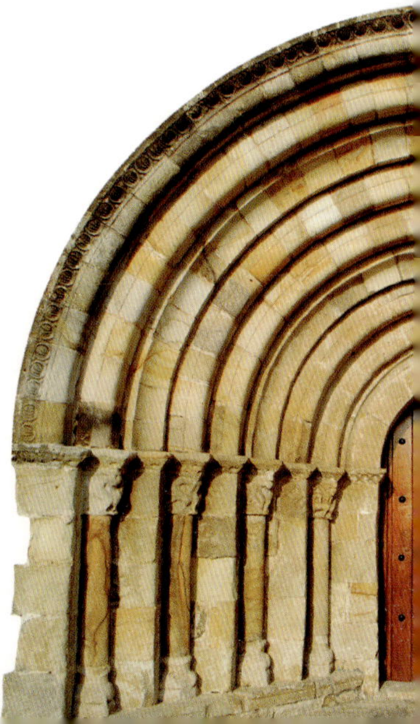

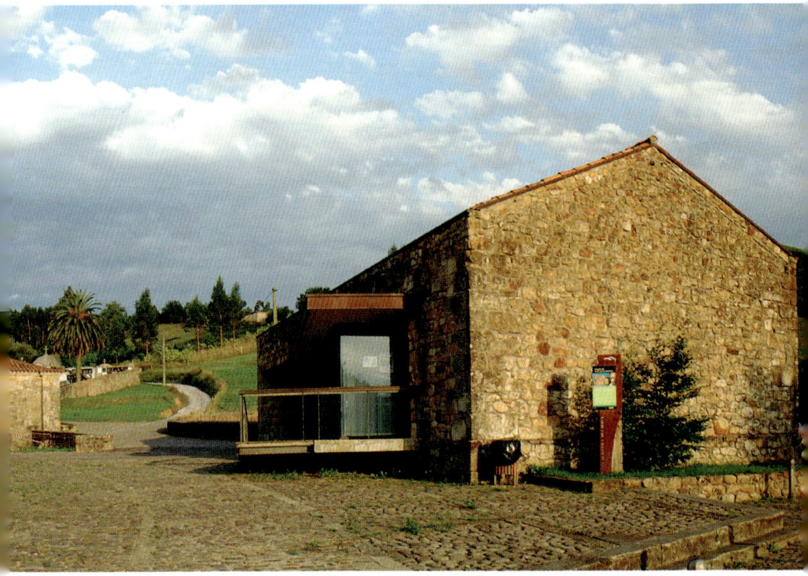

La portada

Vamos a acercarnos ahora hacia la portada. La anchura del muro que la contiene es grande, de ahí que se resuelva con una enorme chambrana –decorada con círculos tangentes que envuelven cada uno cuatro hojas curvadas– y un fondo integrado por siete arquivoltas de baquetones y escocias. Los capiteles son ocho, cuatro a cada lado, en correspondencia con los baquetones y, como verás, sus relieves están muy desgastados, aunque todos parecen representar parejas de animales. Las basas se apoyan sobre un banco corrido.

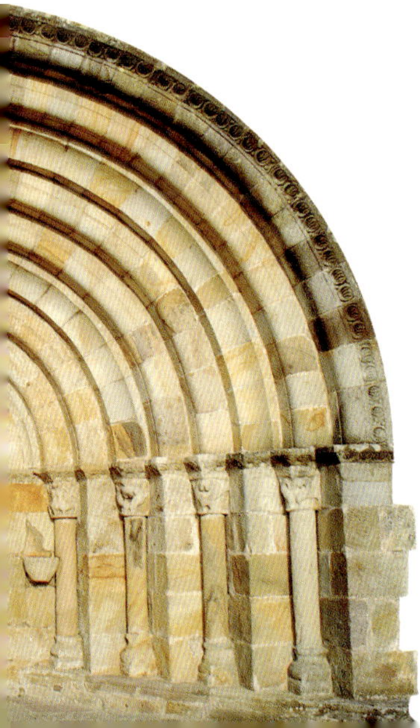

Un paseo por el exterior

Si me sigues hacia la derecha, veremos la torre prismática, que ha podido ser modificada en algún momento, como denuncian varios trozos de impostas de billetes distribuidos por su lateral oeste. El último piso se remete ligeramente con respecto a los tres primeros y muestra una ventana geminada en cada uno de los cuatro lados. Los

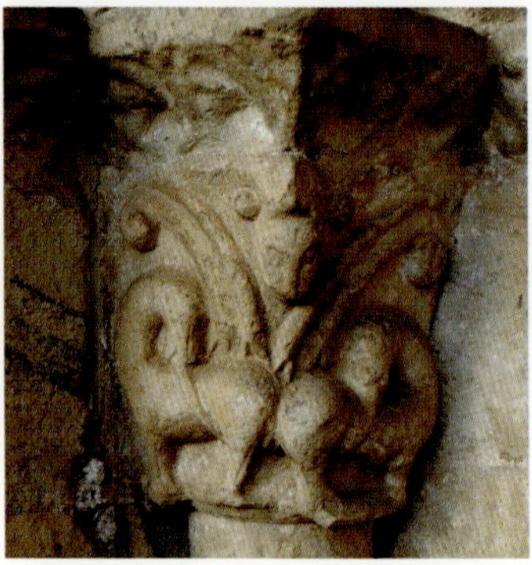
Capitel izquierdo de la portada

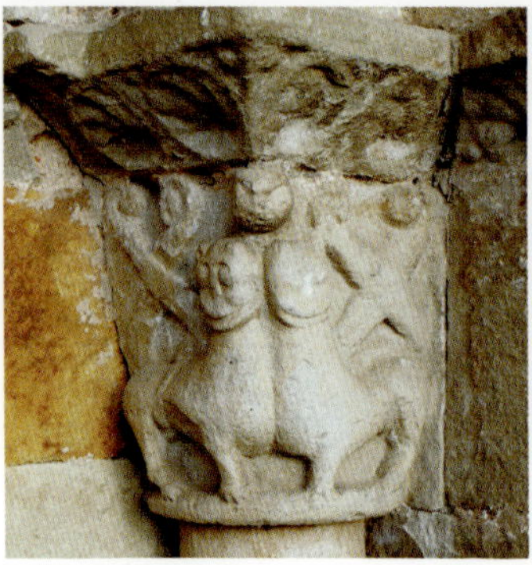
Capitel derecho de la portada

capiteles que rematan sus fustes son animalísticos en todos los casos, salvo el del lateral oeste, que tiene, muy desgastadas, las figuras de Adán y Eva con la serpiente enroscada al árbol.

La cornisa está rematada por canecillos, que se distribuyen por sus lados y en las esquinas.

Tras pasar los muros de la sacristía y de la capilla de Frómesta –que, ya lo vimos, destruyó el ábside izquierdo–, alcanzamos el ábside central, formado por tres zonas horizontales, separadas entre sí por dos impostas, y por otras tres verticales, cada una de ellas con sendas ventanas que reposan en la imposta inferior del ábside.

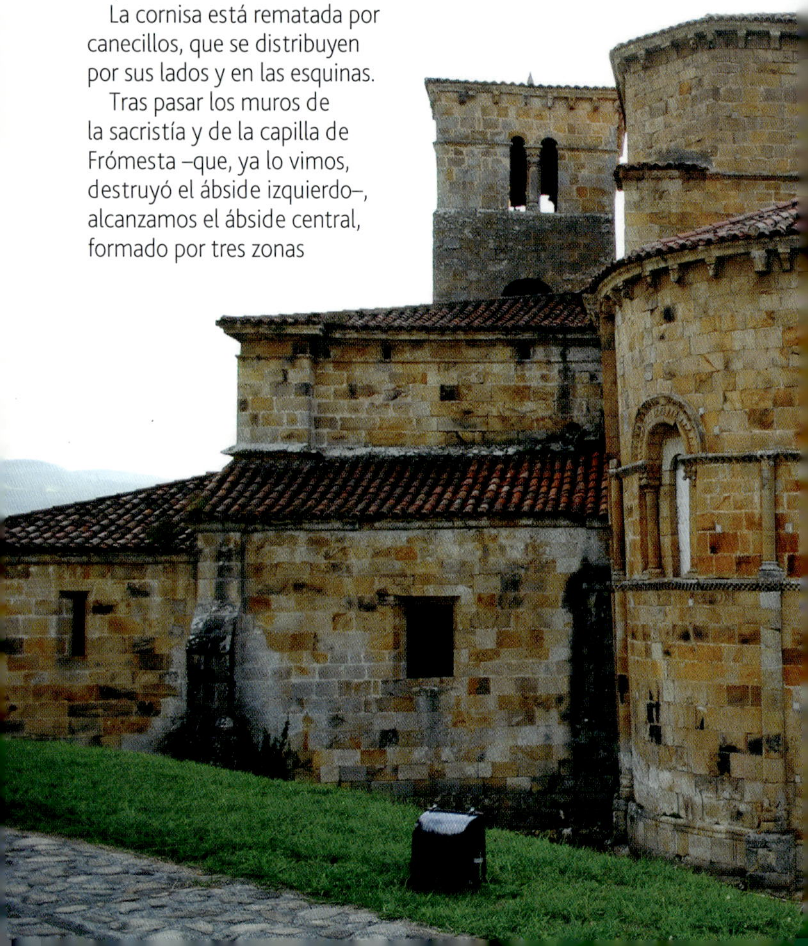

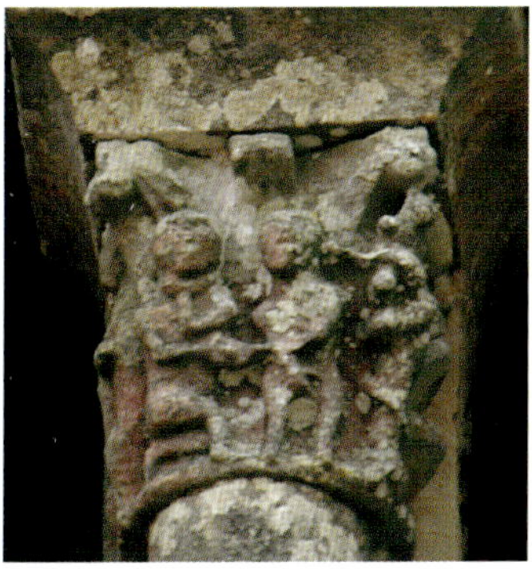
Capitel de la torre (Adán y Eva)

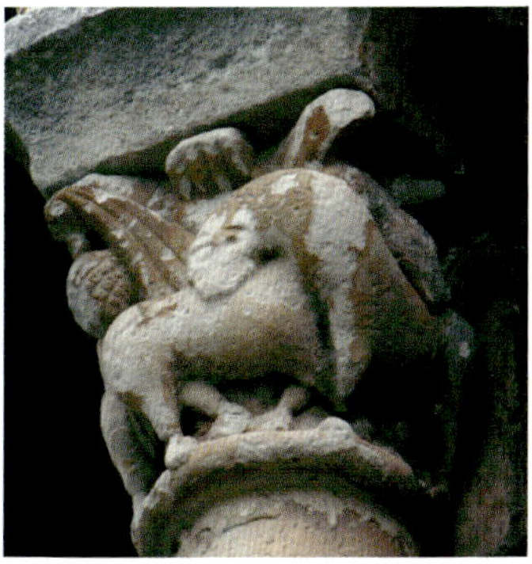
Capitel de la torre

Sus huecos de medio punto tienen a los lados fustes monolíticos rematados con capiteles que mezclan tallas de animales, bolas con caperuzas y acantos lisos.

Toda la cornisa está adornada con canecillos de temas muy diversos y con los cuatro capiteles que coronaban las líneas verticales de los fustes (tres de estos últimos hoy desaparecidos).

El ábside derecho, que debe de ser similar al desaparecido izquierdo, es de traza mucho más sencilla y está rematado en su cornisa por trece canecillos.

Antes de seguir adelante, aquí, enfrentados a los ábsides, quiero que analices sin prisa todos los detalles. Y que luego pongas tu atención en los «remiendos» que hay en la fachada –los descubrirás por el tono nuevo de las piedras– realizados recientemente para tapar

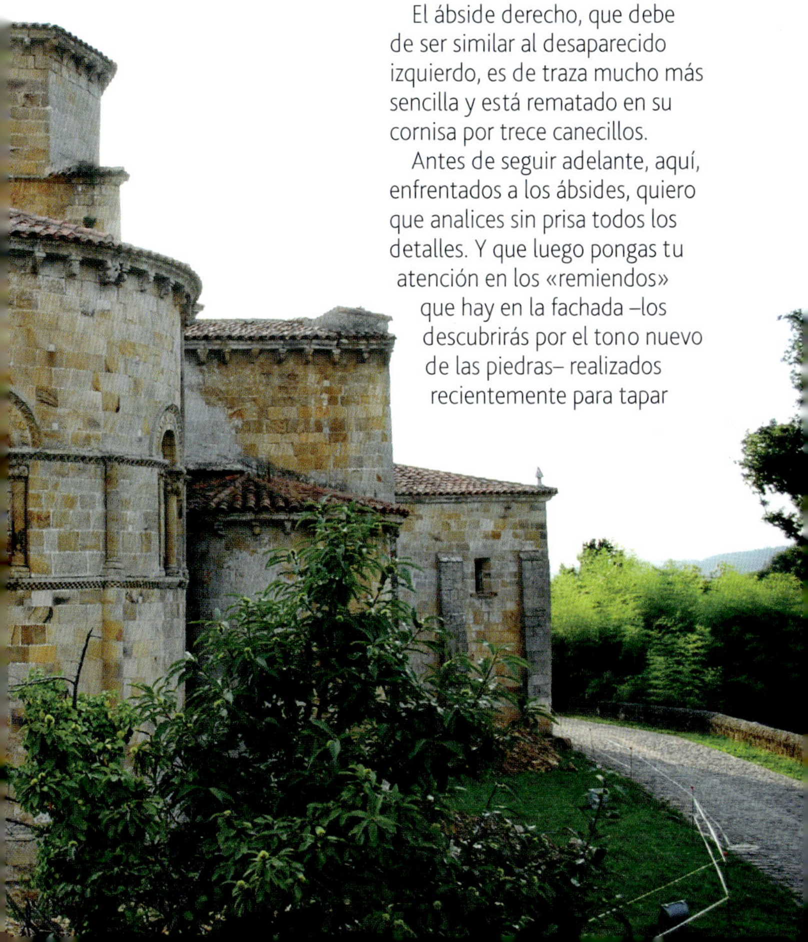

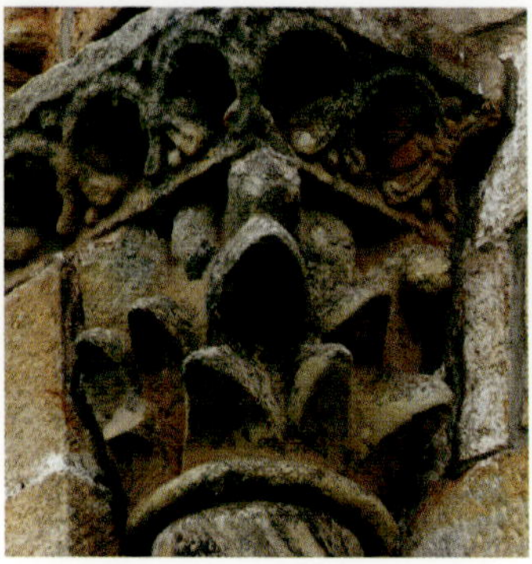
Capitel izquierdo de la ventana central

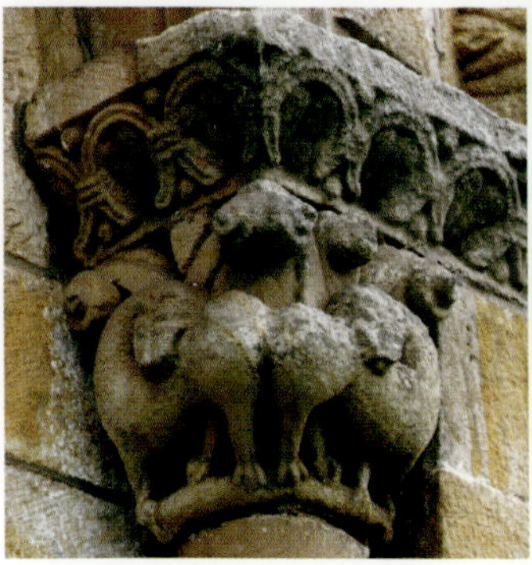
Capitel derecho de la ventana central

los mechinales que servían para contener las vigas horizontales de los andamios. Y si buscas en los sillares del ábside derecho, podrás ver muchas marcas de cantero en forma de V, letra que los canteros colocaron en diversas posiciones. La linterna es de las más destacadas del románico cántabro y, aunque ésta es más baja y achaparrada, me hace evocar la de Frómista. Repara en que tiene dos pisos, el bajo cuadrado y el superior octogonal, porque las trompas angulares –las veremos luego desde dentro–

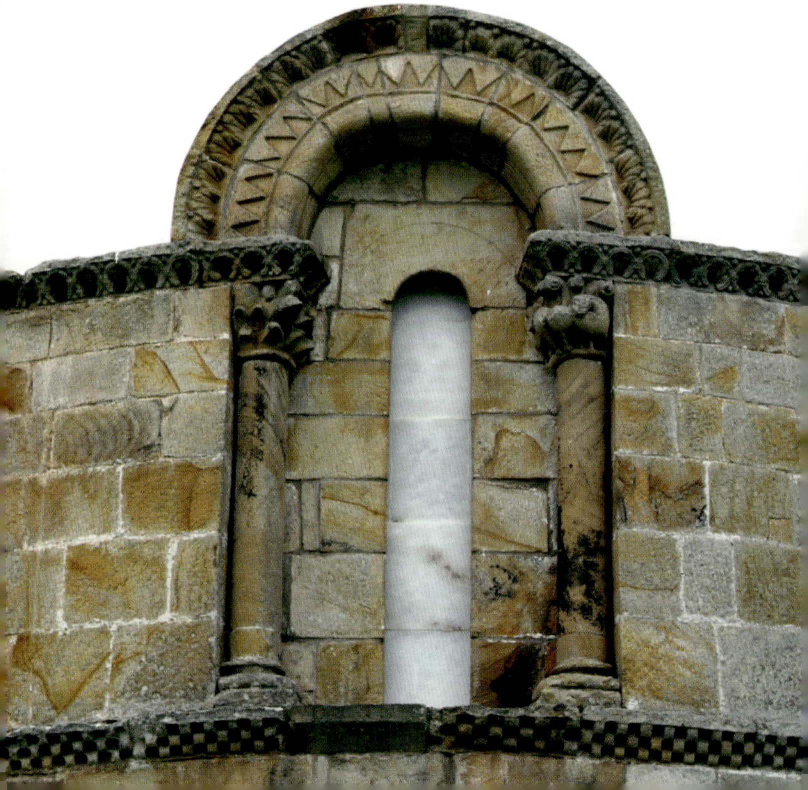

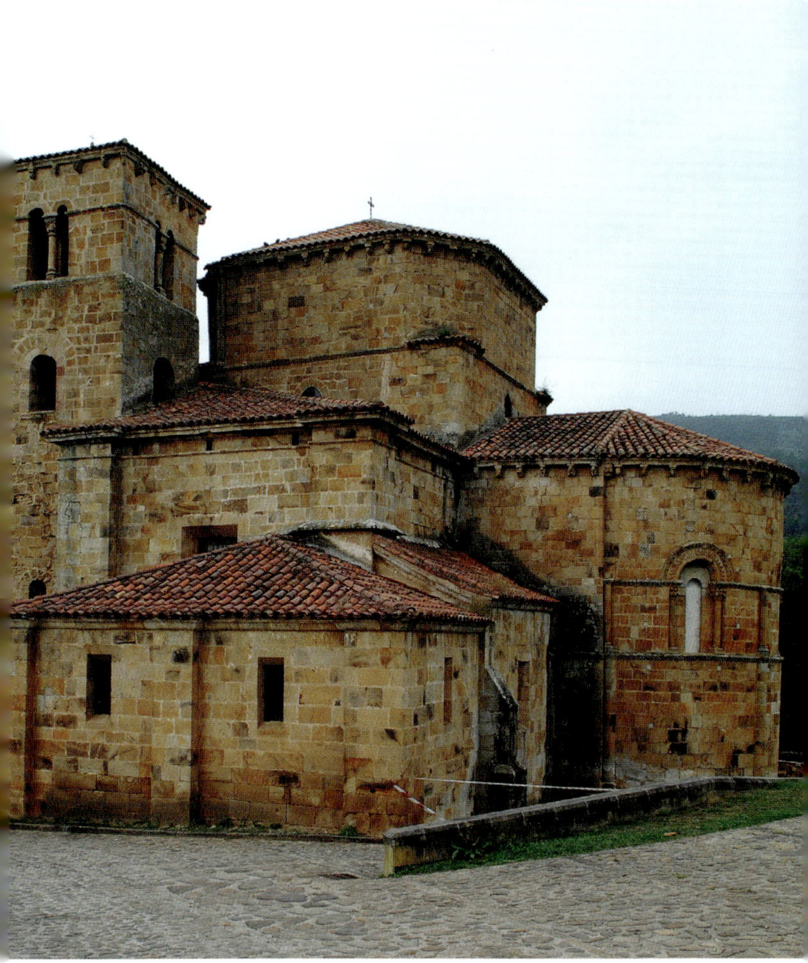

hacen necesarios los ocho lados para soportar mejor el peso de la cúpula.

Te recomiendo que ahora, desde el altillo del cementerio, mires el bellísimo juego de volúmenes que ofrece el conjunto desde esta parte posterior.

Las construcciones que se han ido adosando a la primitiva planta románica han dotado al edificio de una volumetría tan espectacular como armónica. Acaso por ello este es uno de los ángulos más bellos para fotografiar el edificio.

El interior

Esta nave, amplia y ligeramente desviada con respecto al crucero y la cabecera, no es románica, aunque fue realizada con cierta preocupación por no romper el ambiente. Sin embargo, sus capiteles, posiblemente realizados en el siglo XVII, no respetan en absoluto el perfil de lo románico.

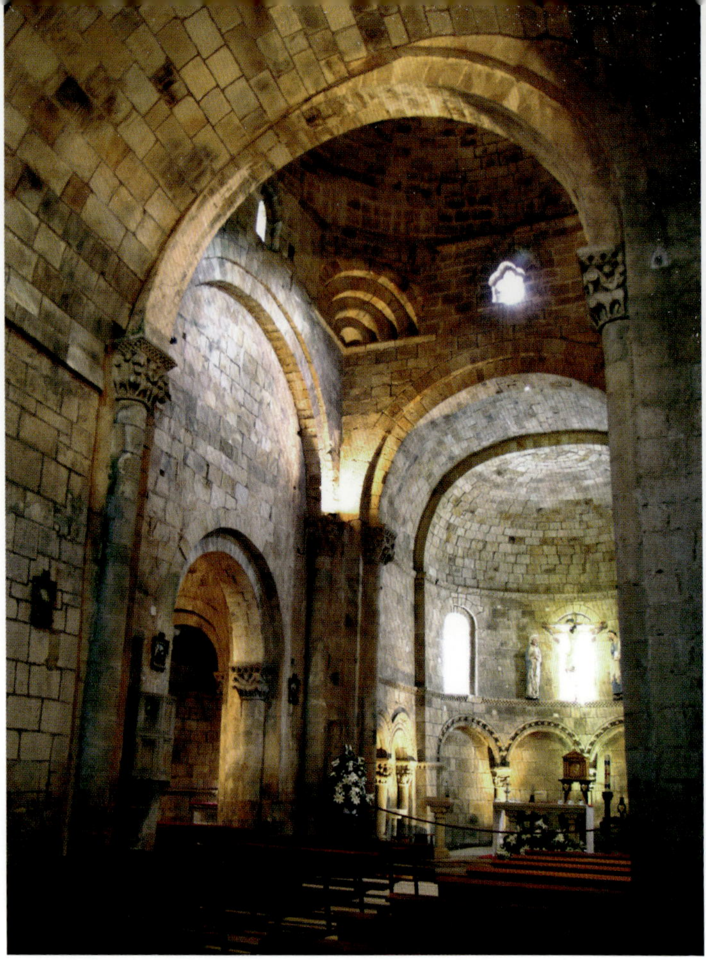

Donde comienza sin ninguna duda la obra del siglo XII es a partir del arco toral que da acceso al crucero desde la nave. Este arco se abre frente al triunfal, con su misma altura y hueco de apertura. Los dos arcos que están a izquierda y derecha del crucero son ciegos hasta los huecos, más bajos, que dan paso a los brazos del transepto. Entre los cuatro sostienen la majestuosa cúpula, construida con sillería de hiladas concéntricas.

Ahora, bajo ella, podemos apreciar las trompas angulares que te anunciaba en el exterior, sencillas, compuestas por cuatro segmentos de arco en disminución. Ellas son las que permiten la conversión al octógono de la torre alta.

En esta zona se concentran doce capiteles. Ocho en los arcos altos del crucero y cuatro en los más bajos que dan paso a los brazos del transepto. En el plano te los he numerado del 1 al 12 para su mejor seguimiento. Otros dos capiteles se encuentran en el arco de entrada al ábside del lado izquierdo.

El ábside central

El ábside central es, sin duda, la parte más atractiva de la iglesia. Está cubierto con bóveda de cañón y fabricado con muy buena sillería. Tiene tres partes bien diferenciadas

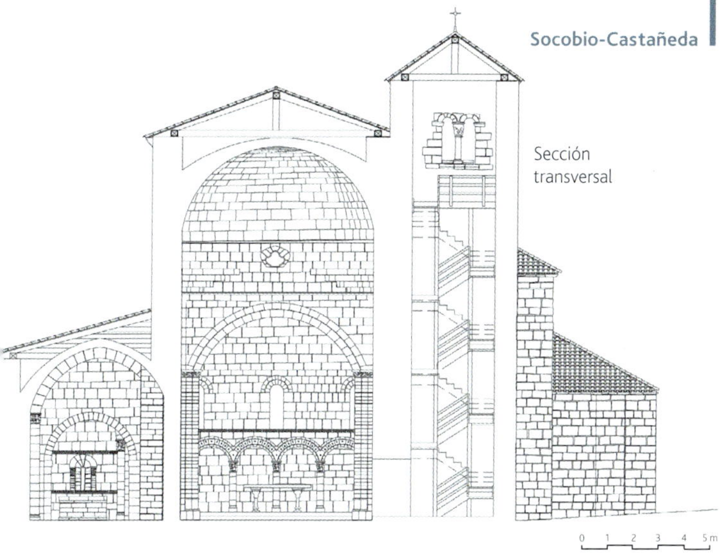

Sección transversal

en altura: la correspondiente a la bóveda, la intermedia en la que se abren las ventanas –sencillas por el interior, sin arquivoltas ni fustes– y la baja, con ocho armaduras ciegas que contienen once capiteles (numerados en el croquis del 1a al 11a).

Obsérvalos con atención porque aquí se concentran, a la altura de tus ojos, deseosos de mostrarte sus historias o, simplemente, las filigranas que talló su artífice. Descubre en cada uno las escenas y los bien labrados cimacios, en los que predominan, como en todo el edificio, motivos de círculos con hojas interiores. Y acércate al numerado 5a para ver a esos dos infantes que llevan casi mil años luchando a pie, en pugna inacabable, pese a que uno de ellos ha alcanzado el cuello del contrincante con su arma ofensiva. Aquí hay animales que juntan sus cabezas y leones que beben

Cúpula del crucero

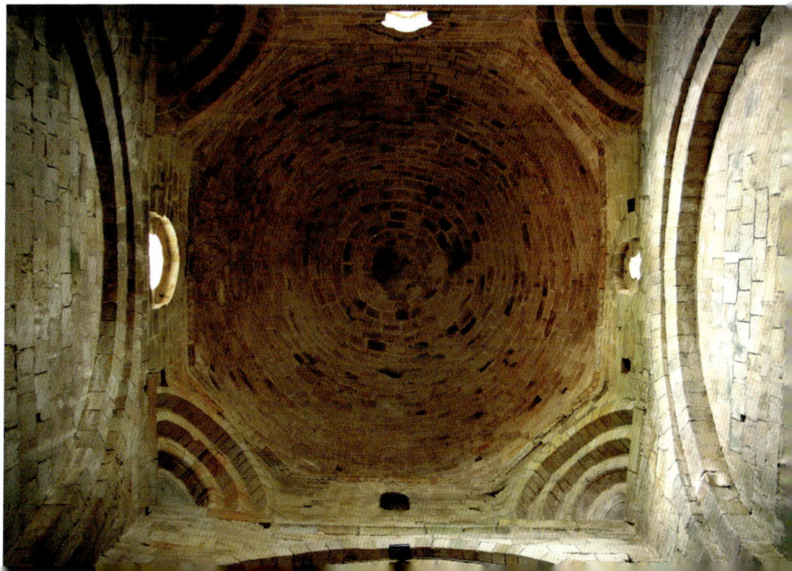

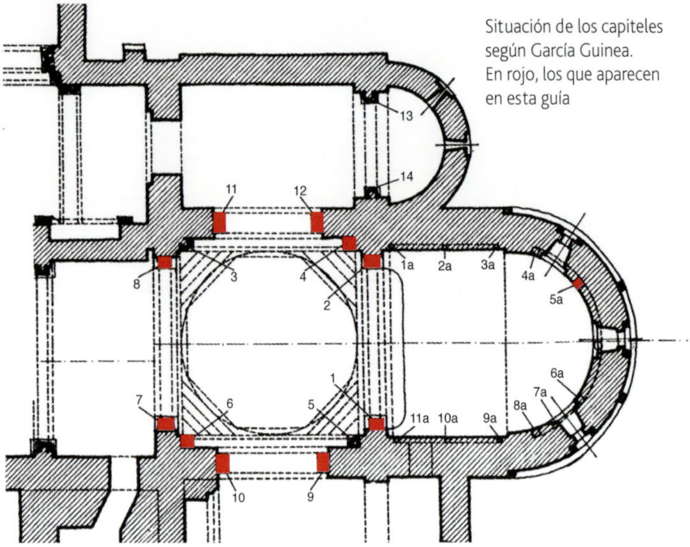

Situación de los capiteles según García Guinea. En rojo, los que aparecen en esta guía

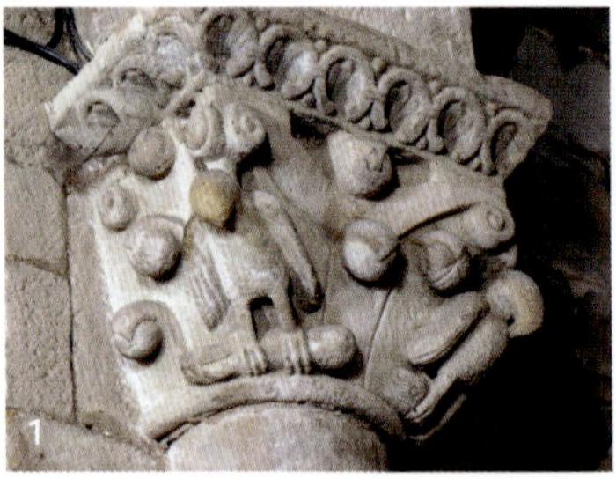

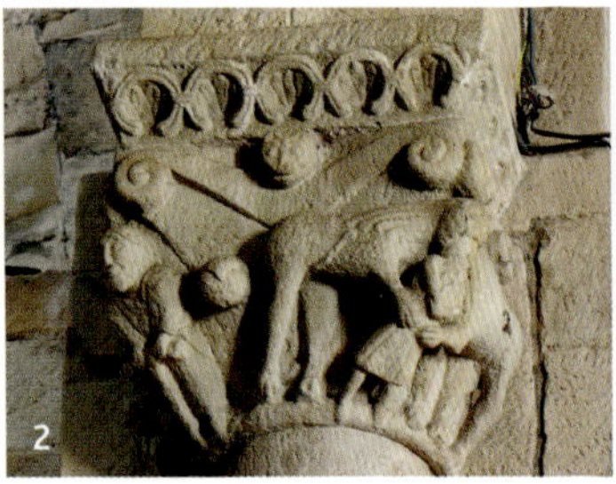

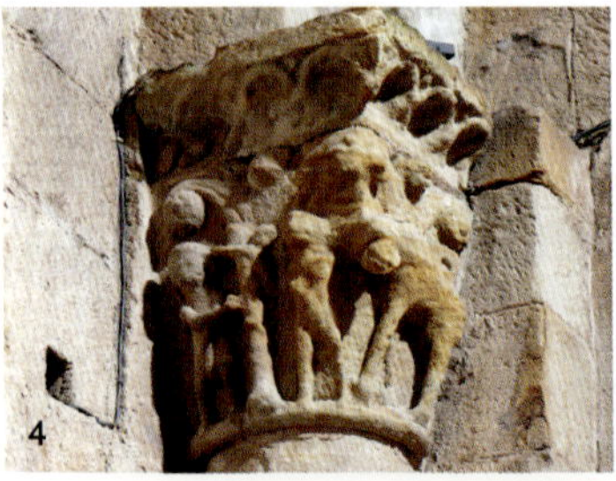

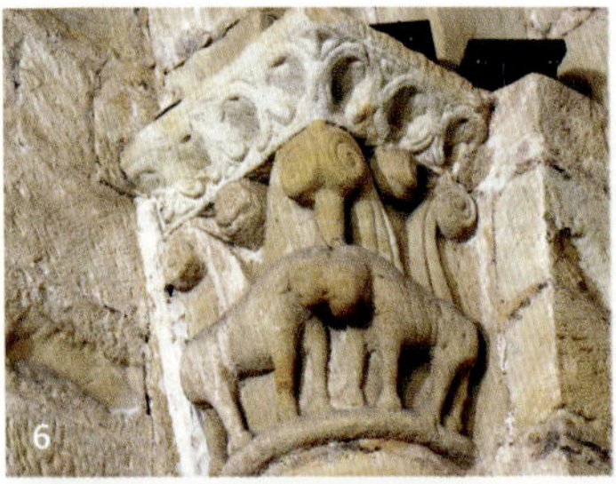

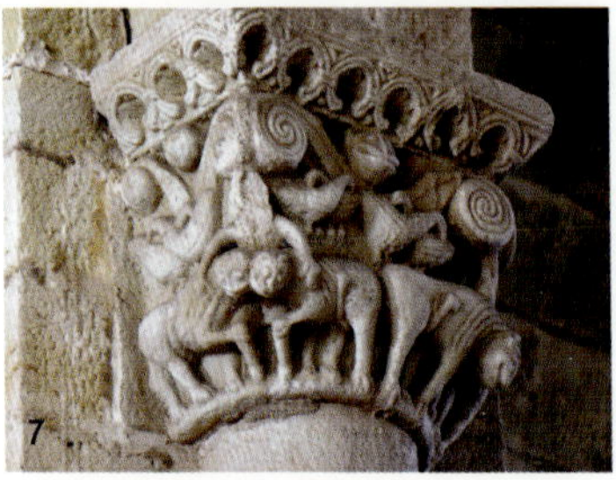

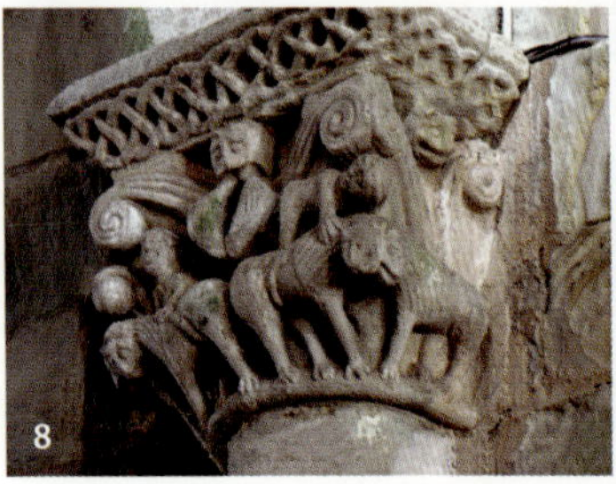

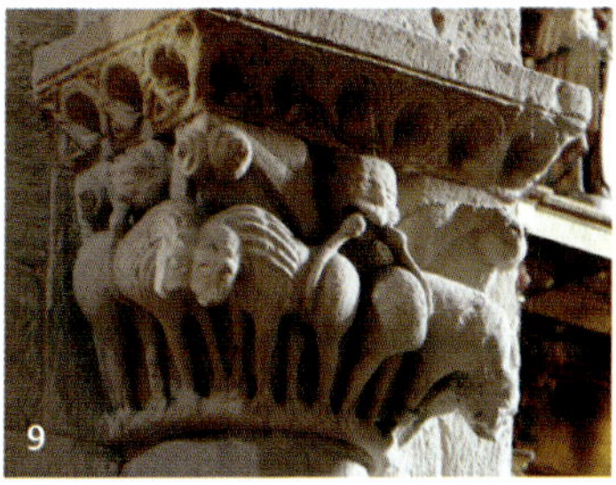
9

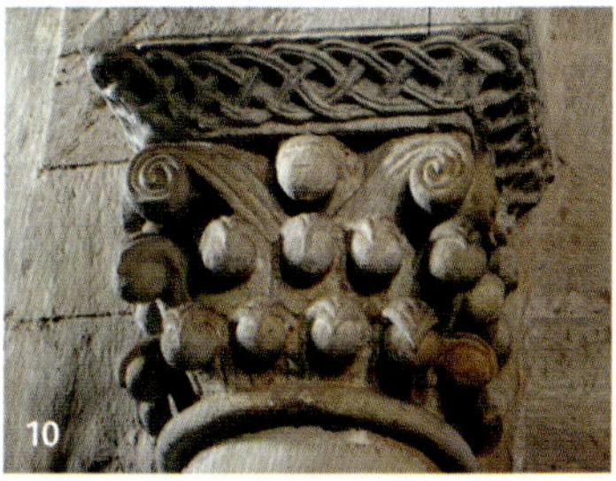
10

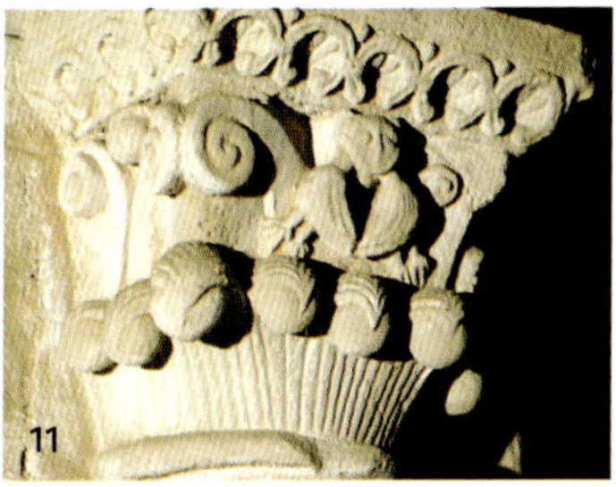
11

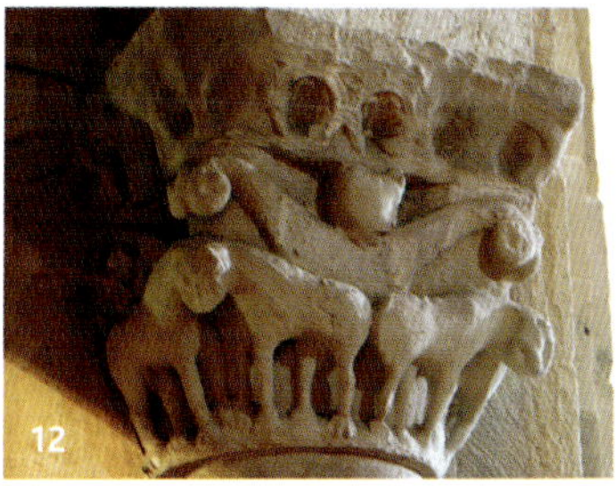
12

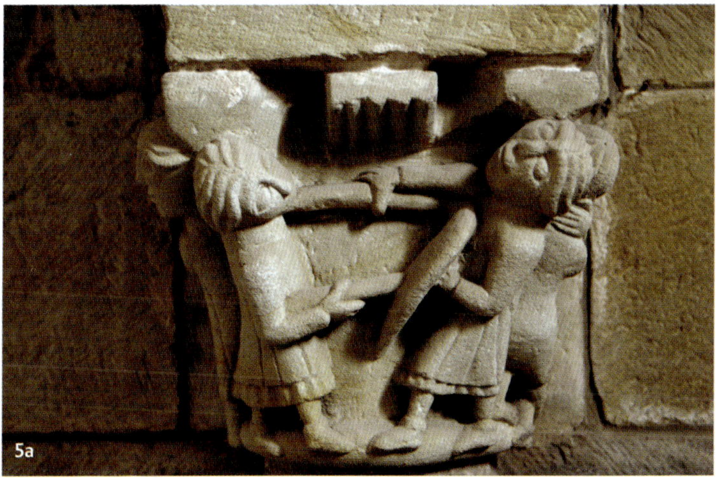
5a

mansamente del mismo cuenco y otros que se muerden mutuamente los alargados lomos o comparten una sola cabeza. Todo está ahí. En un ambiente paralizado, ante el que el espectador se sobrecoge, con la duda de si a su marcha se convertirá en frenética actividad, sólo congelada ahora por nuestra presencia.

Los añadidos del muro norte

Si tomamos ahora la dirección de salida, verás a la derecha, en el muro norte, una nave que se abre con dos arcaduras de medio punto, cerradas por una reja. Este espacio está constituido por tres tramos de diferentes tamaños y es una ampliación que se realiza en los años finales del siglo XII y primeros del XIII, en un románico que se encamina ya hacia unas formas góticas.

Algunos capiteles de su interior nos recuerdan a los que se elaboraron en los talleres de Aguilar de Campoo y San Andrés de Arroyo. También quiero que pongas tu atención en las figuras toscas del atlante y de la arpía sobre las que reposan dos de los nervios del segundo tramo de la nave. Y en la cabeza de león, que parece querer engullir una figura humana, que están en el centro de las columnas, que se rematan en su parte superior con capiteles que tienen decoración vegetal y de un centauro con arco que parece atacar a una figura alada.

Antes de salir definitivamente, vamos a dirigirnos a la puerta que se abre en el muro derecho de esta segunda nave. Construida a caballo de los siglos XII y XIII, tiene incrustados dos sillares con grabados cuyos motivos parecen claramente prerrománicos, con evocaciones asturianas o mozárabes, vestigios de alguna construcción anterior destruida.

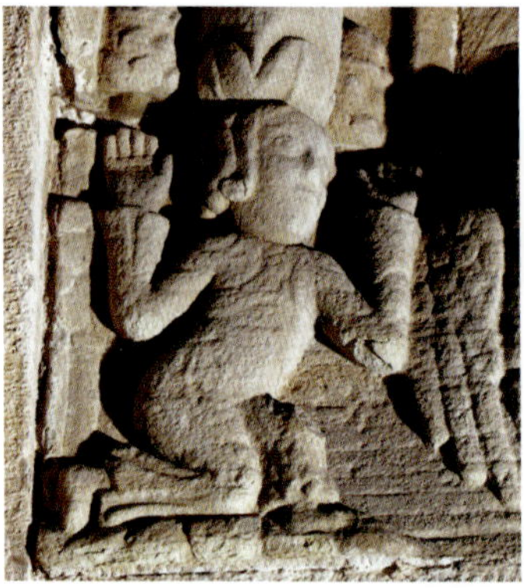
Atlante en la nave añadida

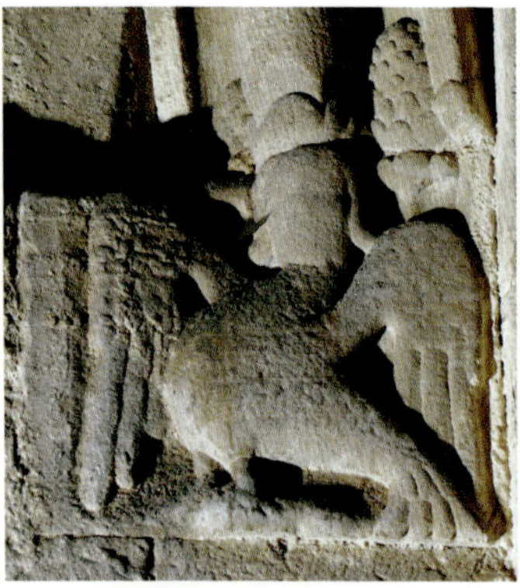
Arpía en la misma nave

Capiteles con decoración vegetal y centauro

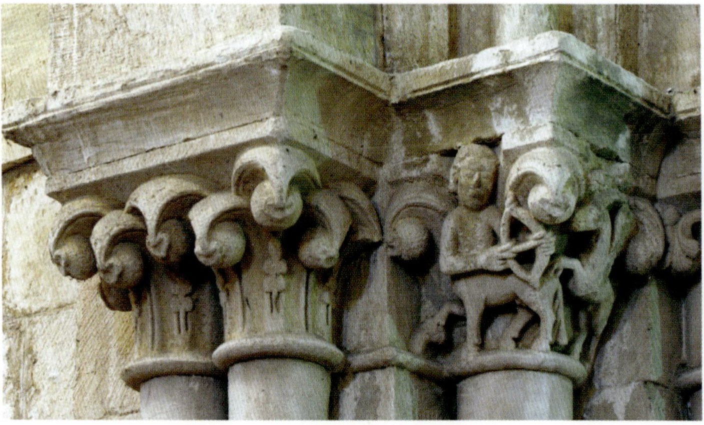

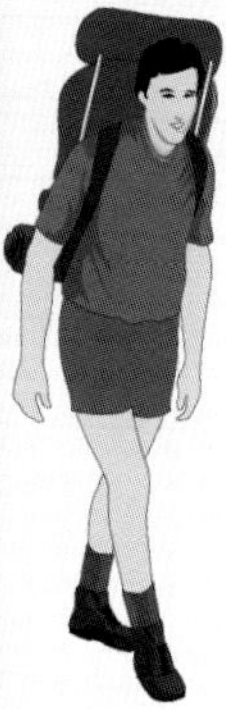

Final de la visita

Antes de dejar Castañeda podemos visitar el Centro de Interpretación del Románico, que ocupa el edificio contiguo a la iglesia, el que en su día albergó las escuelas de Socobio. En él se nos ofrece información sobre las características y construcción de la propia Colegiata, pasando por un repaso a los oficios de cantería o el estado del románico en la comarca y en Cantabria. Luego podemos dirigir nuestro camino hacia otros dos templos románicos muy cercanos e interesantes: la iglesia de San Andrés, en Argomilla de Cayón, y la de la Asunción, en Santa María de Cayón, pequeñas joyas del románico local en las que los canteros mostraron todo su arte y siguieron repitiendo en canecillos y capiteles el motivo de los leones, tan querido en Castañeda y en todo su entorno.

En la iglesia de San Andrés podrás apreciar también su perfecta fusión con el paisaje, aupada en un cerro desde donde domina toda la llanura del pueblo.

Pero, si quieres seguir la ruta que te propuse al principio, debemos continuar nuestro camino hacia la costa oriental en busca de la iglesia de Santa María de Bareyo.

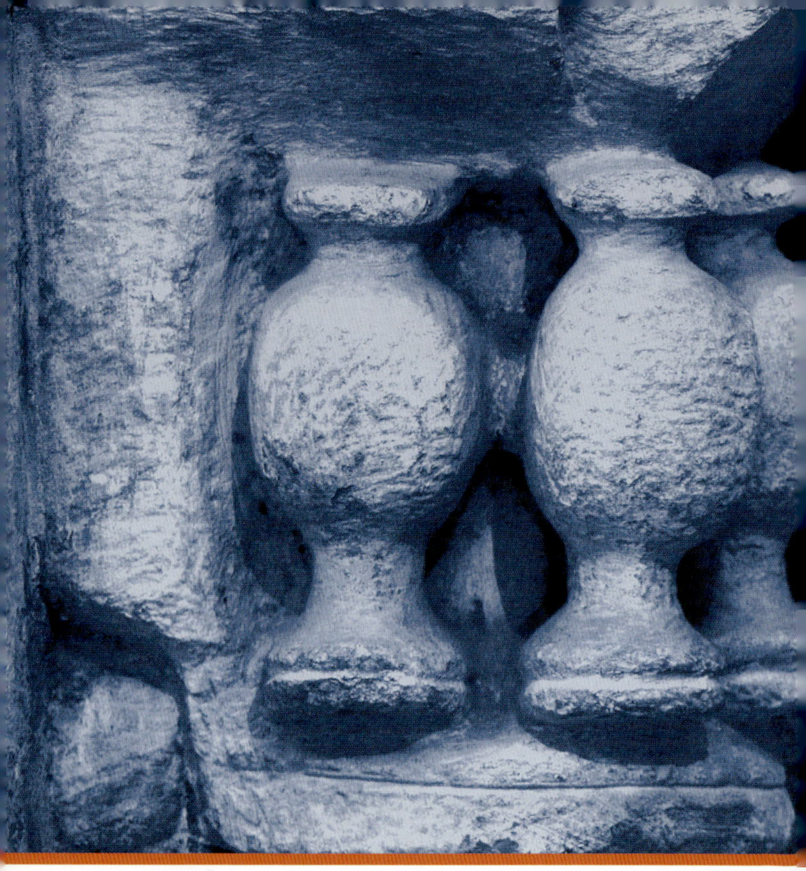

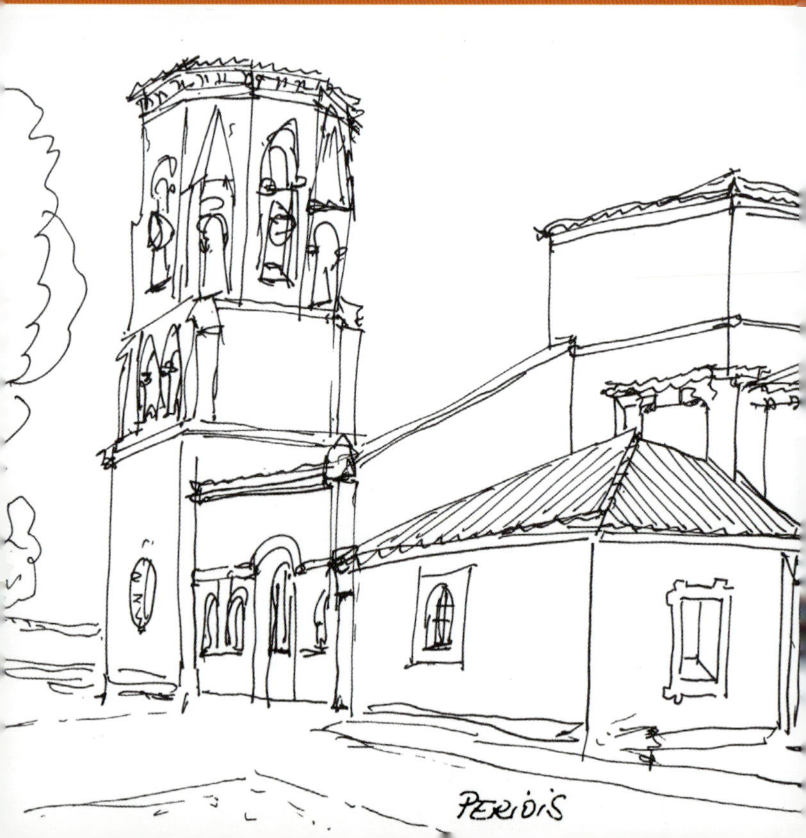
PERIDIS

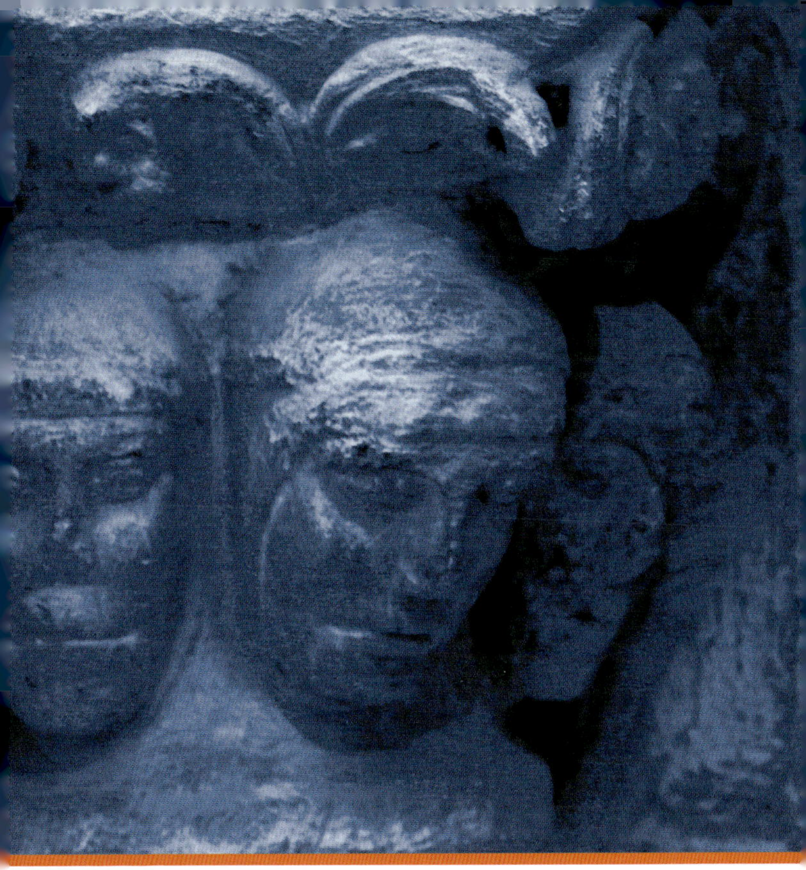

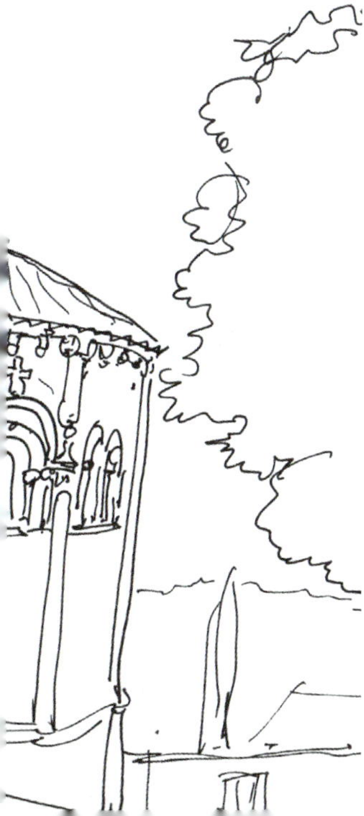

Bareyo

Iglesia de Santa María

Bareyo

Te propongo que dirijamos nuestros pasos, rastreando románico, al municipio de Bareyo, integrado por tres pueblos de la costa oriental de Cantabria –Ajo, Bareyo y Güemes– que formaron parte, hasta 1853, de la antigua Junta de Siete Villas de la Merindad de Trasmiera. En la localidad de Ajo es donde se halla el cabo del mismo nombre, el punto más septentrional y más saliente de la región, donde se acaba la costa, el fin y el cabo de Cantabria.

Toda esta zona es vivero de reputados canteros, de escultores, de ensambladores y doradores..., y de campaneros, que trabajaban entonces, y siguen trabajando ahora por tradición heredada, los secretos sonoros del bronce. Desde aquí partían, según recoge Madoz, «a construir campanarios a varios puntos del reino en la temporada de verano». Y mucho antes, ya en el siglo XII, los maestros canteros locales levantaban iglesias dejando su impronta por toda la Junta de Siete Villas, desde Santoña a Bareyo, pasando por Escalante, y

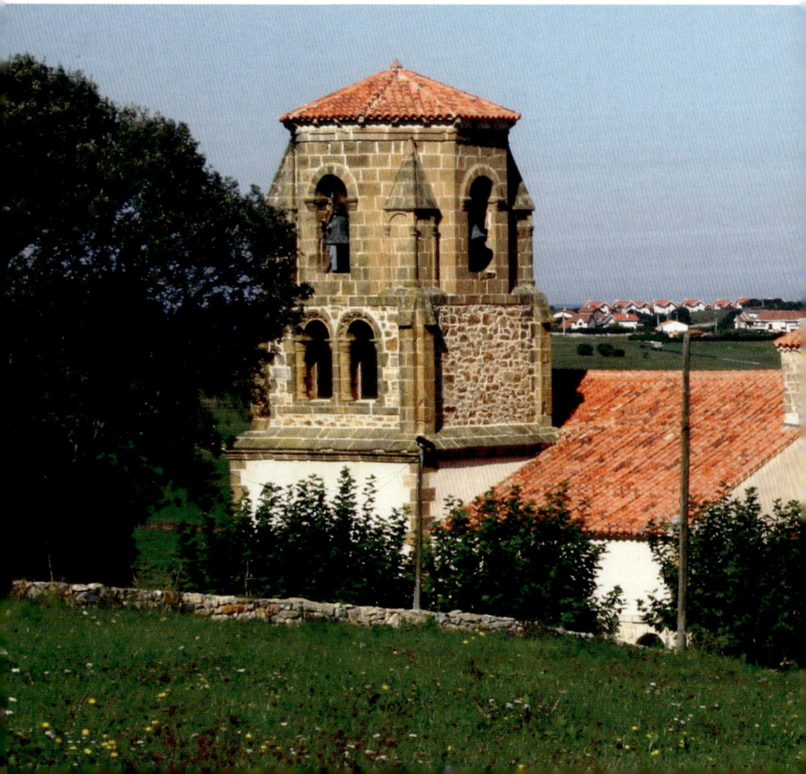

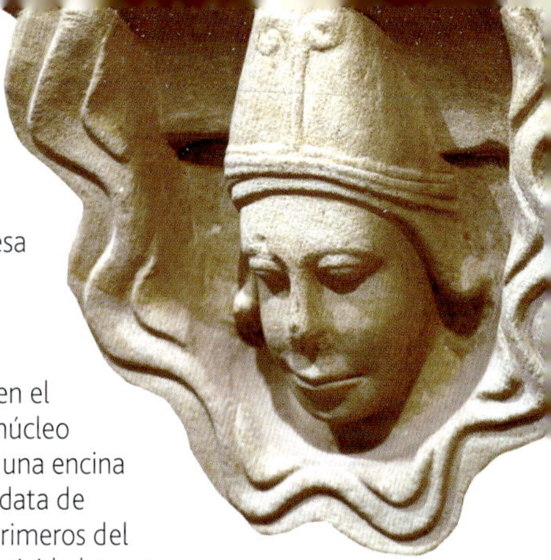

llegando hasta la parte burgalesa de los valles de Mena (Santa María de Siones) y de la Losa (San Pantaleón de Losa).

La iglesia de Santa María está en el pueblo de Bareyo, alejada del núcleo urbano y protegida al Este por una encina centenaria. Su parte románica data de los años finales del siglo XII y primeros del XIII, aunque tuvo casi segura actividad como monasterio desde los siglos IX y X, como consecuencia de las repoblaciones que Alfonso I y Alfonso II promovieron por la costa.

Las fuentes documentales han sido muy parcas en escritos sobre este edificio. En el *Cartulario de Santa María de Puerto*, de la cercana localidad de Santoña, es donde aparece citado por vez primera, en una venta en la que figura como testigo *dominus Petrus abbas de Baredio*. Luego, acaso por su poca entidad, su historia pudo quedar olvidada. Aunque hasta nosotros ha llegado su bella estampa y un puñado de huellas románicas de primerísimo orden.

La iglesia fue declarada Bien de Interés Cultural, con la categoría de Monumento, en 1978.

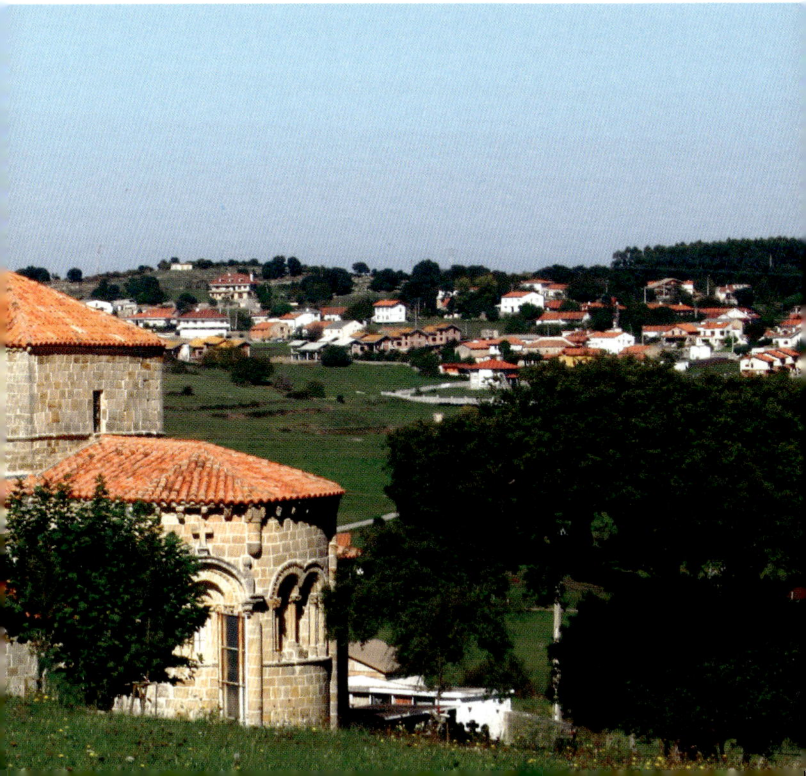

Iglesia de Santa María

Ahora que estamos frente a la iglesia, debo decirte que su planta es poco común. No porque tenga una sola nave y un solo ábside, sino porque en el crucero, ocultas a nuestra vista externa, hay dos capillas semicirculares, una solución constructiva difícil de encontrar en el románico, que hace pensar a los expertos en reminiscencias paleocristiano-bizantinas, visigodas o, incluso, mozárabes. De todos modos, lo veremos mejor cuando visitemos el interior, porque ahora vamos a analizar el edificio por su parte externa.

Un paseo por el exterior

Los restos románicos se concentran en el ábside y en la linterna. Lo demás es obra de otras épocas: el pórtico, la capilla cuadrada del presbiterio, la capilla del muro izquierdo de la nave y la sacristía fueron levantadas entre los siglos XVI y XVIII; la puerta del muro de la epístola es renacentista, y la torre es una versión neoclásica realizada entre los siglos XIX y XX.

El ábside, construido con sillería de corte perfecto, tiene tres calles verticales separadas por dos columnas que se coronan en sendos capiteles que, junto con los canecillos, sostienen la cornisa. La columna de la izquierda está cortada por una obra que se decidió hacer en los siglos XVII-XVIII, consistente en el aditamento de una arquivolta, a modo de chambrana, sobre la ventana de ese lado. Los canteros encargados del trabajo no tuvieron ningún reparo en prescindir del fuste que tanto les molestaba para su trabajo.

En sentido horizontal el ábside tiene también tres espacios bien marcados. El primero de ellos es

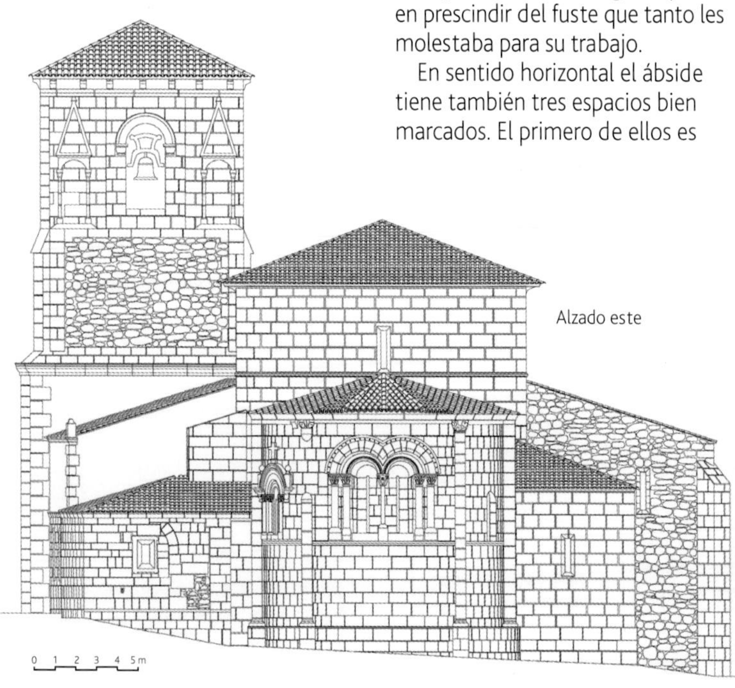

Alzado este

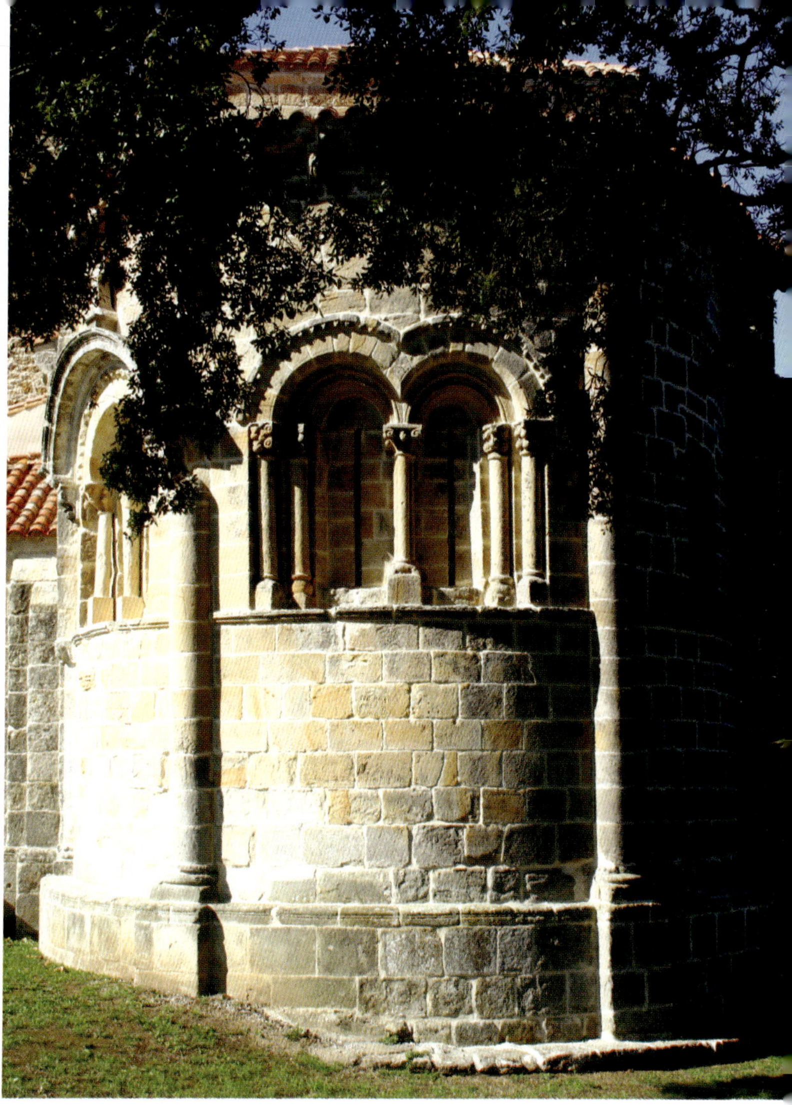

una línea de piedras de zócalo; el segundo se eleva desde ese cimiento hasta una imposta en la que se apoyan los quicios de las ventanas. El tercero y último es el que abarca desde la imposta hasta la cornisa, y contiene dentro de sí las tres ventanas.

La ventana de la izquierda, pese al añadido posterior de la chambrana del que antes te hablé, conserva la estructura románica, con una arquivolta exterior de puntas de diamante y otras dos internas, más sencillas, que descansan sobre columnas rematadas en capiteles de bolas y motivos vegetales. La ventana central es ajimezada, con una columna central de tres fustes lisos y un solo capitel; sus arquivoltas tienen la misma disposición que las de la ventana izquierda y también descansan sobre capiteles de bolas y zarcillos. La ventana derecha es muy sencilla, simple aspillera sin ninguna decoración.

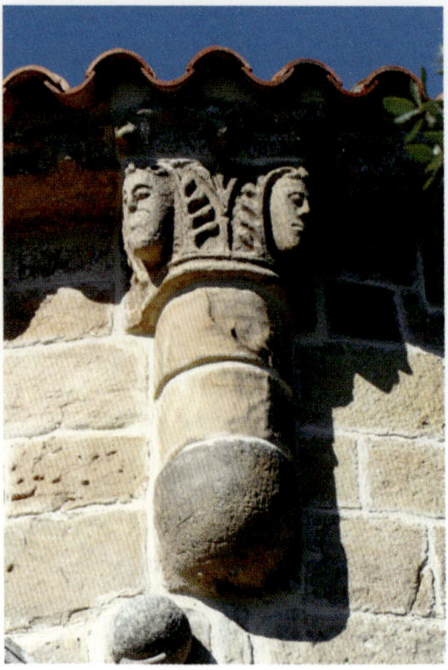

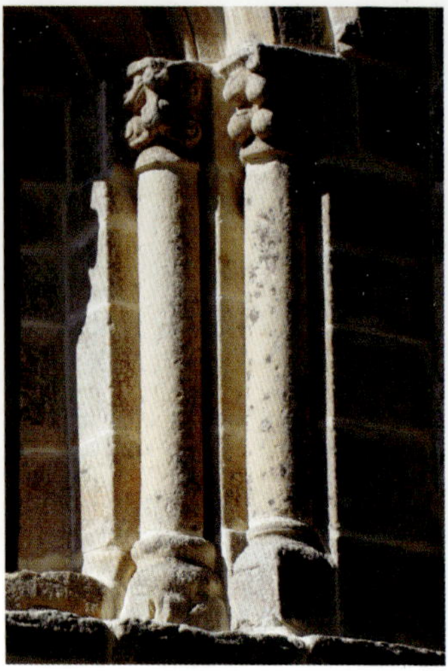

Dos detalles de la cabecera

Cada una de las tres calles verticales del ábside tiene en la cornisa cinco canecillos con temas geométricos, de animales y humanos.

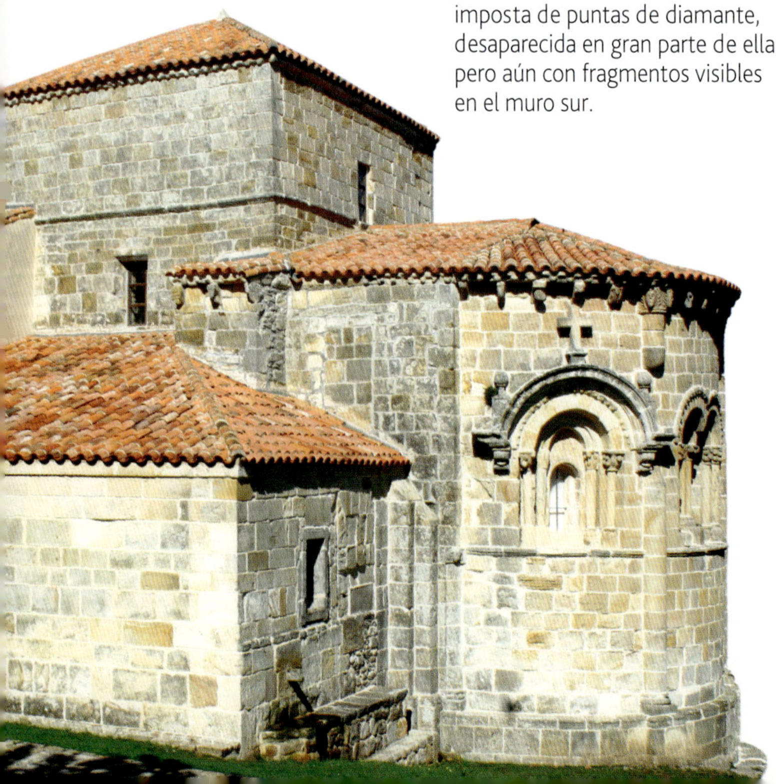

La linterna es maciza, rectangular, de poca altura y con tejado a cuatro aguas. Sus dos cuerpos están divididos por una imposta moldurada. En su cornisa también debió de tener una imposta de puntas de diamante, desaparecida en gran parte de ella, pero aún con fragmentos visibles en el muro sur.

El interior

El interior tiene construcción románica en toda la cabecera: ábside, presbiterio, pseudocrucero y exedras incluidas. El ábside es la parte que más atrae nuestra atención según entramos en el templo, por los dos pisos de arquerías ciegas que ocupan casi toda la altura del muro. Sobre la parte superior de las arquerías, separada por una imposta de medias circunferencias, está la bóveda de horno.

La arquería superior tiene siete arcos de medio punto, irregulares y

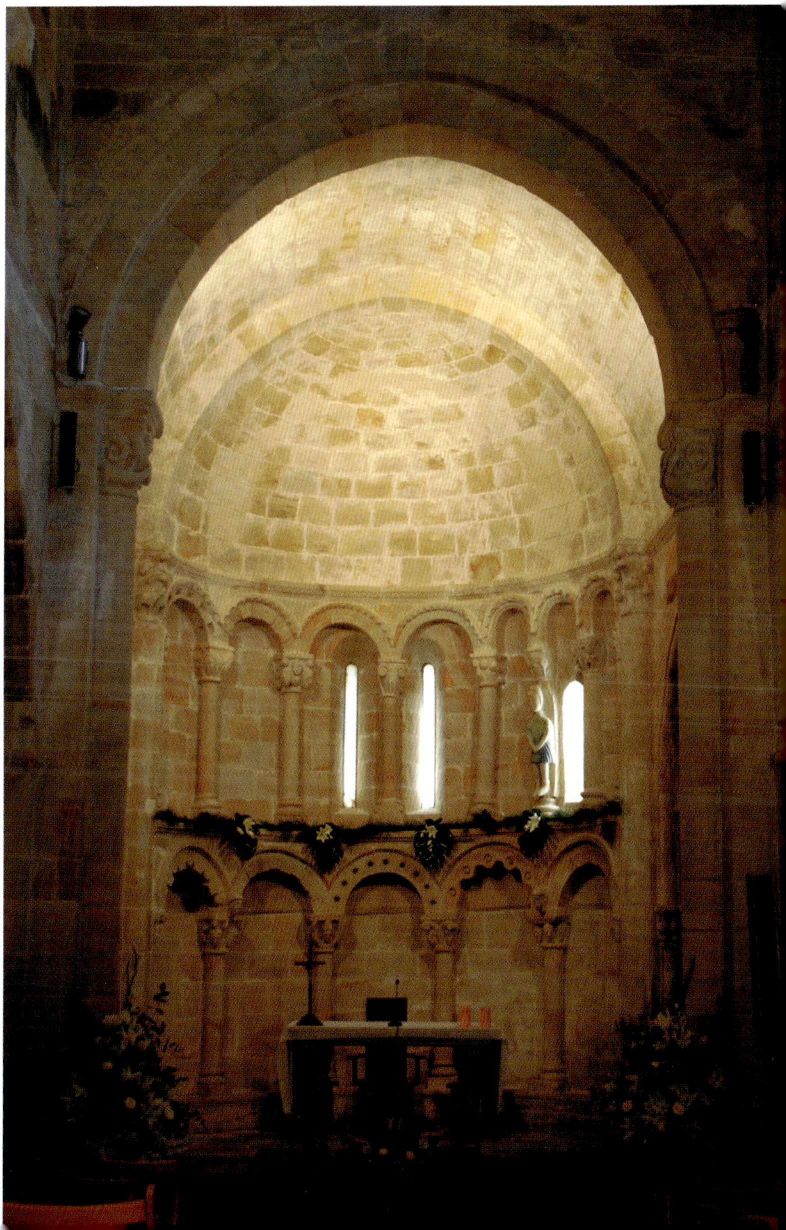

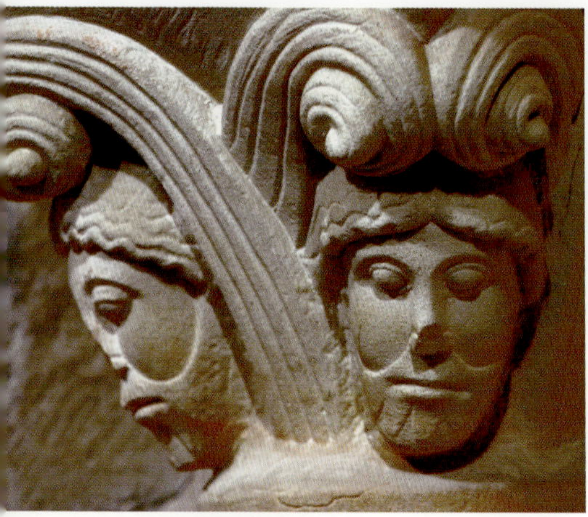

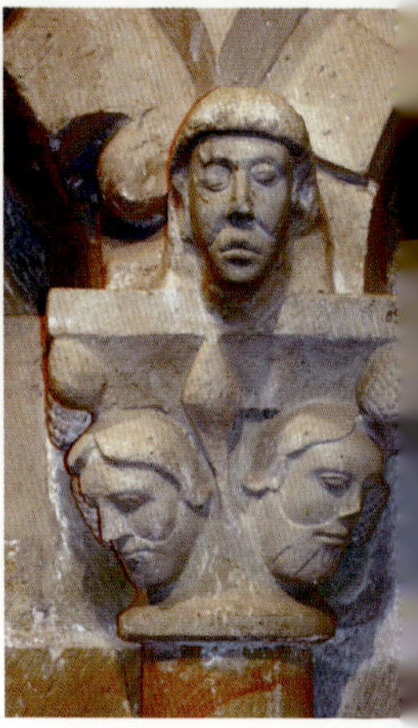

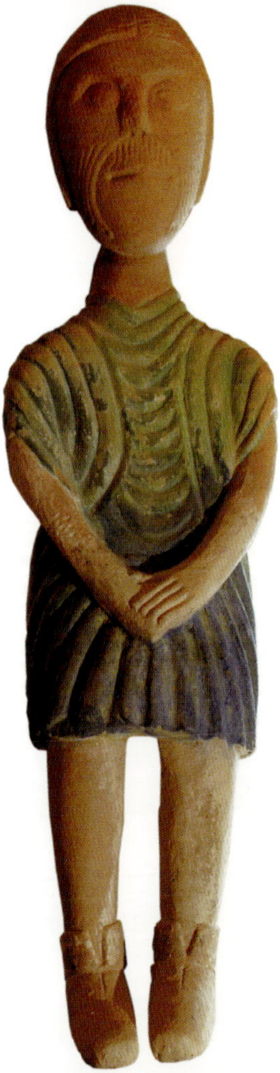

de distintos tamaños, enmarcados por semicolumnas en ambos extremos que unen el suelo del ábside con el arranque del cascarón de la bóveda. La arquería inferior consta de cinco arcos que, al ocupar en anchura el mismo espacio que los de la superior, son, lógicamente, más anchos que aquéllos.

Después de haber sido cautivados por la espectacularidad del conjunto, podemos observar, ya más de cerca y en cada detalle, la sencillez y la técnica popular que emplearon los canteros trasmeranos en la traza de las figuras humanas de los capiteles de las arquerías. Debemos tener presente que están trabajando casi al mismo tiempo que sus compañeros de Piasca, pero mientras aquellos habían dado ya un paso definitivo para romper con el inmovilismo, y sus figuras muestran una naturalidad muy viva, tanto en gestos como en movimientos (ayudados también por la docilidad de la piedra que trabajaban), estos de Bareyo, acaso porque se sienten sometidos

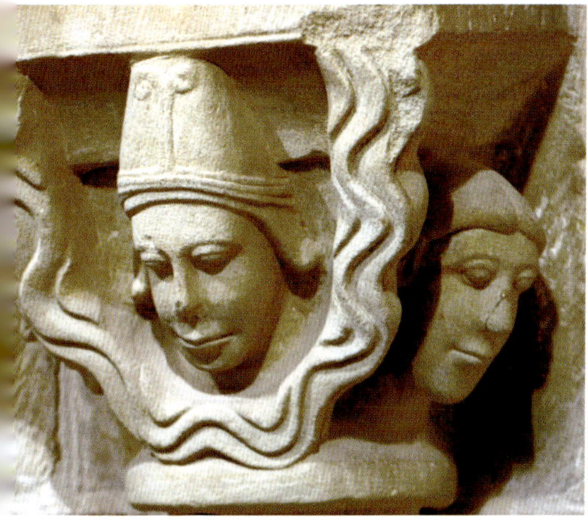

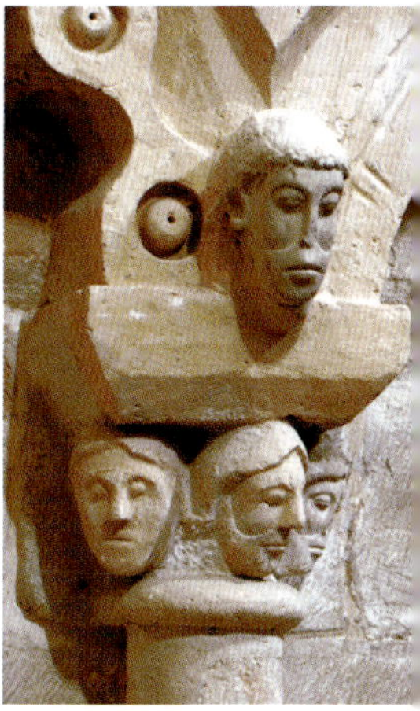

a los gustos de una sociedad más tradicional, más rural, siguen anclados en un hieratismo poco expresivo, casi congelado. Sin embargo, el esquematismo de las escenas, su simbología, su sencillez casi infantil y su simplicidad formal, acercan el conjunto a una sensibilidad que podíamos relacionar con lo naíf y nos resulta muy atractiva.

Porque atractiva es, en efecto, esa figura que, a modo de estatua-columna, muestra un personaje masculino en postura frontal y rígida, con barba y bigote, vestido con ropa que marca los pliegues de manera muy primaria. Hacia ella, querámoslo o no, se dirige en un primer instante nuestra mirada, porque desde lo alto parece querer transmitirnos algo. Y tan atractivas como enigmáticas son las cabezas humanas que adornan los capiteles de la arquería baja, que, según parece, pueden mostrar un Pantocrátor con su correspondiente apostolado (el Pantocrátor estaría representado por la cabeza central, enmarcada en una mandorla similar a la que envuelve a su homónimo en Santillana del Mar y resaltada por el casquete cónico de la cabeza. Los apóstoles serían entonces las seis cabezas que lo protegen por cada lado, porque las dos cabezas sobrantes que se hallan sobre los cimacios de los capiteles segundo y quinto han sido pegadas posteriormente, provenientes con casi total seguridad de la credencia que existió en el muro del presbiterio izquierdo). Y muy atractiva es la solución esquemática, minimalista, ingenua, que le han dado los canteros a la escena de las tres Marías ante el sepulcro vacío, con los tres pomos de perfumes, con las lámparas sobre el sepulcro, los soldados dormidos, las cabezas de los ángeles y las caras que miran desde dentro de las ventanas. O la escena de Adán y Eva, en la arquería superior, que cubren sus partes pudendas con manos de tamaño desproporcionado, tras haber sido engañados por la serpiente y sentir la vergüenza de estar desnudos.

Otras partes muy interesantes hay en el conjunto de la cabecera

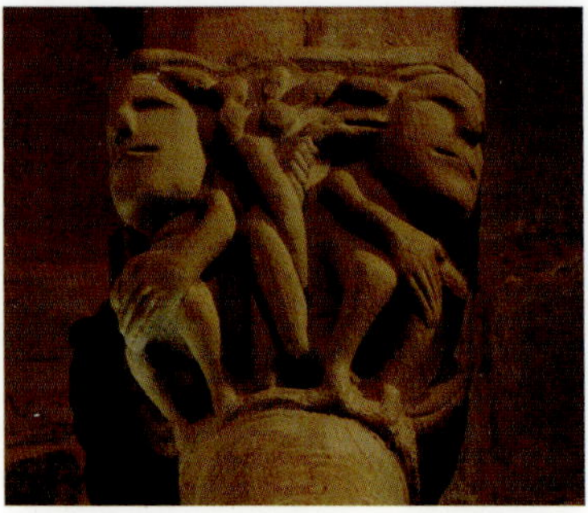
Adán y Eva después de pecar

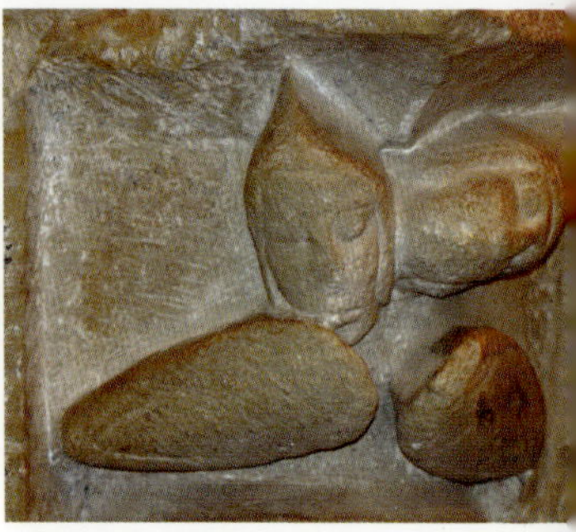
Soldados dormidos

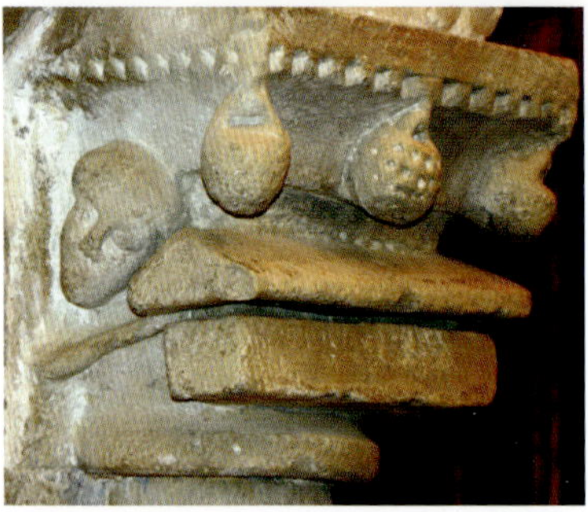
Sepulcro vacío y cabeza de ángel

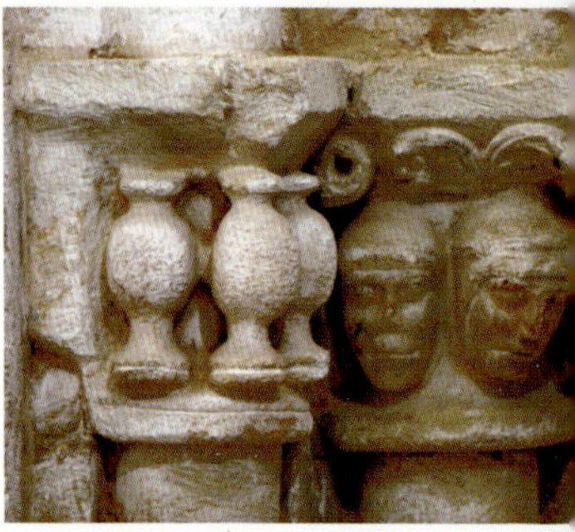
Las tres Marías y los tres pomos de perfume

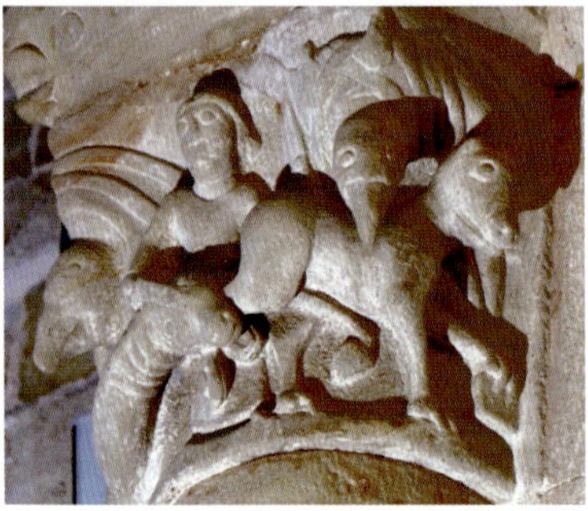
Capitel izquierdo del arco triunfal

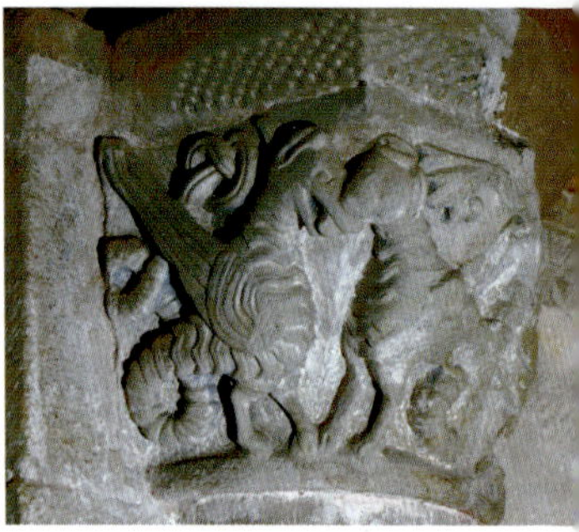
Capitel izquierdo de la absidiola de la epístola

de Santa María de Bareyo. Por ejemplo, los dos capiteles del arco triunfal, el izquierdo con la escena de una figura masculina que porta un puñal en cada mano y lucha contra dos monstruos que se atacan mordiéndose entre sí, y el derecho con dos dragones de cinco cabezas que, más que luchar, parece que se saludan.

Y también, por lo raro de esta solución constructiva, las capillas absidales que te anuncié cuando estábamos afuera y que ahora ya podemos contemplar, con sus arcos ligeramente apuntados y sus capiteles (fíjate sobre todo en el del absidiolo del evangelio, con ese personaje en cuclillas en el centro de la cesta que sujeta con

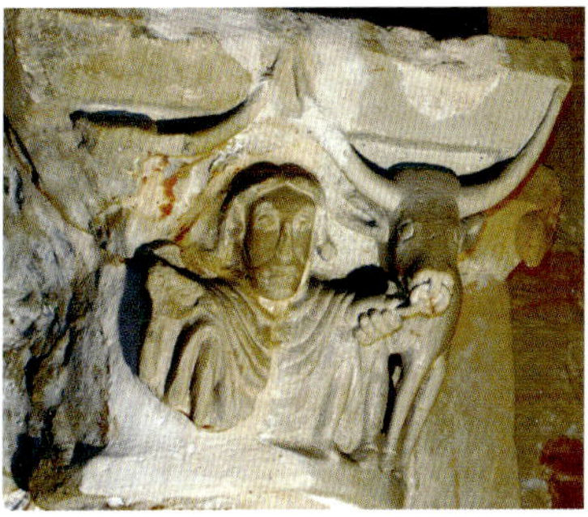
Capitel derecho de la absidiola del evangelio

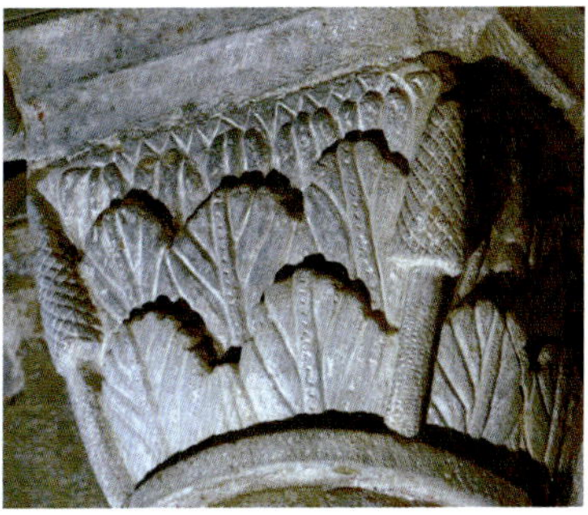
Capitel con idéntica decoración que la pila

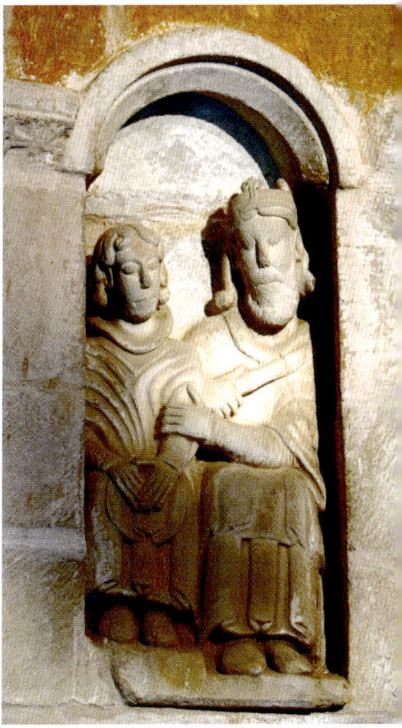
Imágenes de la absidiola de la epístola

argollas colocadas en los hocicos a dos reses de cuernos muy largos –pueden ser de raza tudanca–, la de la izquierda descabezada), y esas dos figuras de la hornacina del lado de la epístola: un anciano con corona, barba y melenas que en una mano tiene una espada y con la otra sujeta por el brazo a un joven imberbe. O los capiteles del pseudocrucero, uno de los cuales tiene decoración de hojas de palmera en varias filas, similares a las que luego veremos en la pila bautismal.

Todo ha permanecido aquí, anclado en el silencio de los siglos. Surgido de las manos de unos canteros a los que, pese a la sencillez y el esquematismo de las escenas que tallaron, no debemos considerar torpes o inexpertos. Simplemente siguieron sujetos a unos cánones muy sencillos, sometidos acaso al sentir estético de una sociedad tradicional y ajenos a las soluciones más modernas y arriesgadas por las que ya transitaban otros coetáneos suyos. En todo caso, en el espacio de toda esta cabecera que ahora dejamos atrás, han dejado plasmada una obra sencilla, honesta, verdadera. Y muy atractiva.

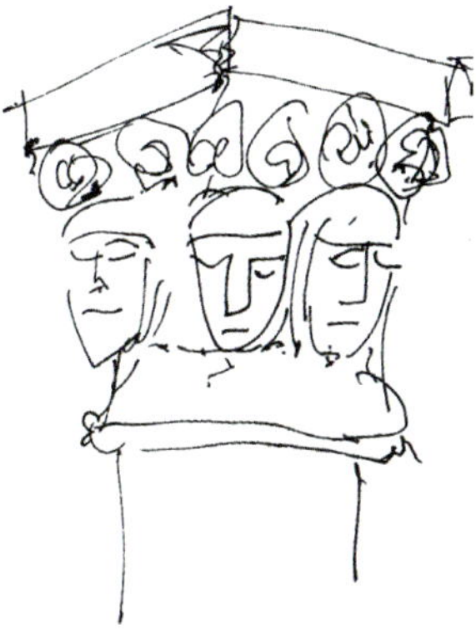

La pila bautismal

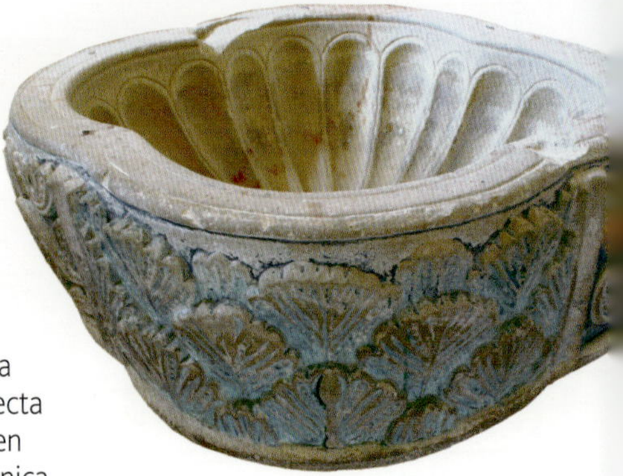

Vista superior del vaso. Detalle

Con el buen sabor de boca de lo que hemos contemplado, salimos ahora hacia la estancia donde se encuentra la pila bautismal.

Forma, junto con las de Santillana y Santoña, la tríada más lograda y perfecta de cuantas se conservan en Cantabria de época románica. Hasta tiempos muy recientes se consideraba visigótica, pero en 1966 Jacques Crozet, que la dedicó una excelente monografía, la catalogó como románica tardía, aunque la diferente calidad artística entre los adornos del vaso (de muy buena técnica) y los de los bajorrelieves de su basamento (peor acabados), le hizo dudar de que ambas partes fuesen coetáneas. Hoy no tenemos ninguna duda de su cronología románica y de que ambas piezas son de la misma época.

El recipiente bautismal está trabajado sobre un solo bloque de piedra con forma tetralobulada. Es grande, y reposa sobre una base también monolítica en la que dos leones acostados tienen entre sus mandíbulas un brazo humano (la representación tan repetida en la iconografía románica de los leones antropófagos).

Los cuatro lóbulos del vaso tienen una decoración en la que se alternan entrelazos, palmetas, palmetas y tallos, y entrelazos en cestería, que aún conservan restos de la policromía original, con predominio de los colores azul, rosa y blanco marfil.

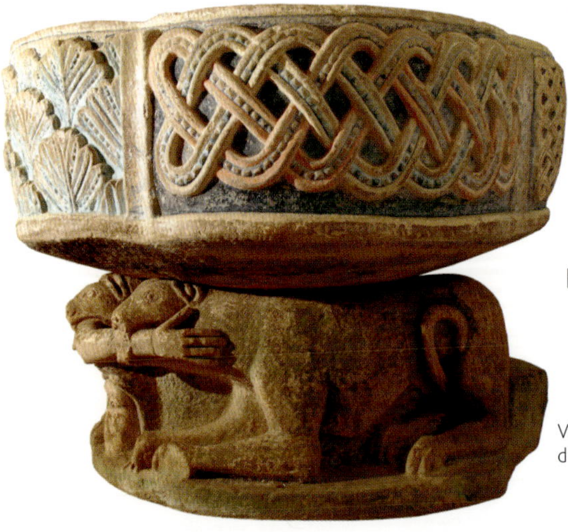

Vista lateral de la pila

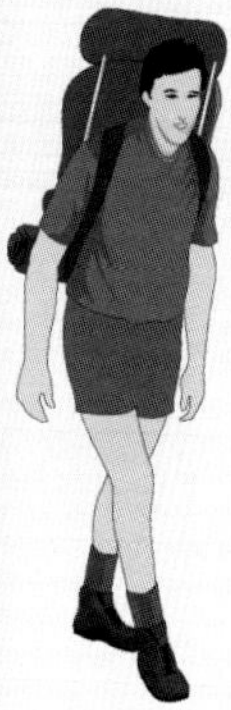

Final de la visita

Toda esta zona de Bareyo y su entorno tiene muchos lugares hacia los que encaminar nuestros pasos tras visitar la iglesia.

Si quieres seguir descubriendo románico, te recomiendo que te acerques hasta la cercana ermita de San Román de Escalante o a la iglesia de Santa María de Puerto de Santoña. En ambas trabajaron estos canteros de Bareyo, y en ellas podrás rastrear las huellas de su escuela artística.

Si por el contrario te decantas por conocer el paisaje y el paisanaje, puedes visitar los barrios del cercano pueblo de Ajo, donde los tiempos modernos no han podido doblegar todavía a las casonas dieciochescas, que se han hecho fuertes salvaguardadas por las torres, orgullosas de su pasado. Y luego ir hacia las playas o a contemplar, al final de la jornada, las impresionantes puestas de sol desde el entorno del Cabo de Ajo, con la capital de Cantabria al fondo.

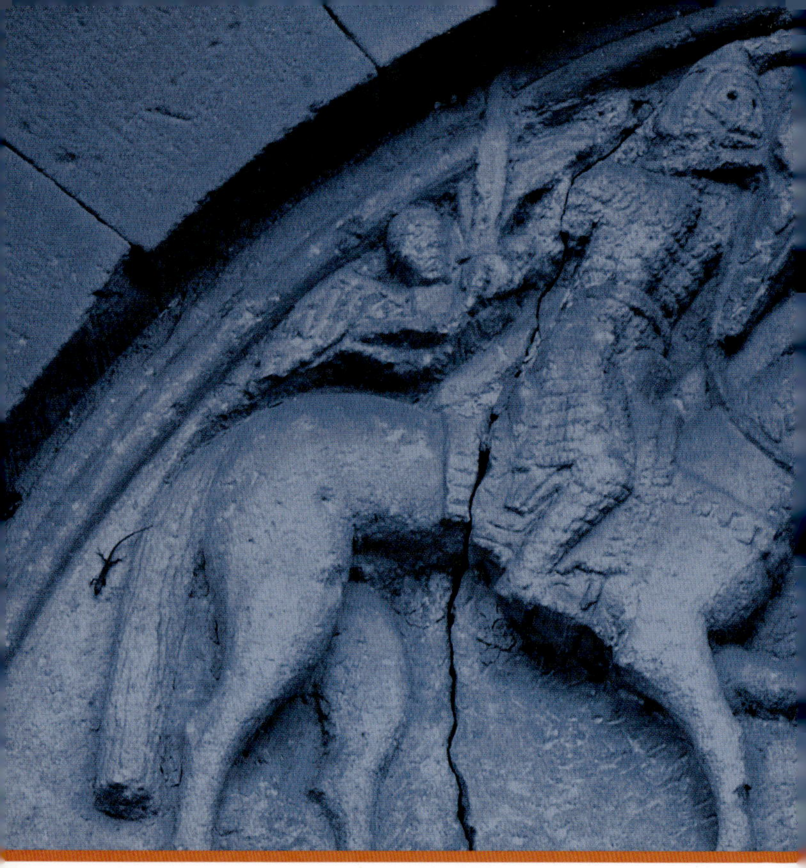

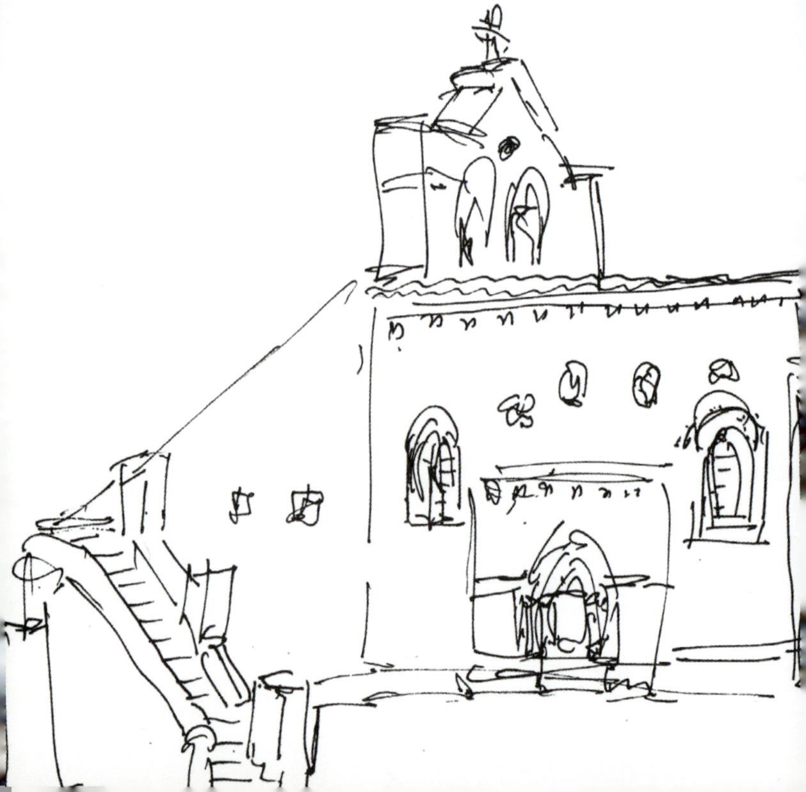

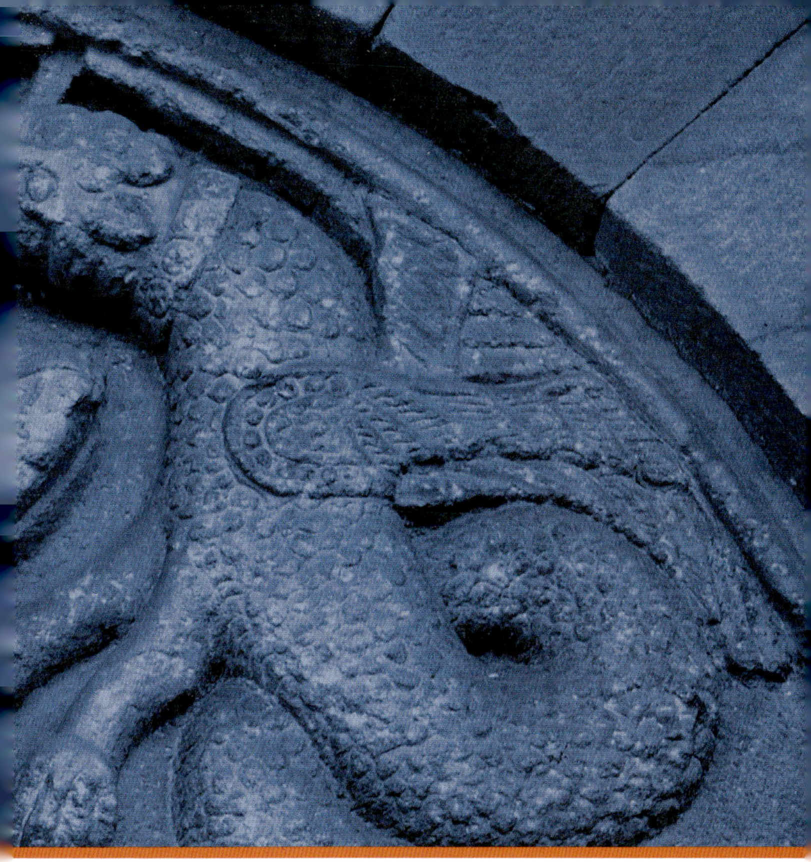

Yermo

Iglesia de Santa María

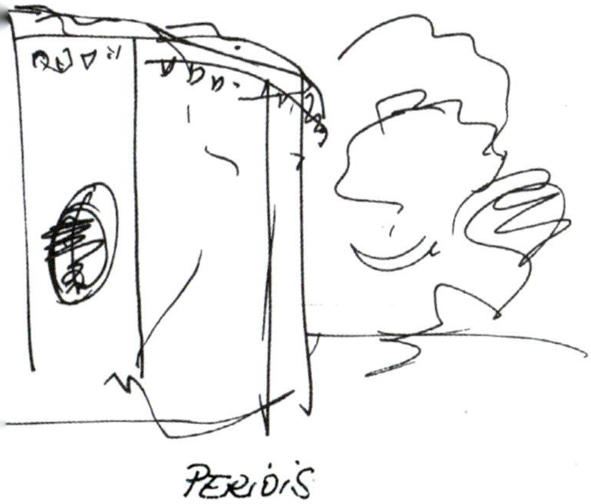

Yermo

El pueblo de Yermo está apartado de las vías principales de comunicación. La autovía A-67 lo deja a un lado, sin ningún cartel que señale la relevancia románica de su iglesia de Santa María. Sólo si tomamos la salida de Cartes –la cabeza del término municipal– en dirección hacia las Caldas, y nos dirigimos por la carretera nacional que transcurre paralela al río Besaya, veremos a medio camino el desvío que nos acerca hasta la población por una sinuosa carretera de montaña.

Las pocas casas que componen el conjunto urbano de Yermo aparecen dispuestas a ambos lados de la calzada, ciñéndola a lo largo de una pendiente considerable que nos deja ante el pequeño cerro donde se ubica la iglesia. El edificio se nos presenta al final del pueblo, protegido en su frente por un muro que lo circunvala.

Según el *Liber Testamentorum* que se guarda en el archivo de la catedral de Oviedo, aquí se levantaba ya un monasterio

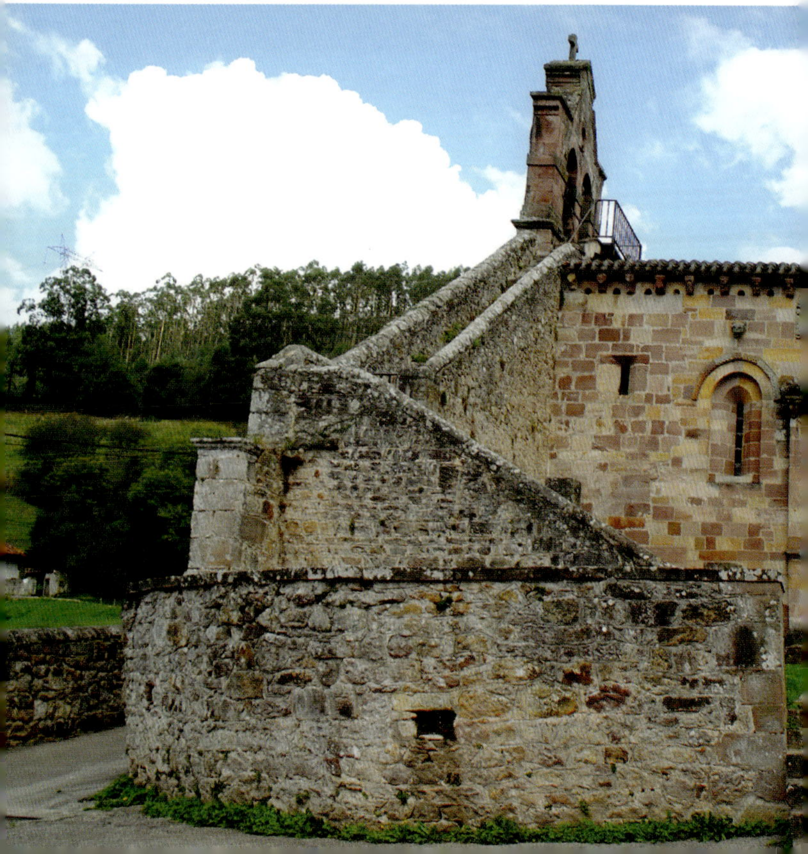

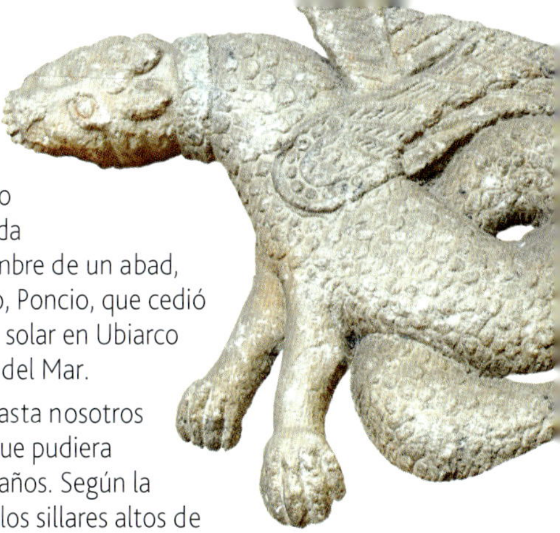

en los años medios del siglo IX, de cuya historia casi nada conocemos, si no es el nombre de un abad, muy posterior en el tiempo, Poncio, que cedió o vendió en el año 1031 un solar en Ubiarco al abad Juan, de Santillana del Mar.

El edificio que ha llegado hasta nosotros nada tiene que ver con el que pudiera haber existido en aquellos años. Según la inscripción que aparece en los sillares altos de la jamba derecha de la puerta principal, la iglesia de Santa María fue terminada recién nacido el siglo XIII, en concreto en el año 1203 –ERA MCCXLI / DE SANTA MARIA / ESTA IGLESIA / PEDRO QUINTA / NA ME FECIT / PATER NOSTE / R POR SU ALMA–, aunque su construcción, lógicamente, se llevó a cabo en las décadas finales del siglo XII.

La iglesia fue declarada Bien de Interés Cultural en 1930 y todo su entorno quedó protegido por un decreto en el año 2002. Últimamente, con buen criterio, se han eliminado las palmeras que dificultaban su vista por la parte delantera.

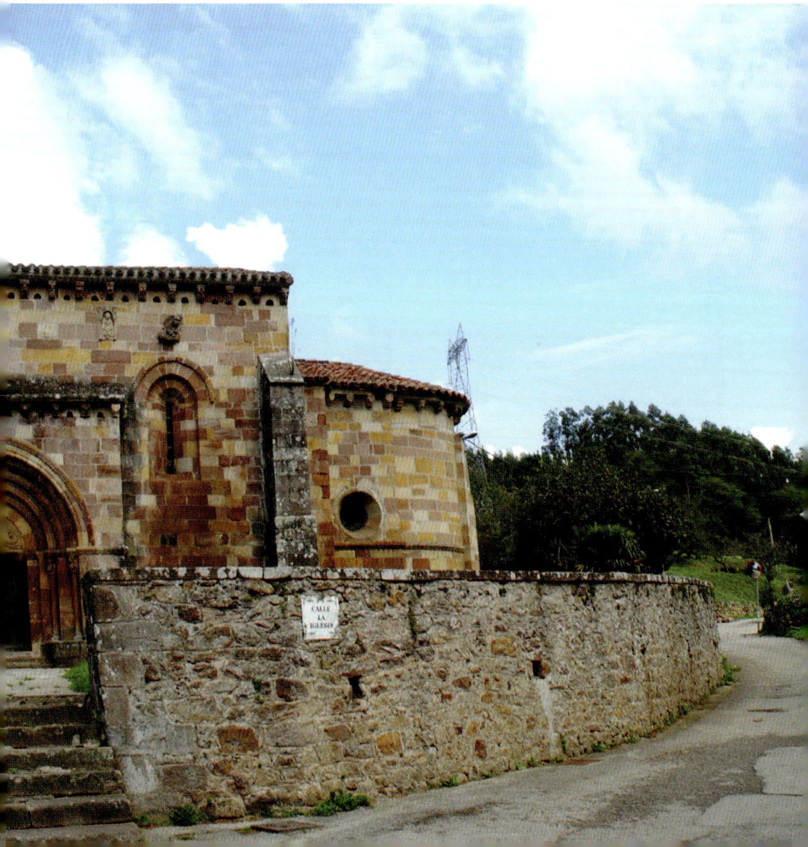

Iglesia de Santa María

Llegados aquí, vamos a comenzar la visita por el exterior, como hacemos siempre. Subiremos las escaleras que salvan el desnivel que tiene el emplazamiento de la iglesia con respecto a la carretera, para encontrarnos de lleno con la fachada del mediodía: bella, armoniosa, equilibrada.

Como todo el edificio, está levantada sobre sillería de caliza arenisca, muy bien trabajada y de tono predominante ocre, en algunas piedras muy intenso. La espadaña de la izquierda, junto con la escalera de acceso a la misma y el edificio que se anexionó en la fachada norte, opuesta a ésta ante la que estamos ahora, son los únicos añadidos no románicos de Santa María de Yermo. El resto, muy bien conservado, muestra la típica construcción de iglesia de concejo, de una sola nave rectangular y un ábside semicircular en la cabecera.

La fachada meridional

Varios elementos destacan en este frente, comenzando por la puerta –ligeramente adelantada sobre el muro y rematada con un tejaroz que sostienen nueve canecillos de proa– y siguiendo por las dos ventanas situadas a cada lado y equidistantes de ella, las dos figuras de animales sobre las ventanas, los dos relieves tallados en bloques verticales próximos a la cornisa, y los veintidós canecillos que adornan el alero.

Todo ello conforma una estructura simétrica, muy compensada en su ritmo constructivo, que ha sido bien planificada antes de su ejecución.

La puerta se proyecta en seis arquivoltas de perfil apuntado y tiene un tímpano de excelente talla que representa a un jinete luchando contra un animal fantástico, posiblemente un dragón. El jinete cuenta con la

Dama mediadora

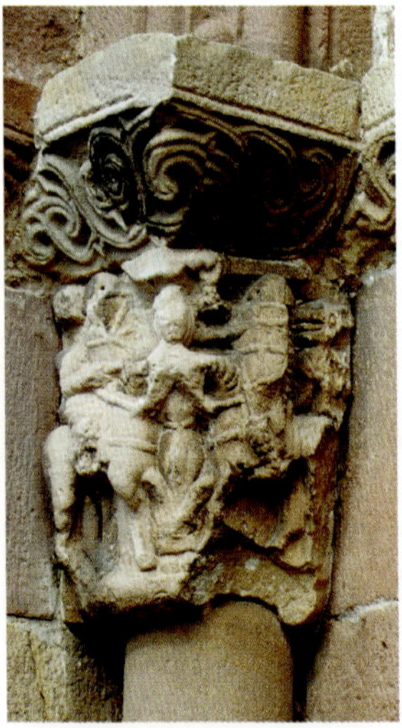

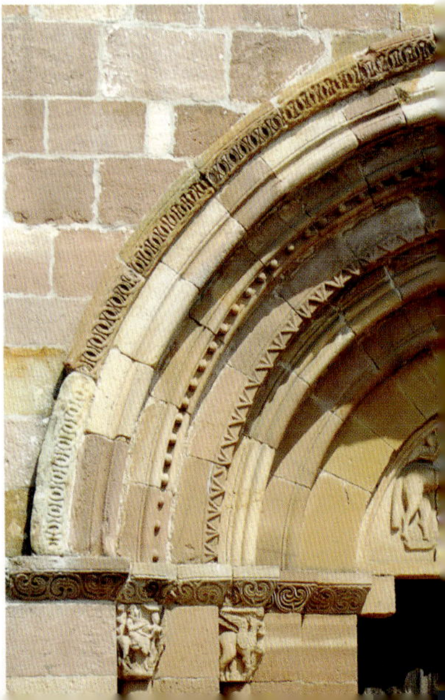

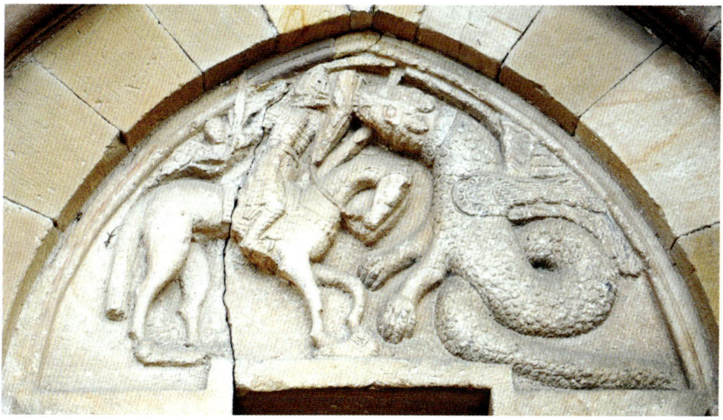

protección física de la cota de malla, el escudo y la lanza, y con el apoyo divino de un ángel a sus espaldas. El caballo no tiene ninguna coraza que lo proteja y se enfrenta a cuerpo descubierto.

En el románico cántabro hay pocas iglesias con tímpano en su portada –ésta y las de Retortillo y Cervatos tienen los más interesantes–. El que tenemos ante nosotros presenta la característica poco usual de que también está tallado por el interior –lo veremos cuando entremos al templo– con el desenlace de la lucha encarnizada entre el bien y el mal que ha comenzado aquí afuera.

Los cuatro capiteles figurativos, dos a cada lado de la puerta, parecen simbolizar también la lucha entre el bien y el mal. En el exterior del lado izquierdo hay dos jinetes dispuestos a enfrentarse, uno de ellos con rostro de demonio, separados por una dama

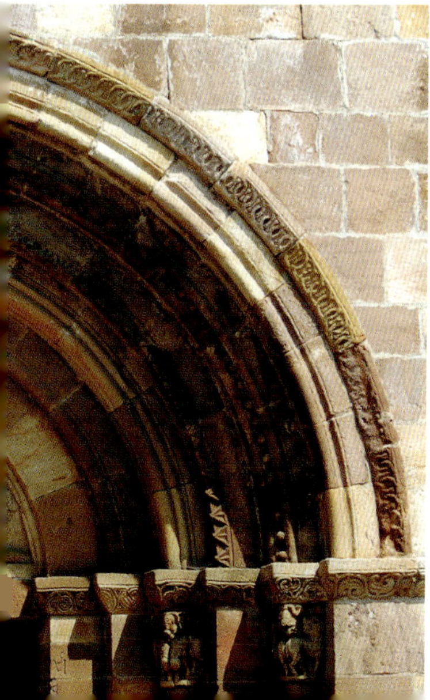

Daniel entre los leones

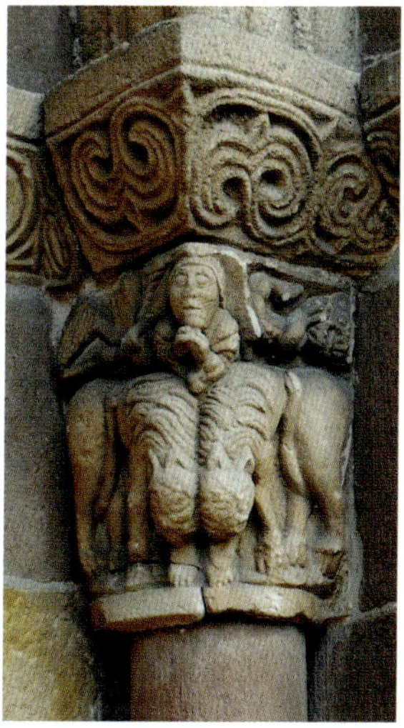

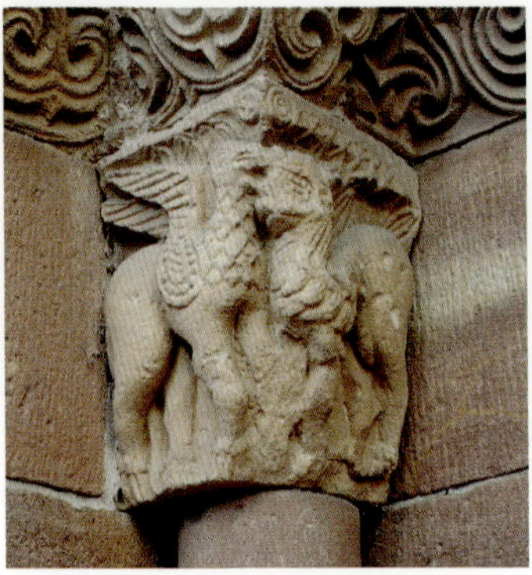

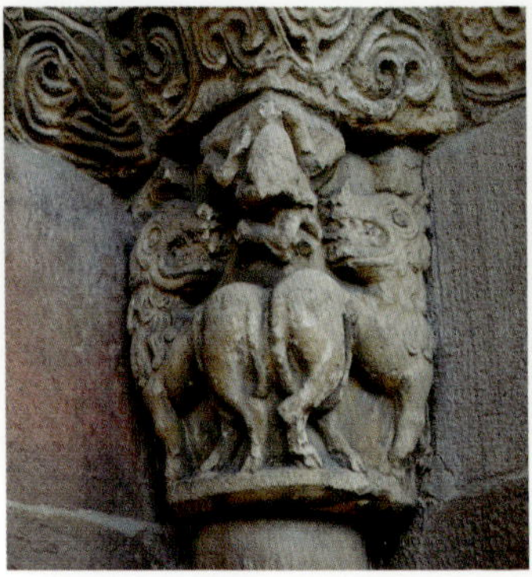

Capiteles figurados de la portada

mediadora (símbolo de la Paz y la Tregua de Dios); el del interior de ese mismo lado muestra a un león y un grifo oponiendo sus cabezas. En el exterior del lado derecho hay dos leones que tocan sus grupas y vuelven la cabeza hacia una figura central que parece despedazada; el interior, a su vez, representa a Daniel entre los leones.

A ambos lados de la cornisa que remata la portada hay sendas ventanas románicas y sobre cada una de ellas una figura animal. Una cabeza de león, sobre la izquierda, y una leona con dos cachorros, sobre la derecha. Contiguas a ellas, por el interior, están dos relieves tallados que representan a Santa Marina –así lo aclara una inscripción sobre ella– y a una Virgen sedente con el Niño entre sus rodillas. Cuando finalicemos la visita hablaremos más de ellos.

Los canecillos del alero

Vamos a ir ahora hacia el ábside haciendo el camino de izquierda a derecha, guiados por los veintidós canecillos de este alero meridional. Salvo los tres primeros y el último, que tienen decoración geométrica,

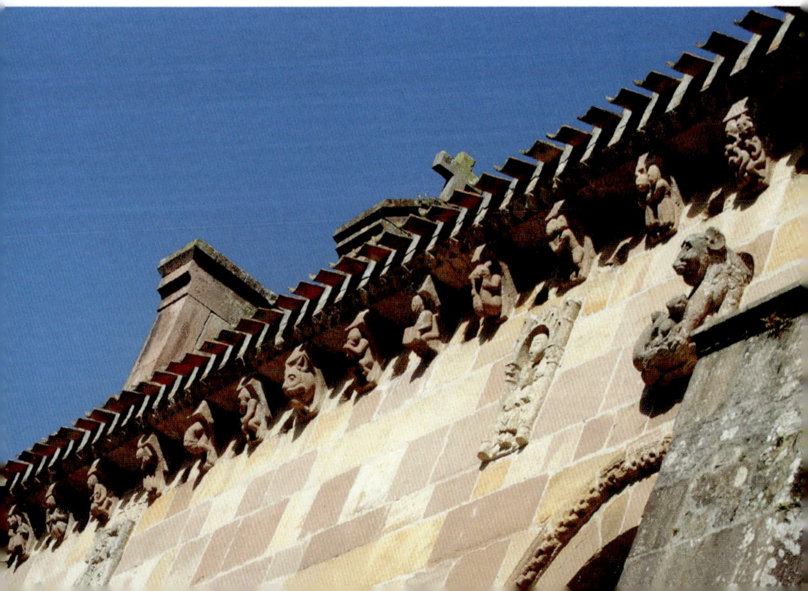

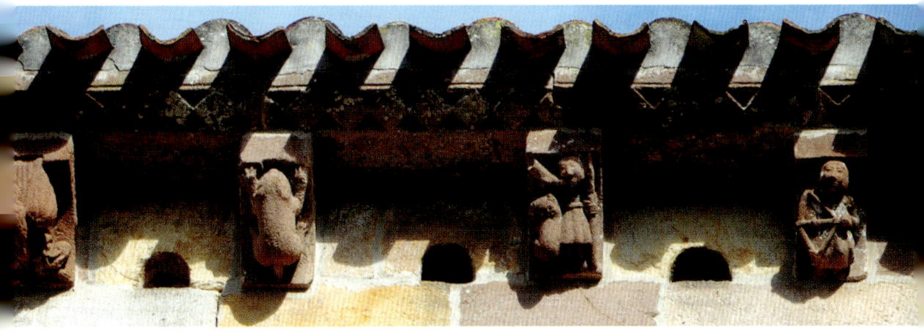

Canecillos que reproducen escenas de caza

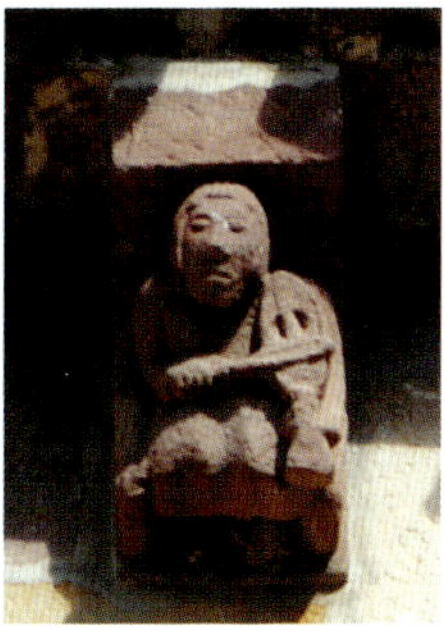

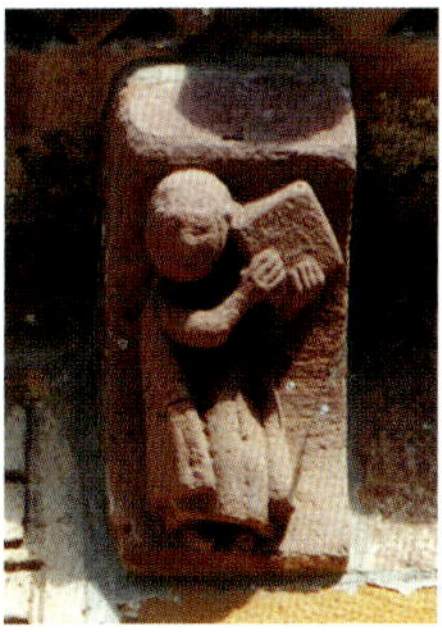

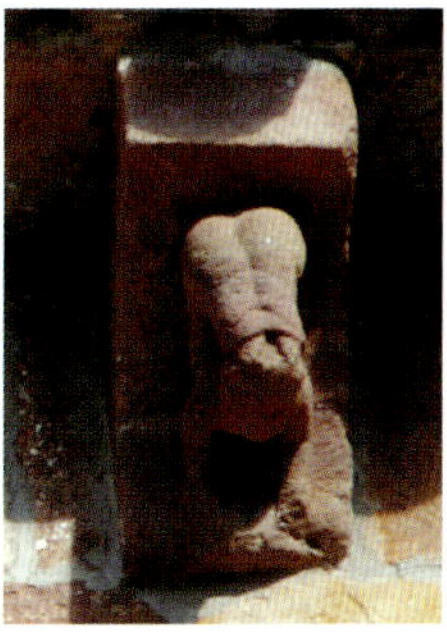

Escenas de música y baile

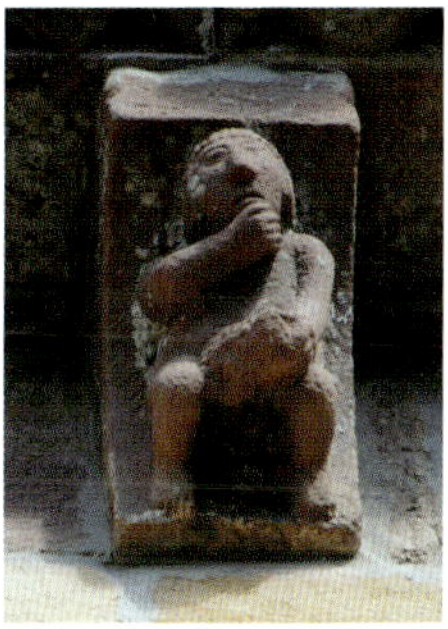

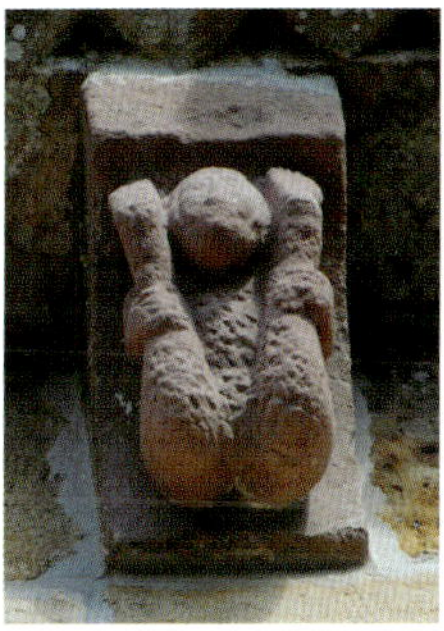

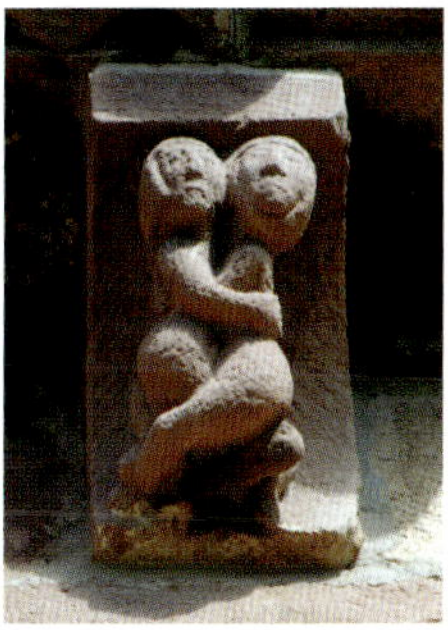

Escenas eróticas

el resto manifiestan gran riqueza iconográfica. Tratan temas de caza, de música y danza, de vicio y tentación..., y algunos hasta es posible que formen escenas comunes, como si fueran las viñetas de una misma historia.

La temática de la caza parece establecer relación entre cuatro canecillos contiguos: el cuarto (un águila que ha cazado a otro animal y lo tiene entre las garras), el quinto (un osezno solitario), el sexto (un hombre que hace sonar el cuerno y tiene a su lado un perro que parece mirar al osezno) y el séptimo (un ballestero).

Los canecillos octavo (un rabelista), noveno (una panderetera) y décimo (una saltimbanqui) tienen en común el tema de la música y la diversión.

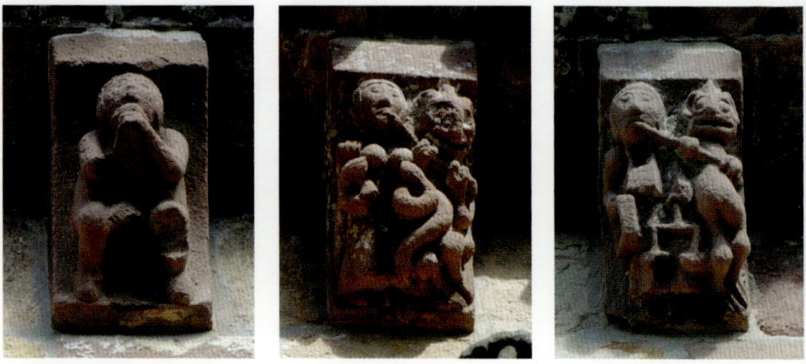

Escenas de lujuria y avaricia

Los canecillos undécimo (un hombre con una mano en la barbilla y la otra en el falo), duodécimo (la cabeza de un animal monstruoso que engulle a un personaje ¿vicioso?), decimotercero (un hombre itifálico), decimoquinto (una mujer en postura impúdica), decimosexto (una pareja abrazándose), decimoctavo (representación de la calumnia y la lujuria, con una mujer que tiene serpientes que muerden sus pechos y un diablo intentando abrirle la boca con un gancho), decimonoveno (parecido al anterior, aunque en esta ocasión la mujer, por los elementos que porta, parece ser presa de la avaricia) y vigésimo (una pareja copulando) son una representación de los vicios humanos.

Tengan o no relación entre sí, formen o no escenas, el conjunto de canecillos de este lado meridional de Santa María de Yermo es de los más interesantes del románico cántabro, por su variedad, su simbología y la precisión de su talla.

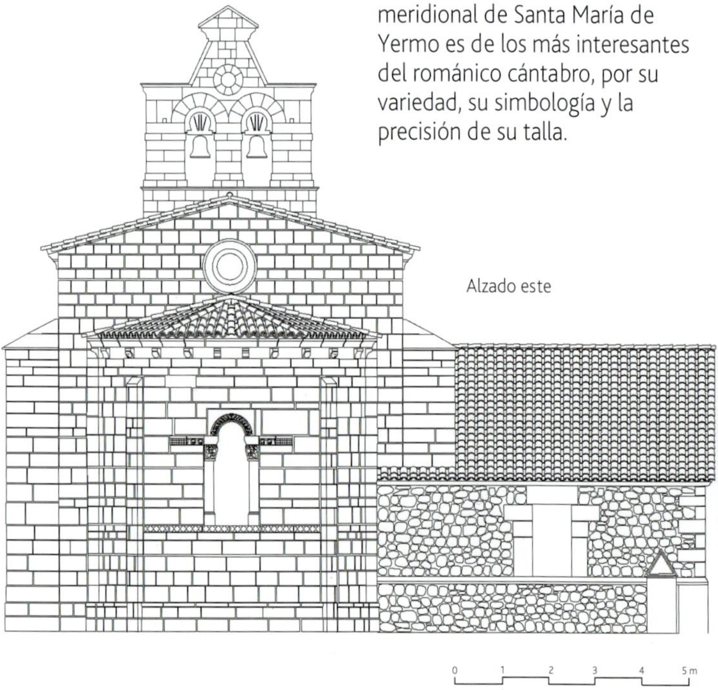

Alzado este

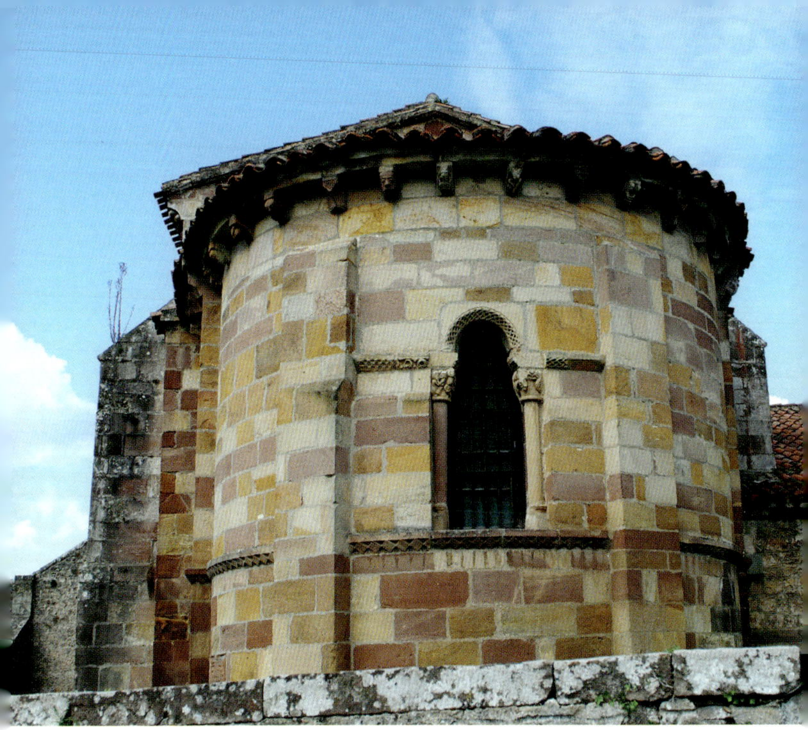

Vista general del ábside

Detalle de la ventana

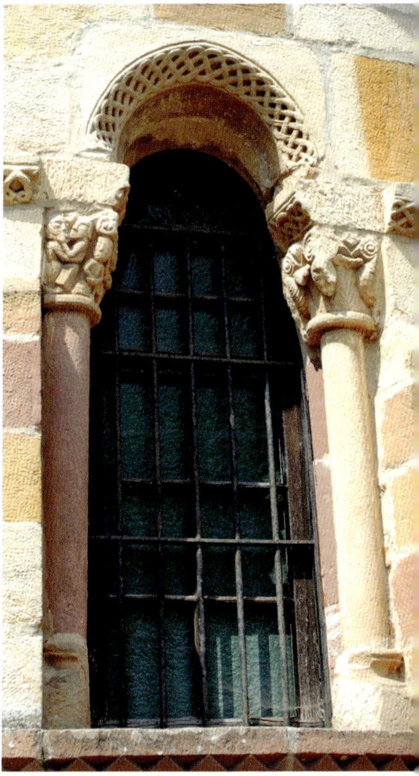

El ábside

El semicírculo del ábside está dividido por dos contrafuertes de poco resalte en tres calles verticales. Una imposta de grandes rombos conforma las dos calles horizontales. Destaca la ventana de la calle central, y en ella su capitel izquierdo, que muestra un tema cuyo significado no está claro: una pareja en actitud cariñosa, que se abraza y se besa, en un lado; una figura femenina más pequeña, en el centro; y otra pareja en la que la mujer parece ser conducida por un varón que porta una espada, en el otro lado.

En el alero hay profusión de canecillos, tres de ellos de grandes cabezas humanas, y el resto de temas diversos, entre los que reclaman nuestra atención el cabrito que toca el arpa y la pareja que copula a horcajadas, similar a la del canecillo vigésimo que acabamos de dejar atrás.

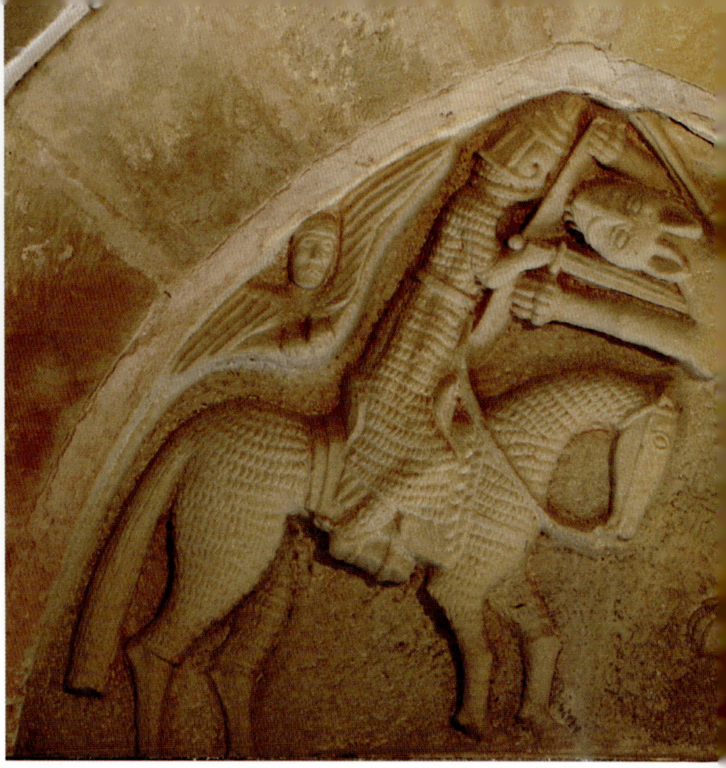

Echa un último vistazo a esta parte del edificio antes de volver sobre nuestros pasos para entrar en él.

El interior

Te dije antes que la lucha del caballero con la fiera se resolvería en la parte interior del tímpano. Y aquí tienes el desenlace: la fiera aparece con una lanza clavada en el lomo, con la espada del caballero en el pecho y con su paquete intestinal fuera del cuerpo. Está moribunda. Muerde el escudo, más como bocanada final que como alarde de fuerza. El mal que representa acaba de ser vencido con sólo atravesar el umbral protector de la iglesia. Si hasta el caballo que en el exterior estaba sin ninguna protección viste aquí milagrosamente una cota de malla. No hay ninguna duda: el cristiano se puede sentir seguro en este lugar. En el cobijo acogedor de sus muros siempre hallará defensa y resguardo. Ése es el mensaje que recibían las humildes gentes que entraban luego de haber visto muchos vicios representados en las figuras del exterior.

También nosotros podemos avanzar ya seguros y protegidos hacia la cabecera, amparados por el caballero que nos ha librado de la mala bestia amenazadora. En ella nos recibe el arco triunfal, grande, apuntado y doblado. Su capitel izquierdo representa la

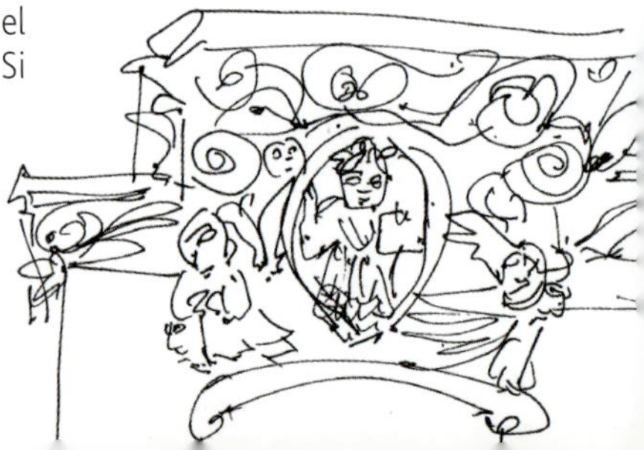

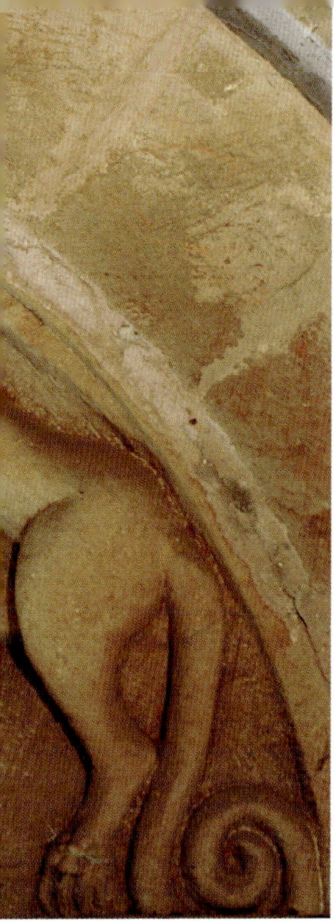

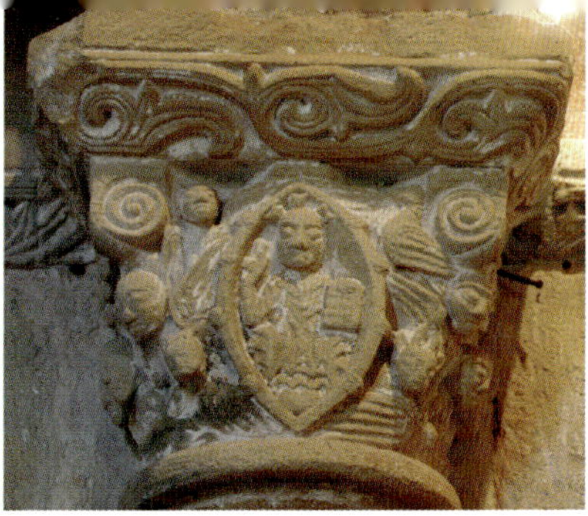

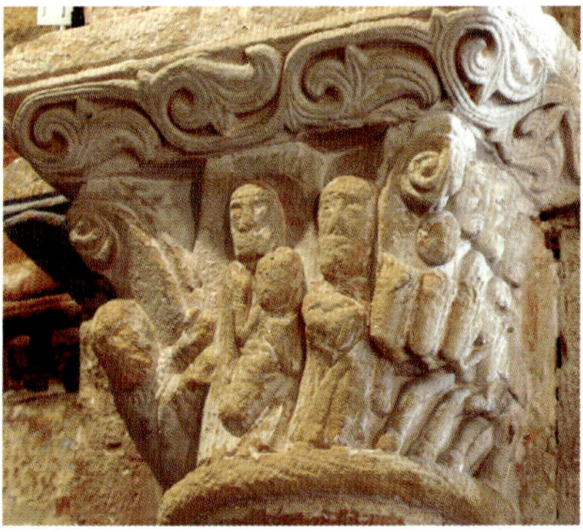

figura central del Pantocrátor, enmarcada en una mandorla. A ambos lados los apóstoles asoman la cabeza como si fueran espectadores curiosos que no quieren perderse ningún detalle de nuestra visita. El capitel derecho refiere la adoración de los Magos, con la Virgen, en el centro, sosteniendo al Niño en su regazo, san José a su lado y los Reyes Magos a caballo, amontonados en un extremo. En el otro extremo hay una sola figura que dirige sus brazos hacia el Niño, como si se lo pidiera a María.

Desde el hueco del retablo barroco que hay en el cascarón del ábside, detrás de la imagen de la Virgen patrona, podemos ver también los dos capiteles interiores de la ventana, el de la derecha con un saltimbanqui y dos músicos, y el de la izquierda con dos individuos que luchan observados por una dama. Más a la vista están los dos capiteles vegetales de la puerta de la sacristía, aunque tienen menos interés.

Mientras me recreo visitando el interior, vienen a mi pensamiento imágenes similares a las de Yermo, que tengo la sensación de haber visto ya en Santillana. Miguel Ángel García Guinea, que llevaba todo el románico dentro de su privilegiada memoria, se preguntaba si el Pedro Quintana que aparece en la inscripción de la portada como autor de esta iglesia (PEDRO QUINTANA ME FECIT), no sería el mismo cantero que talló los capiteles del lado sur del claustro de Santillana y los relieves de la puerta desaparecida de esa misma colegiata. Una hipótesis interesante.

Y, en efecto, son muchas las similitudes entre algunas piezas de ambas iglesias. En concreto,

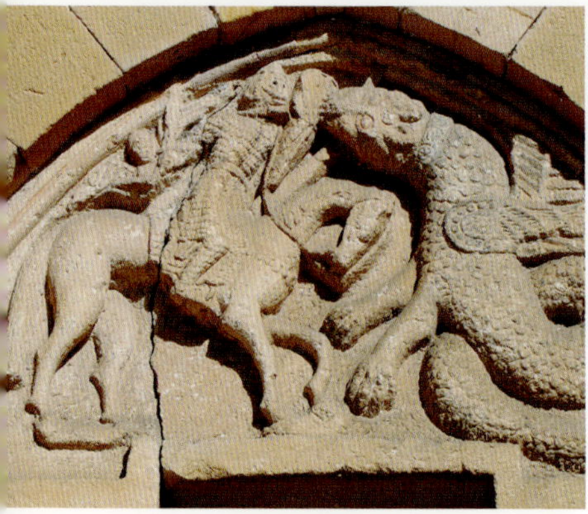

Detalle de la lucha en Yermo

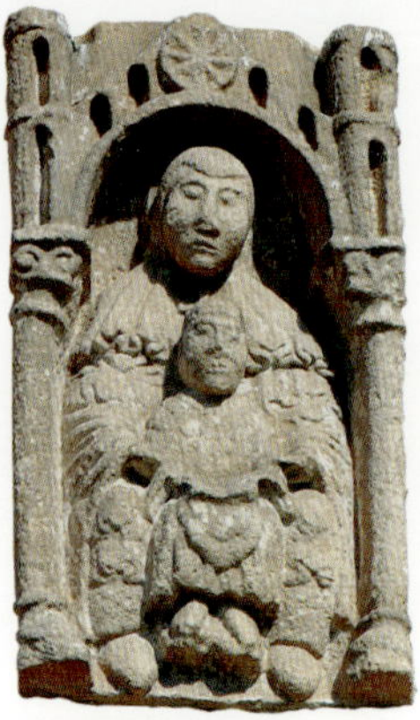

Virgen de Yermo

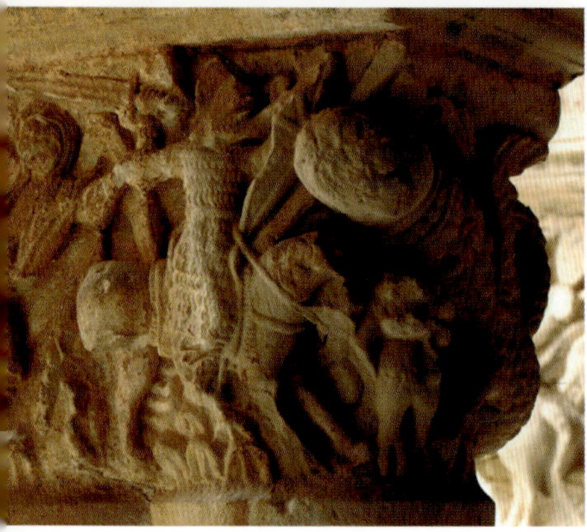

Detalle de la lucha en Santillana del Mar

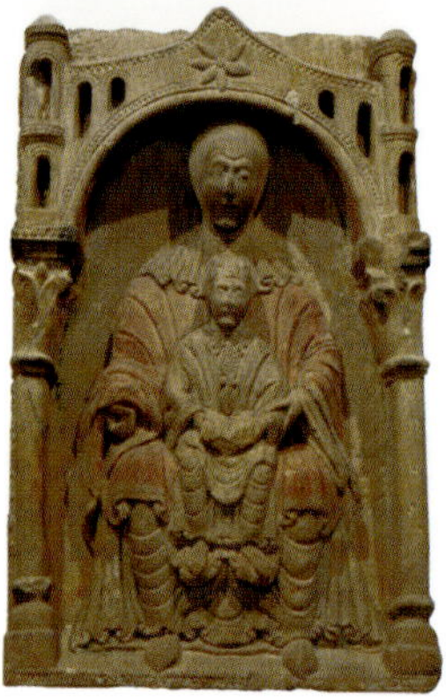

Virgen de Santillana del Mar

las placas de Santa Marina y de la Virgen de la fachada meridional de Yermo se asemejan a los relieves del Pantocrátor y de la Virgen de Santillana. La Virgen de ambas iglesias, salvando, claro está, la diferencia de tamaño –generalmente las piezas de mayor tamaño se trabajaban con mayor detalle–, tienen idéntica composición y postura, similar estética en los rostros y en los pliegues de la ropa, y aparecen enmarcadas en la misma construcción arquitectónica. Y el caballero, el caballo y la bestia del tímpano exterior de Yermo tienen la misma morfología y disposición que los del capitel número diez de la panda sur del claustro de Santillana.

¿Simple casualidad? ¿O pudo ser Pedro Quintana el autor de las esculturas de ambas iglesias? ¿O fueron acaso otros maestros canteros salidos de un mismo taller? Nunca lo sabremos con certeza. Pero sí podemos afirmar –dejando a un lado la perfección del maestro de Piasca, el mejor tallista de nuestro románico regional– que su mano o las de sus seguidores dejaron sembrada por Cantabria la más sobresaliente obra escultórica de los años finales del siglo XII.

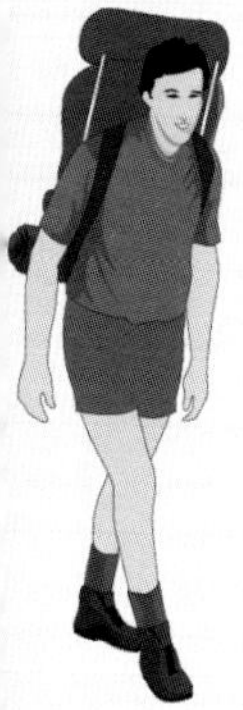

Final de la visita

A diferencia de otras ocasiones en las que te sugiero visitar iglesias cercanas o que disfrutes de la localidad en la que estamos, hoy te voy a proponer que sigamos haciendo ruta románica por el entorno de la carretera nacional 611 de Santander-Palencia. El plan del día es muy asumible. Tres visitas: Yermo, Silió y Bárcena de Pie de Concha.

Para ello es preciso volver sobre nuestros pasos y dirigirnos de nuevo a la carretera nacional. También podemos ir por la autovía en dirección Palencia y tomar la salida de Santa Cruz de Iguña, pero prefiero que me acompañes siguiendo la vía antigua, a la que todavía se asoman confiados y hospitalarios los pueblos. Nuestro próximo destino es Silió, donde nos aguarda la iglesia de los santos Facundo y Primitivo, otra muestra relevante de nuestro románico regional.

Nos separan escasos veinticinco kilómetros.

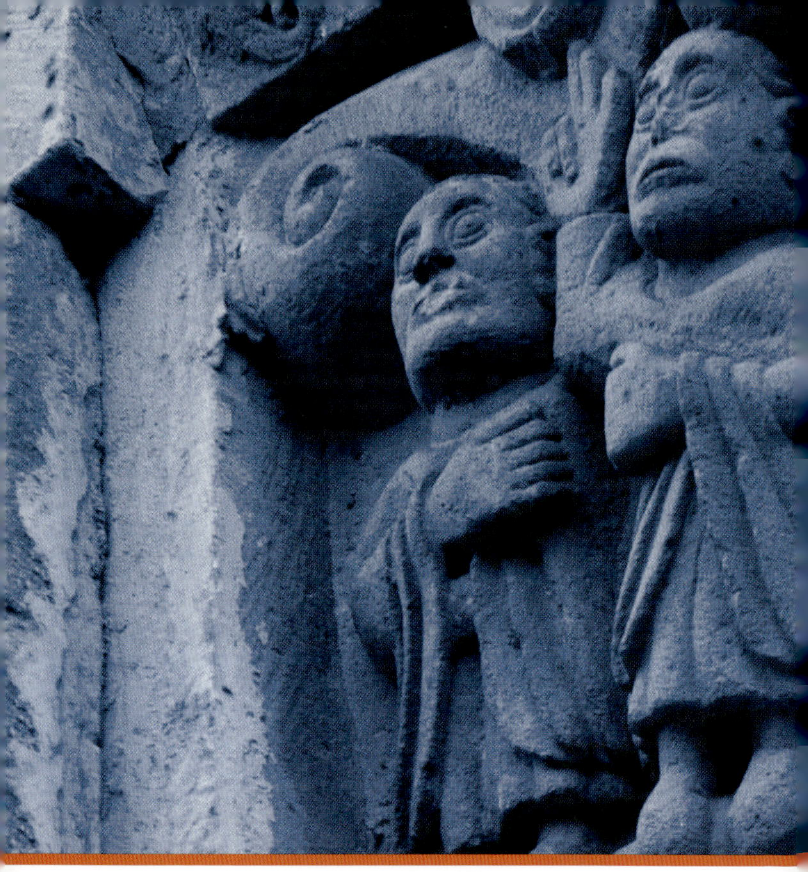

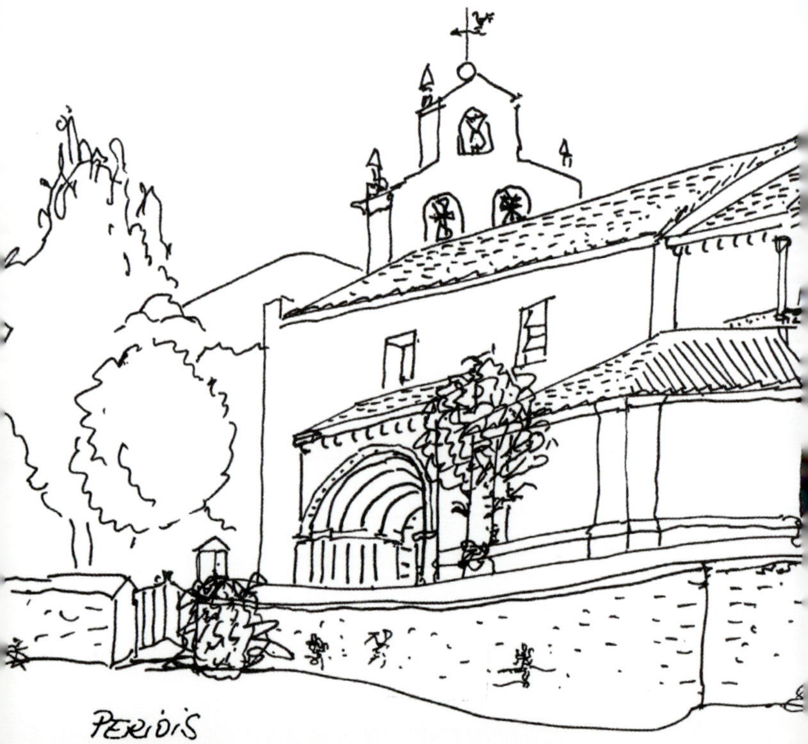
PERIDIS

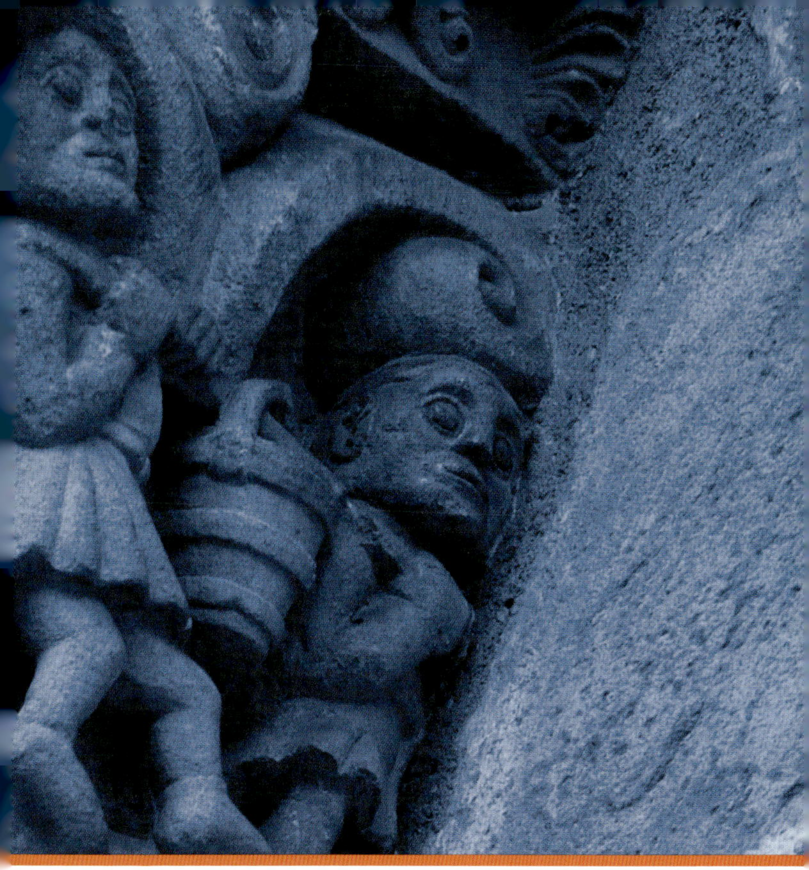

Silió

Iglesia de los Santos Facundo y Primitivo

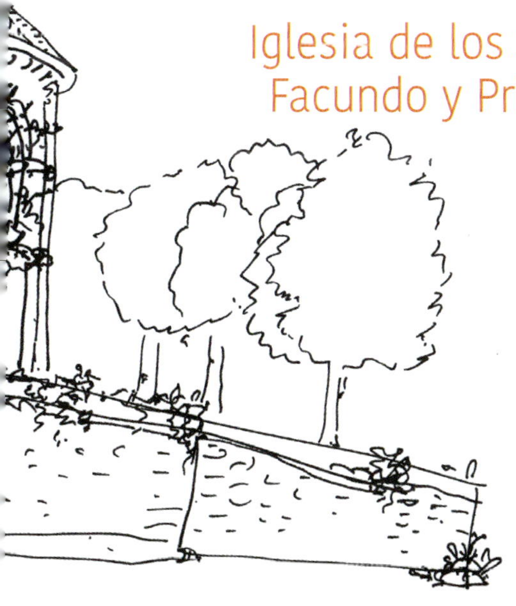

Silió

La localidad de Silió se encuentra en el valle de Iguña, en un terreno llano, entre prados y bosques. El cercano monte Canales, por donde discurre el río Erecía, tiene importantes masas forestales de robles y hayas y gran riqueza de fauna.

El pueblo conserva una mezcla de casas de nueva construcción junto con otras tradicionales, que hacen alarde de antigüedad mostrando sus cuidadas balconadas de madera, sus piedras nobles y sus escudos nobiliarios.

El primer domingo de enero se celebra aquí una fiesta muy popular que hunde sus raíces en el tiempo: La Vijanera (Vieja enera). Los hombres se disfrazan con pieles de oveja y sombreros picudos, y llevan colgados por el cuerpo campanos que hacen sonar al ritmo frenético de sus bailes. Son los zarramacos. Uno de ellos, representado en bronce por el escultor Salvador García, nos recibe junto a la ermita-museo de La Vijanera, en la Plaza de Santiago.

La más antigua referencia documentada que hace mención al pueblo aparece en 1019. En ese tiempo doña Sendina entregaba al monasterio de Santillana del Mar unas casas en Helechas, *per illa carraria qui discurri ad Aselio* (es decir,

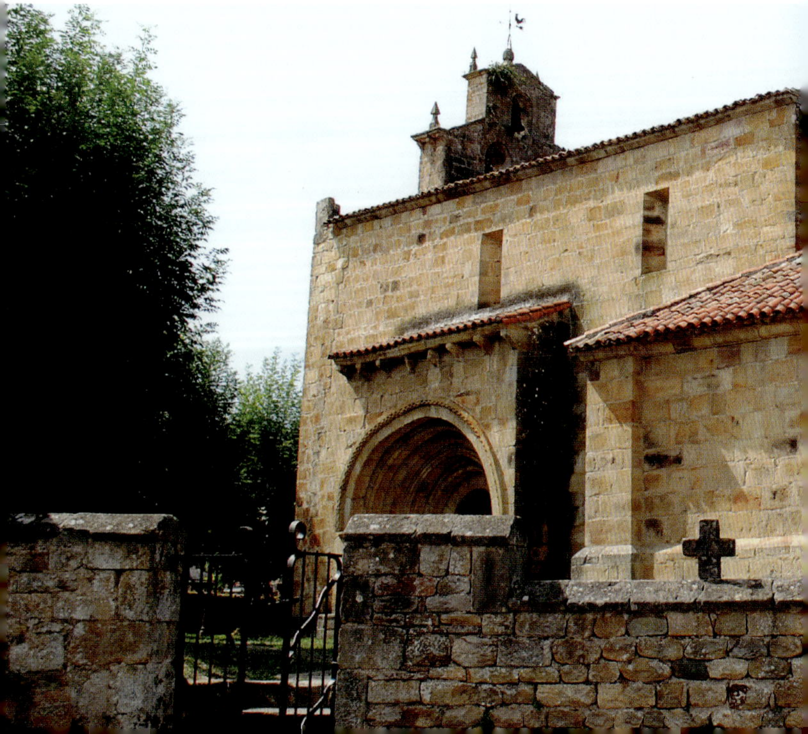

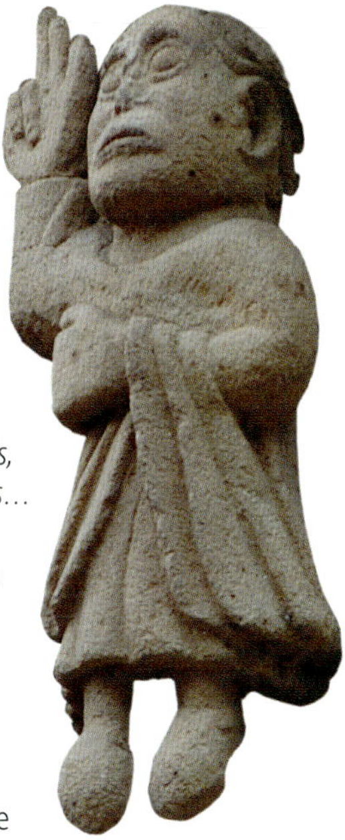

Silió). En 1068 se habla por vez primera de un monasterio en Iguña con la advocación de los santos Facundo y Primitivo, en un privilegio del rey Sancho II de Castilla que concedía a Simón II, obispo de Oca, varias iglesias y propiedades, entre ellas el monasterio de *Sancti Facundi, cum montibus, pascuis, terminis, terris, pomeriis, arboribus fructuosis et infructuosis*... Cincuenta años más tarde, en 1120, el monasterio de Silió, que era realengo de la reina Urraca, pasó a la sede episcopal de Burgos en tiempos del obispo Simón III.

Desde entonces, el paso del tiempo y la intervención humana (irracional casi siempre) variaron, unas veces, o destrozaron, otras, gran parte de uno de los edificios más importantes de la etapa románica en Cantabria. Lo que ha llegado hasta nosotros rememora, con la majestuosa presencia de su ábside al exterior –lo mejor conservado–, aquellos tiempos lejanos en los que unos cuantos monjes o canónigos desarrollaron por esta zona su vida religiosa.

El edificio fue declarado Monumento de Interés Histórico Artístico en 1970.

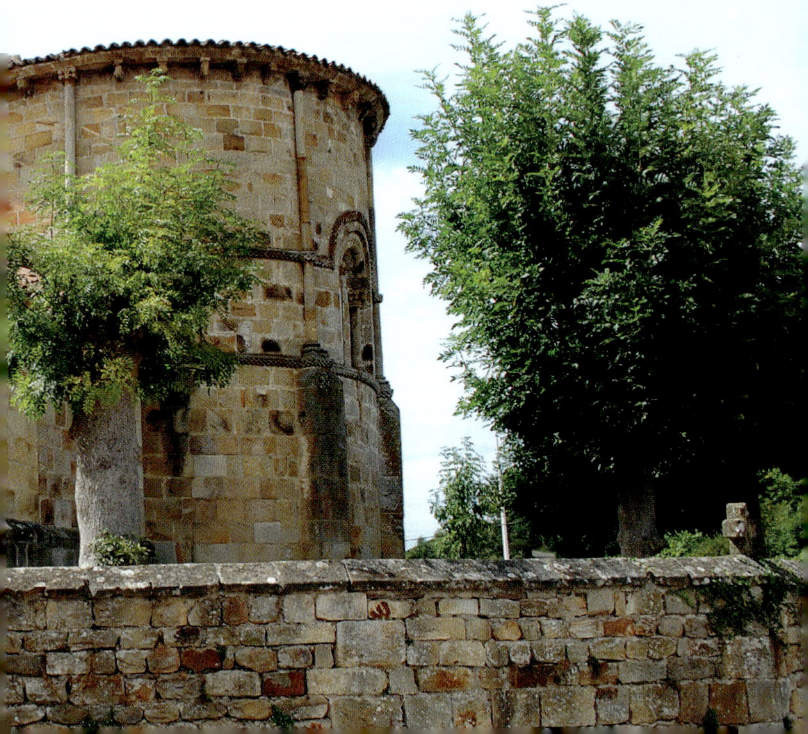

Iglesia de los Santos Facundo y Primitivo

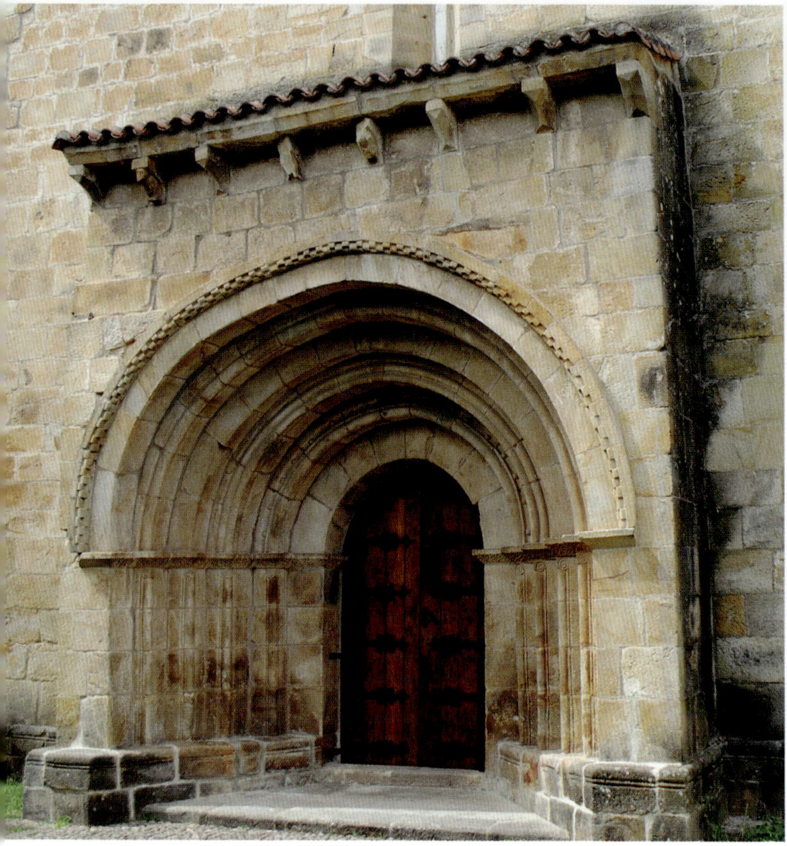

Las partes románicas de esta iglesia –encaramada sobre una pequeña glorieta y protegida por una tapia de las carreteras que la rodean– son las dos puertas, el ábside (exterior e interiormente) y una doble arquería del interior de la sacristía.

La puerta principal, pese a la sencillez de la decoración de sus componentes, destaca arquitectónicamente en su conjunto. Sobresale ligeramente sobre la fachada y se cubre con un tejaroz sostenido por ocho canecillos. Tiene una chambrana

Detalle de los cimacios y de las jambas

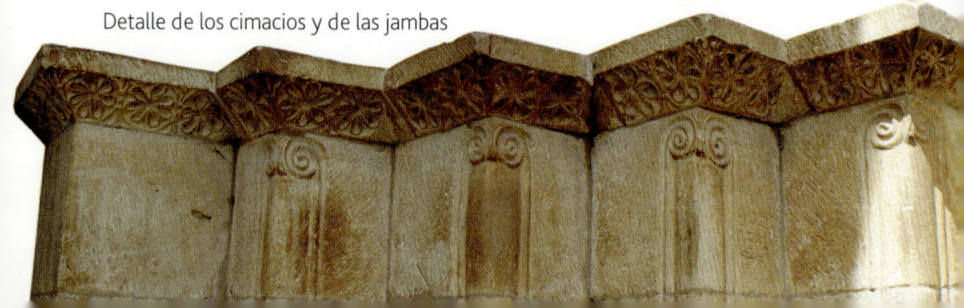

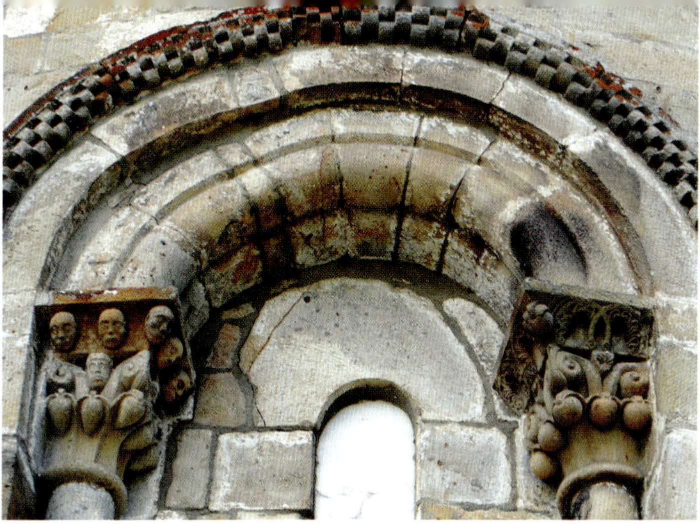

Detalle de la ventana central del ábside

de billetes que ciñe cinco arquivoltas de prisma simple que se apoyan en un cimacio continuo decorado con flores octopétalas.

La puerta occidental, a la izquierda de ésta, es muy sencilla, sin columnas ni capiteles. Sus dos arcos descansan sobre un cimacio también decorado con flores de ocho pétalos.

Si volvemos sobre nuestros pasos, de nuevo hacia la fachada sur, podemos ver en lo alto, casi en la esquina, un solitario canecillo románico, posible superviviente de una cornisa desaparecida que en su día pudo estar adornada con un grupo de ellos.

El ábside

Pero donde verdaderamente se concentra la obra románica más pura y bella es en el ábside. Resulta espectacular por su tamaño –en altura prácticamente

Vista general del ábside

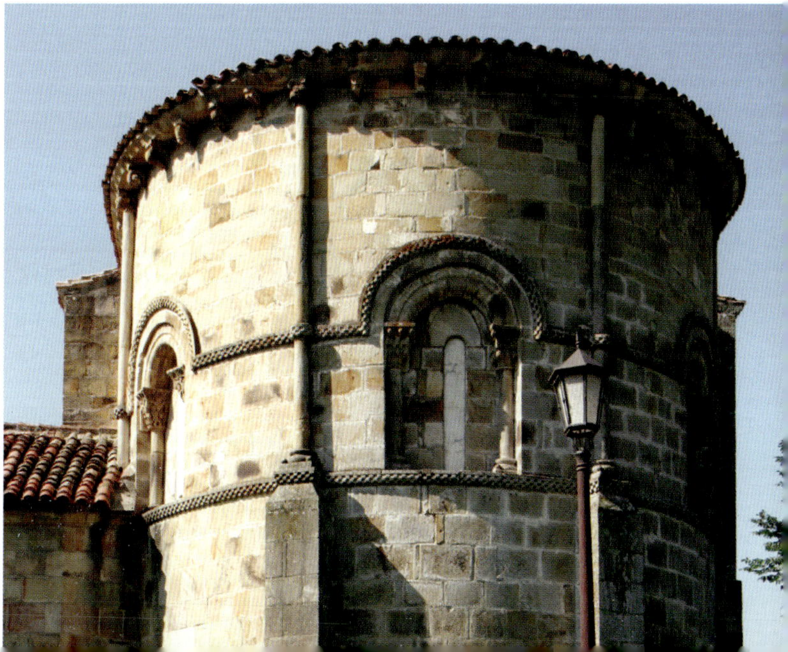

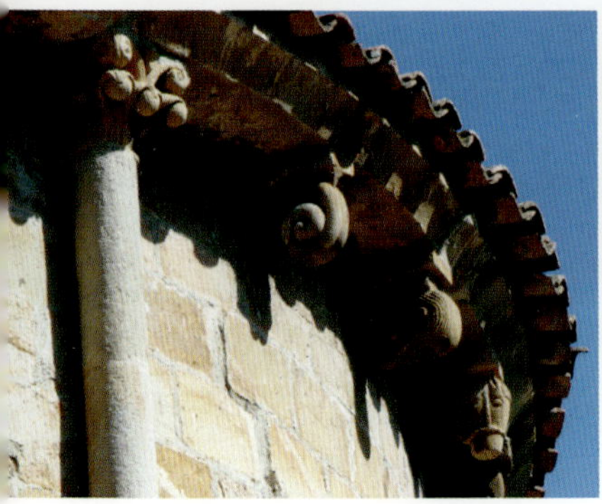
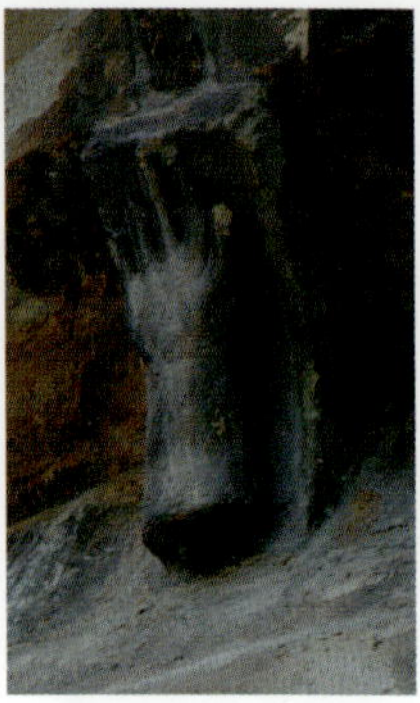
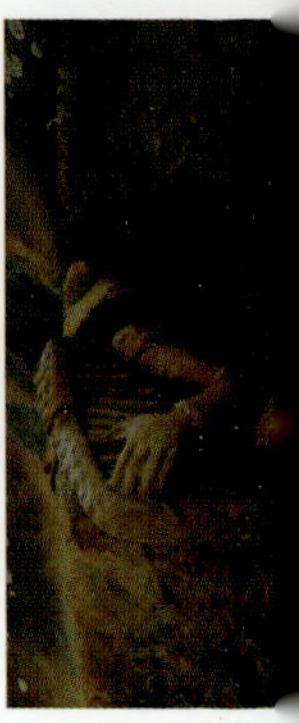

Canecillos del ábside

iguala a la nave–, por su riqueza iconográfica y por la conservación de sus elementos. Es indudable que aquí trabajaron buenos maestros canteros, prueba de que promocionando la obra tuvo que haber alguna personalidad pudiente que inyectaba el capital necesario, acaso la propia doña Urraca, a cuyo realengo, como hemos visto, pertenecía el monasterio.

El ábside tiene a cada lado dos tramos presbiterales rectos, y un semicírculo con tres calles verticales, delimitadas por cuatro columnas, y tres cuerpos horizontales, separados por dos impostas de billetes. El alero está sostenido por un grupo amplio de canecillos, figurativos en su mayor parte.

A la armonía del conjunto absidal contribuyen especialmente sus tres ventanas, en las que los maestros canteros concentraron su mejor hacer y consiguieron una de las obras más singularmente bellas del románico español. Aquí todo parece estar bien medido. Nada se deja al azar. Los sillares están colocados a la perfección, las medidas de cada elemento son exactas, la simetría es casi matemática.

Pero lo que destaca sobremanera son los capiteles de las ventanas, en los que los canteros hicieron gala de sus conocimientos escultóricos.

Ventana izquierda. Capiteles izquierdo y derecho

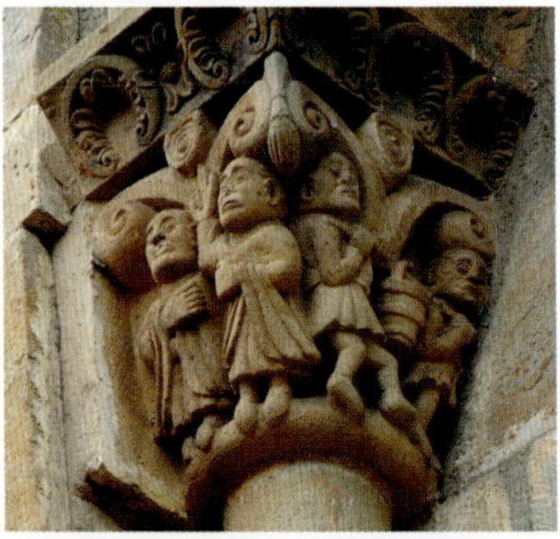
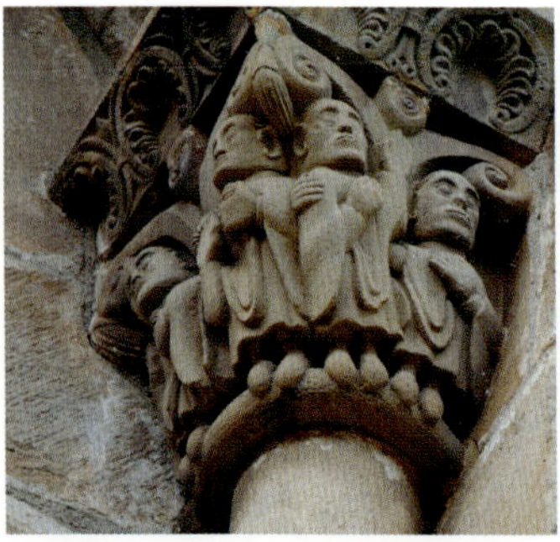

Los de la ventana del lado izquierdo son muy similares y parece indudable que fueron realizados por el mismo taller. Muestran escenas de personajes que parecen monjes, de proporción reducida, gesto hierático y rostro inexpresivo, como si se tratara de máscaras. En el del lado izquierdo, uno de los monjes está en actitud de bendecir, mientras detrás de él dos hombres cargan con un caldero que sostienen sobre sus hombros con una barra. En el del lado derecho, los cuatro protagonistas masculinos mantienen la misma actitud de inexpresiva seriedad y rigidez corporal. Los cimacios de ambos capiteles están primorosamente tallados con flores.

Los capiteles de la ventana central tienen predominio de elementos vegetales. El de la izquierda prescinde de los adornos florales en su cimacio y los sustituye por cinco cabezas humanas de rostros inexpresivos. En la cesta de ese capitel aparecen de nuevo dos cabecitas sobre las piñas que conforman el tema principal. El capitel de la derecha mantiene las flores en su cimacio, y en la cesta presenta decoración vegetal de bolas con caperuza.

Los dos capiteles de la ventana derecha tienen los cimacios adornados con flores, y los temas figurativos ocupan el centro de cada cesta. El capitel de la izquierda muestra una amalgama de figuras, entre las que sobresalen dos leones afrontados bajo

Ventana central. Capiteles izquierdo y derecho

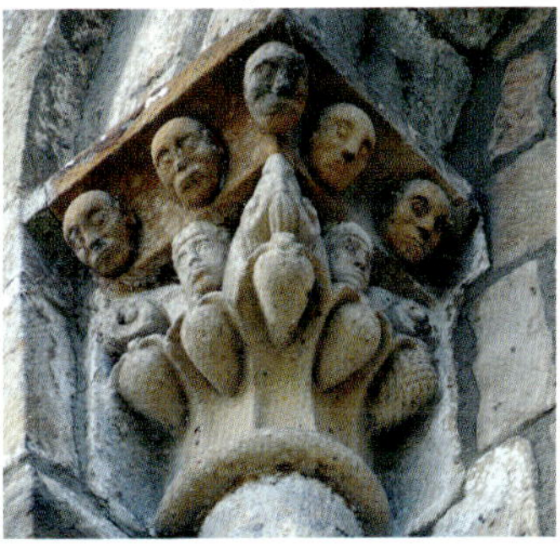

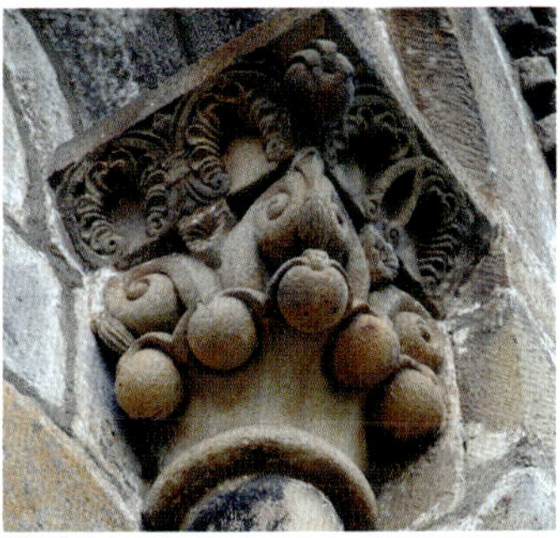

Ventana derecha. Capiteles izquierdo y derecho

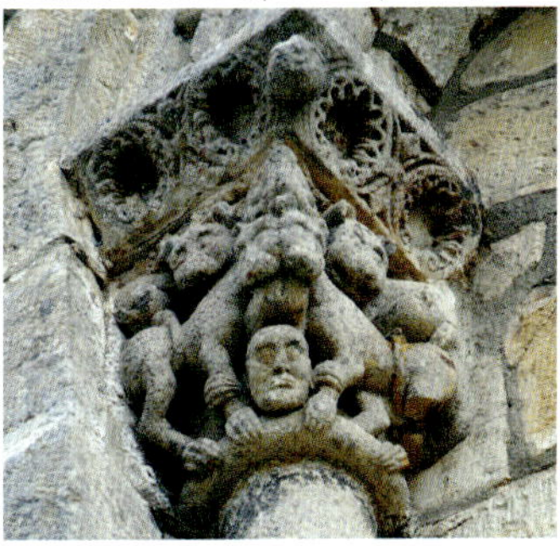

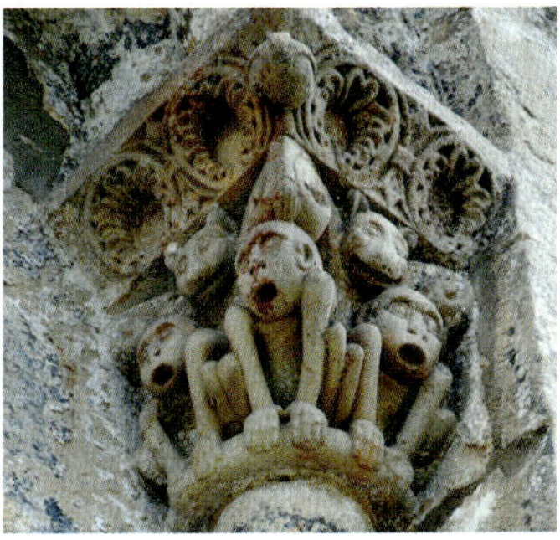

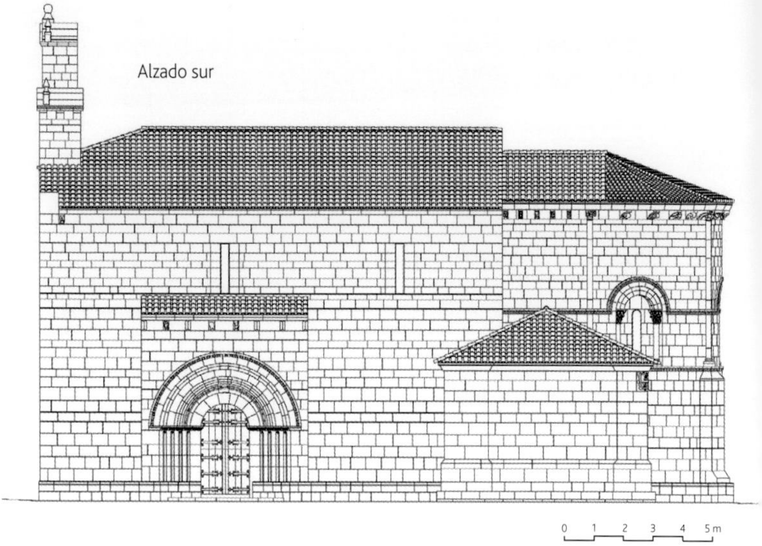

cuyas fauces hay una cabeza humana que mantiene la misma inexpresividad que las que ya vimos en los otros capiteles. El de la derecha reproduce tres figuras de simios, con la cabeza rapada y la boca abierta, elementos tan espectaculares como curiosos cuyo significado desconocemos.

Analizado ya en todos sus elementos, es el momento de apreciar toda la belleza del conjunto absidal. Separémonos un poco para ampliar nuestra perspectiva. Ya te anticipo ahora que, desgraciadamente, esta buena conservación exterior no tiene nada que ver con lo que nos vamos a encontrar en su interior.

El interior

Según entramos a la iglesia nos recibe al fondo, alto y esbelto, su maravilloso ábside. Desde la distancia lo percibimos en todo su esplendor románico: un hemiciclo unido sin separación al presbiterio, con dos cuerpos bajos –el inferior de nueve arcaduras ciegas y el superior con el hueco de las tres ventanas que ya vimos afuera– y la bóveda de horno. Nada nos hace sospechar desde esta visión lejana que el fuego de una guerra incivil llenara de cicatrices irreversibles a la mayor parte de los capiteles. Este ábside interior es ahora, visto de cerca, un auténtico monumento a la irracionalidad. La obra de los canteros románicos –tan pausada, tan pensada– se vino al traste por la labor destructiva de algunas personas, que no supieron en su día separar el polvo de la paja. La alta temperatura que se alcanzó con el fuego del odio pudo reventar muchos de los capiteles, unas veces, y acaso el martillo pudo completar la obra después, en otras. Sea como fuere, la huella de la destrucción es mayor casi siempre que los restos conservados. Y todo ello impide poder descifrar lo que los escultores quisieron decirnos con su alfabeto de piedra.

Los capiteles del arco triunfal tampoco se salvaron de la destrucción, pese a estar tan

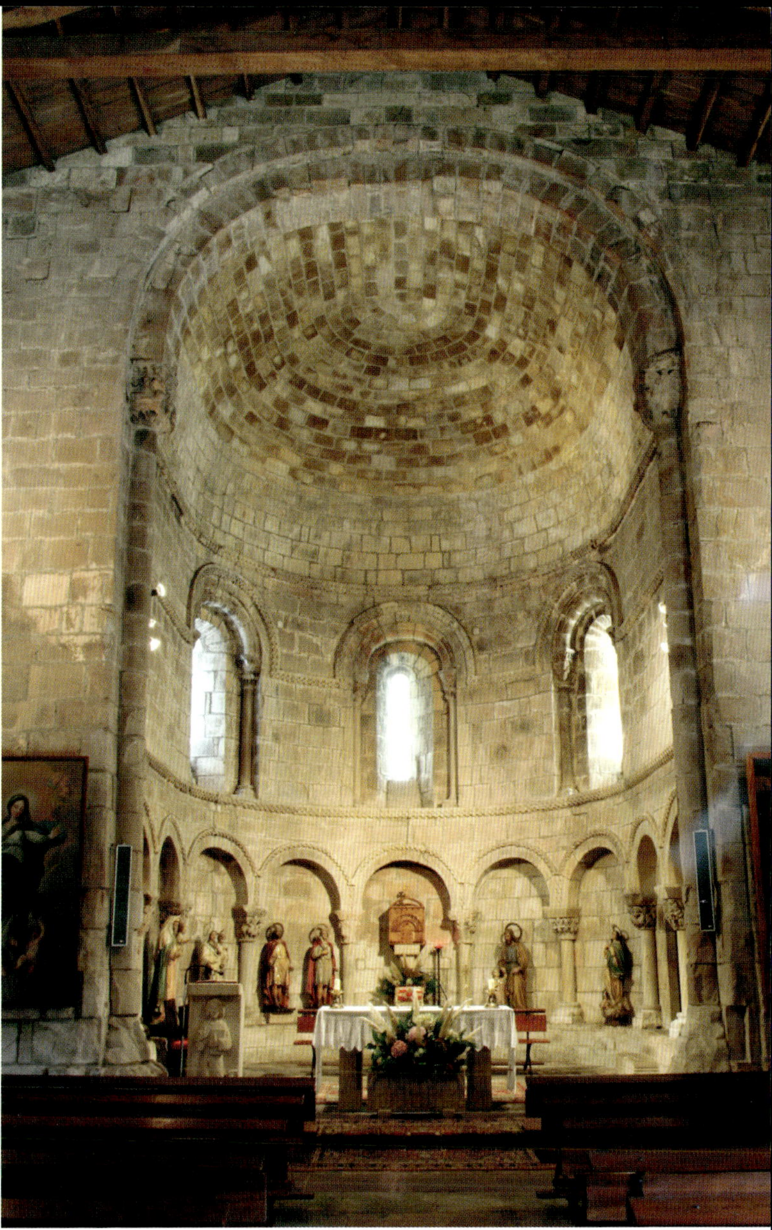

Capitel izquierdo del arco triunfal

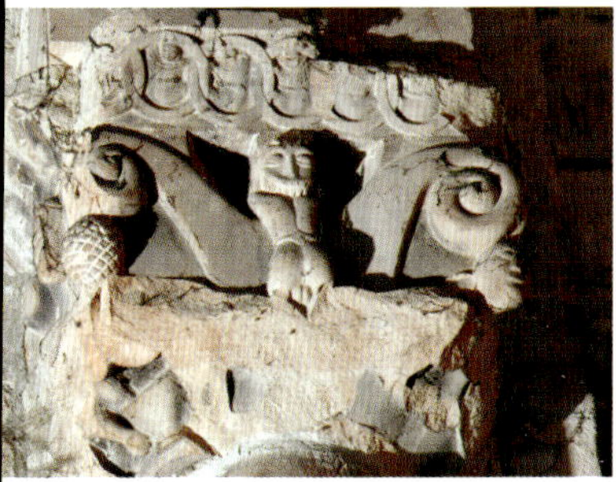

Capitel derecho del arco triunfal

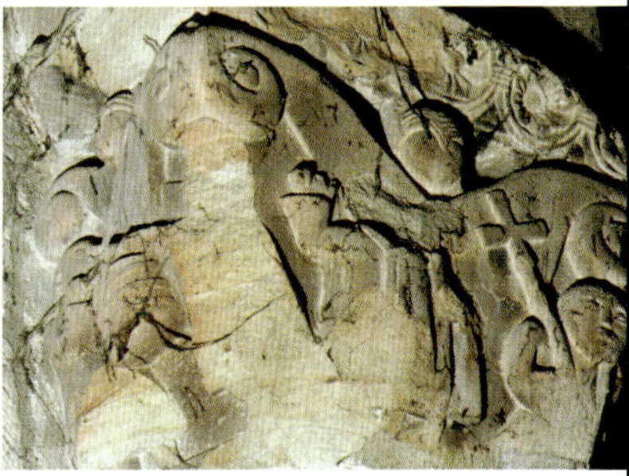

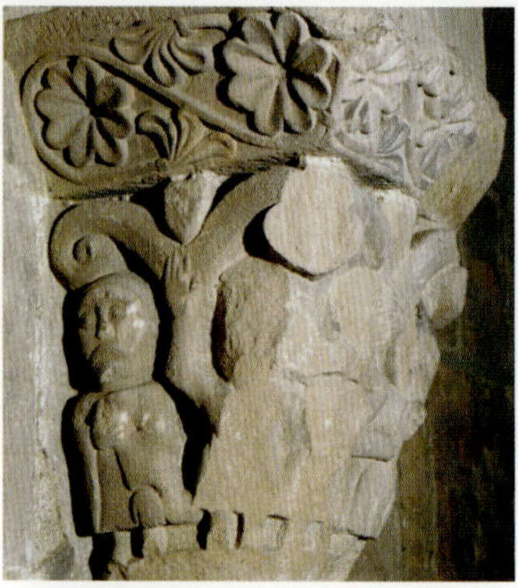
Capitel primero de la arquería baja

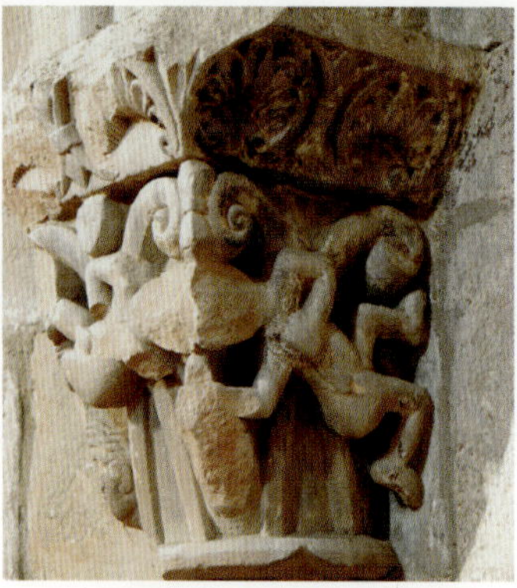
Capitel segundo de la arquería baja

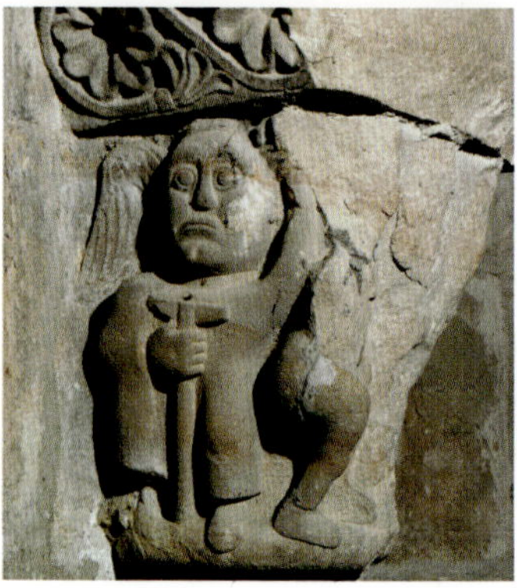

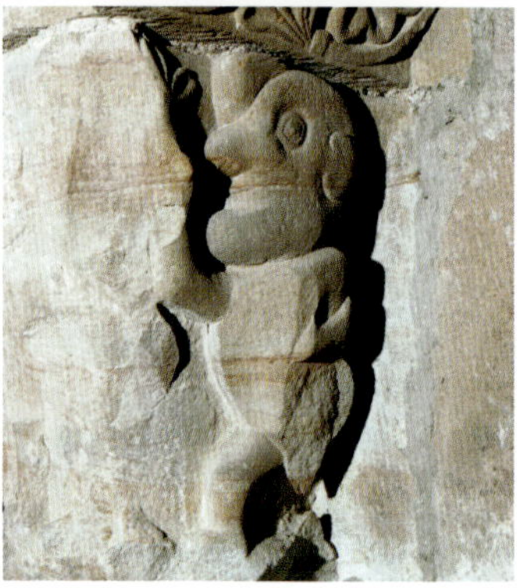
Dos vistas del cuarto capitel de la arquería baja

elevados. Lo poco que alcanzamos a ver de lo que conservan –los clípeos de los cimacios y las volutas de las cestas– los emparentan en estilo con los de Santillana del Mar, Argomilla de Cayón y otros edificios cántabros de principios del siglo XII.

Ver los ocho capiteles de las arcaduras ciegas resulta más fácil, pues están situados a la altura de nuestras cabezas. Todos están marcados por la barbarie: los monjes del primer capitel, según empezamos por la izquierda; las figuras armadas con puñal que parecen correr por el segundo; los leones afrontados y los hombres que levantan la mano, en el tercero; las figuras humanas casi planas e inexpresivas de los laterales del capitel cuarto; los motivos vegetales del quinto capitel; el sexto, conservado casi íntegramente en su cesta y con cimacio moderno; el séptimo, con motivos animales en los que las aves están decapitadas; y el octavo, con el cimacio restaurado y la cesta con una pareja de personajes masculinos en cada uno de sus tres lados.

No corrieron mejor suerte los seis capiteles de las ventanas del ábside, entre los que todavía se puede distinguir músicos,

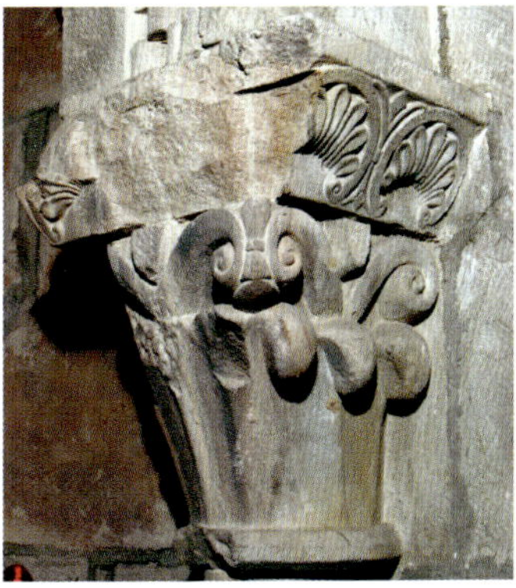
Quinto capitel de la arquería baja

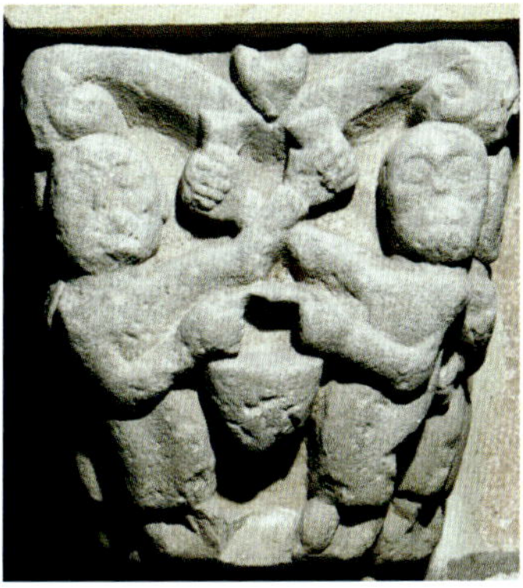
Octavo capitel de la arquería baja

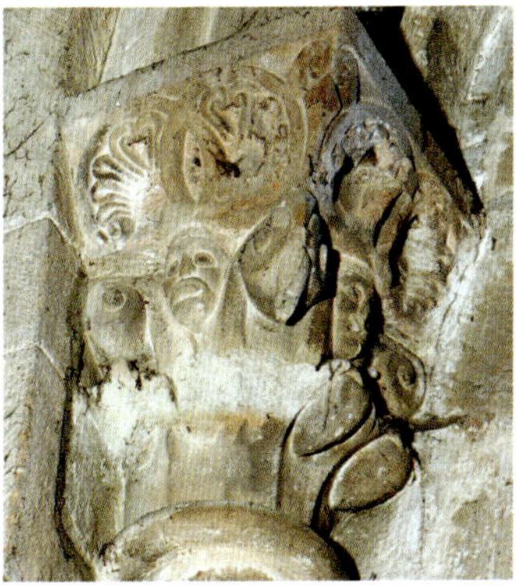
Capitel izquierdo de la ventana izquierda

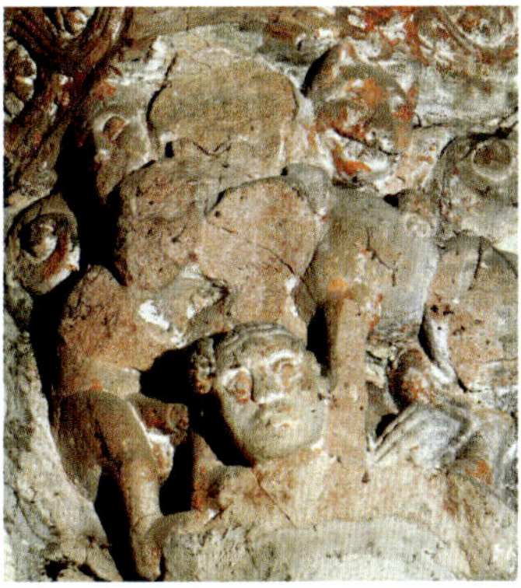
Capitel izquierdo de la ventana central

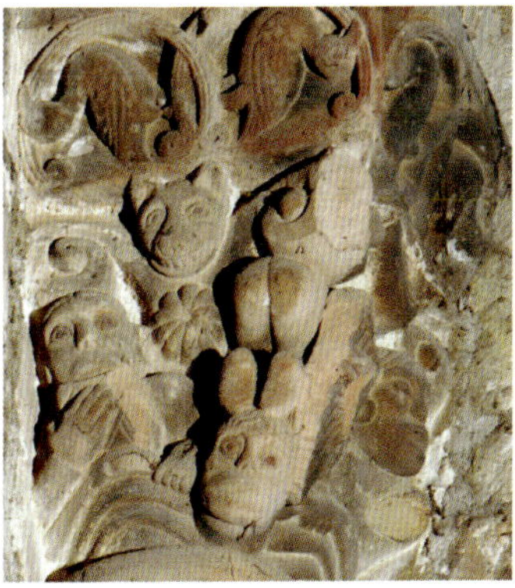
Capitel izquierdo de la ventana derecha

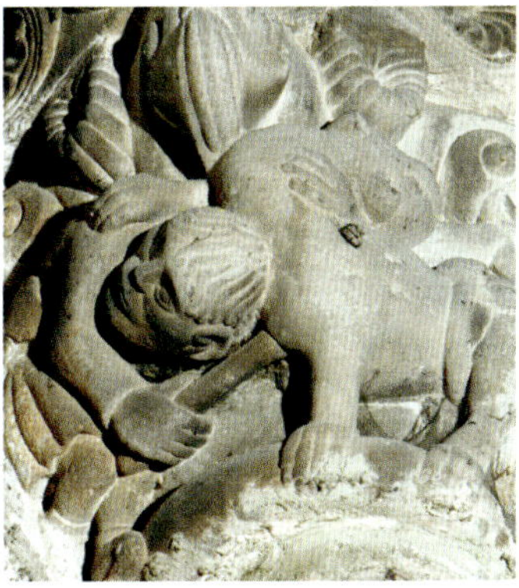
Capitel derecho de la ventana derecha

contorsionistas y exhibicionistas. Y la depurada técnica del maestro cantero que labró la escena de lucha entre un hombre y un león que se halla en el capitel derecho de la ventana de la epístola, resuelta con gran dinamismo y maestría.

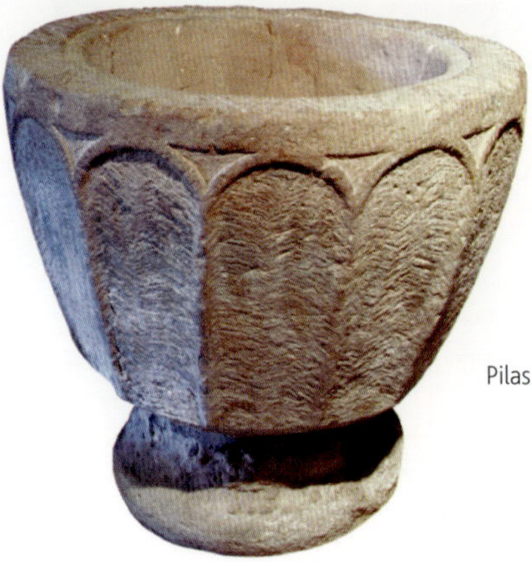

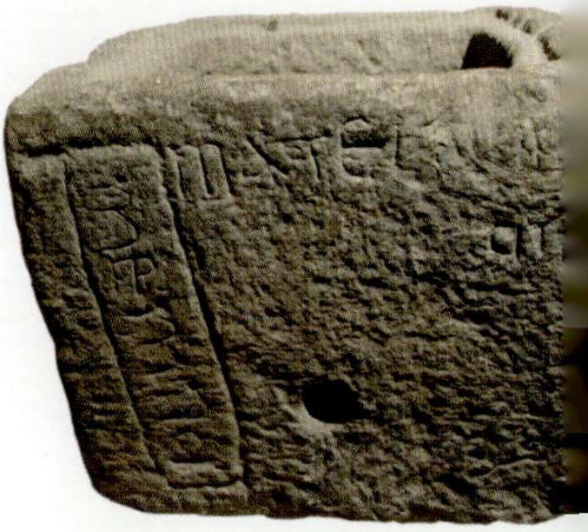

Pilas bautismales

Y esto es lo que queda del esplendor antiguo que sin duda tuvo el interior. Restos que nos hablan de una grandeza hoy ajada, y no sólo por el fuego. Simón Cabarga recoge que cuando Ramiro Sáinz Martínez repara «los estragos causados por el fuego durante la revolución de 1936, postula que hacia fines del siglo XVII se adosó a esta iglesia [...] una capilla que originó la mutilación de una magnífica arquería ciega que circundaba el ábside, destruyéndose parte de estos arcos, que fueron sustituidos por otros de mayor luz y más elevados. Al verificarse la reconstrucción de una casa solariega en el mismo pueblo –la de los Quevedo Bustamente– [...] aparecieron entre los sillares de la portalada algunos capiteles y molduras que correspondían a los arcos desmontados cuando se hizo aquella capilla». En la rehabilitación de 1940 fueron restituidos sobre el nuevo tramo de la arquería, señal inequívoca de que este espacio que ahora dejamos atrás también ha variado bastante su disposición con respecto a su aspecto primitivo.

Hay en el interior de la iglesia dos pilas bautismales. Una de ellas, de forma troncocónica por el exterior, tiene arquerías de medio punto cuyas jambas llegan hasta su fondo inferior. El borde tiene dos niveles, para encajar la tapa. La otra es cuadrada y tiene apariencia más antigua, acaso prerrománica. Presenta en sus caras epigrafías difíciles de interpretar.

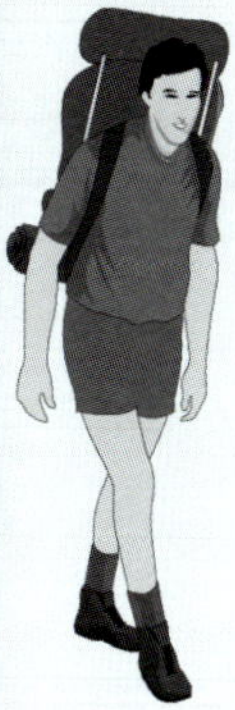

Final de la visita

Salgamos de nuevo al exterior. Podemos comprobar ahora la gran suerte de que el ábside no sufriera ningún ataque por esta parte y pueda mostrarnos toda su grandeza antigua.

No es tiempo para la nostalgia. Volvamos hacia la carretera nacional para alcanzar nuestro próximo destino en la localidad de Bárcena de Pie de Concha. A cuatro kilómetros de aquí nos aguarda un buen ejemplo de románico rural o de concejo: la iglesia de San Cosme y San Damián.

Vamos hacia ella.

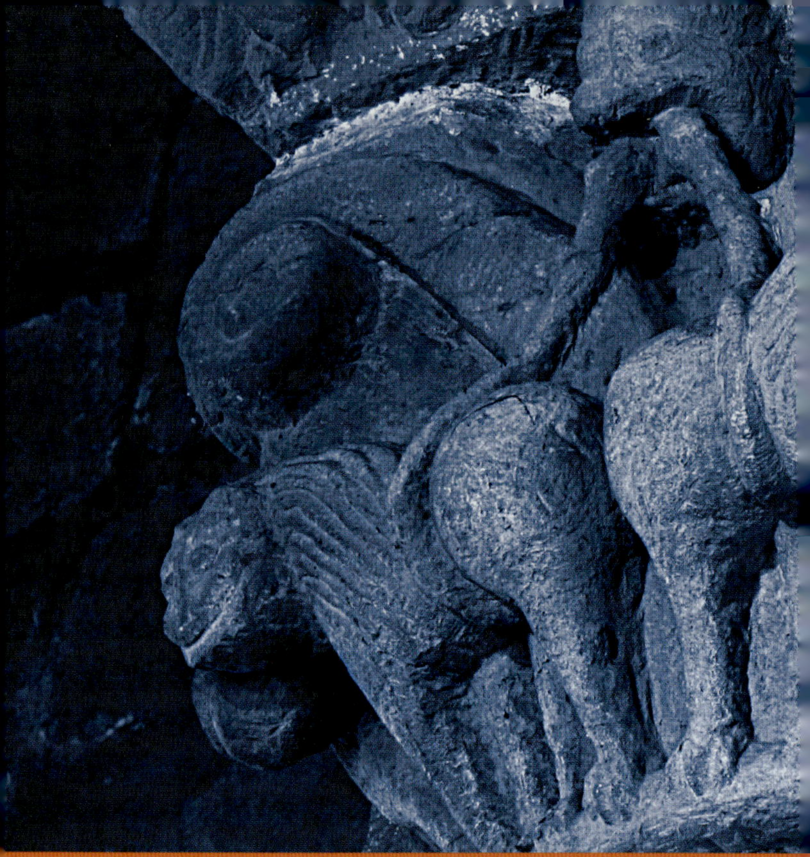

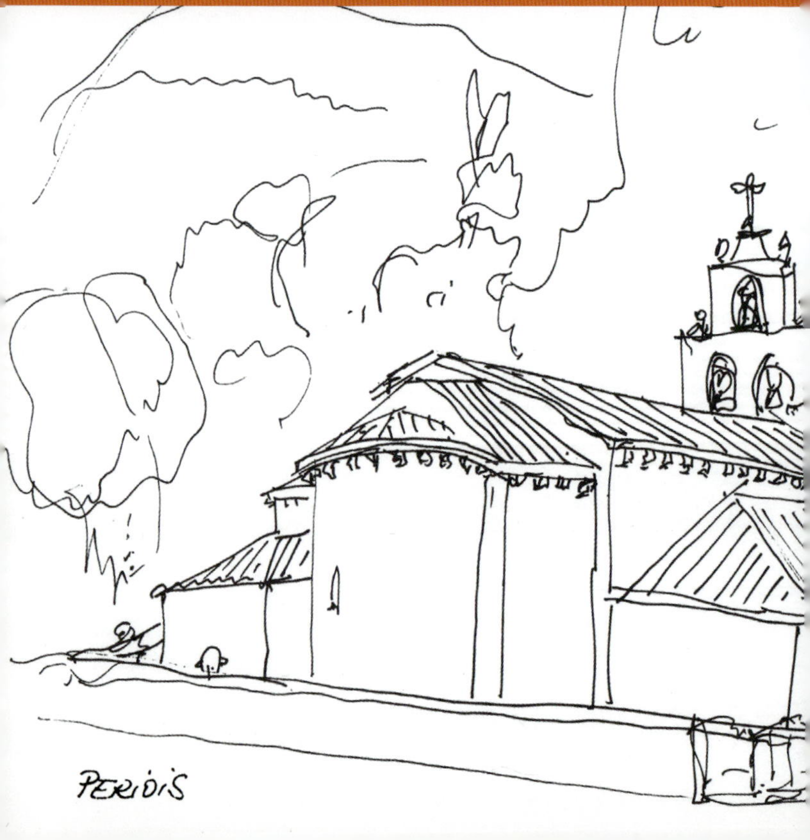
PERIDIS

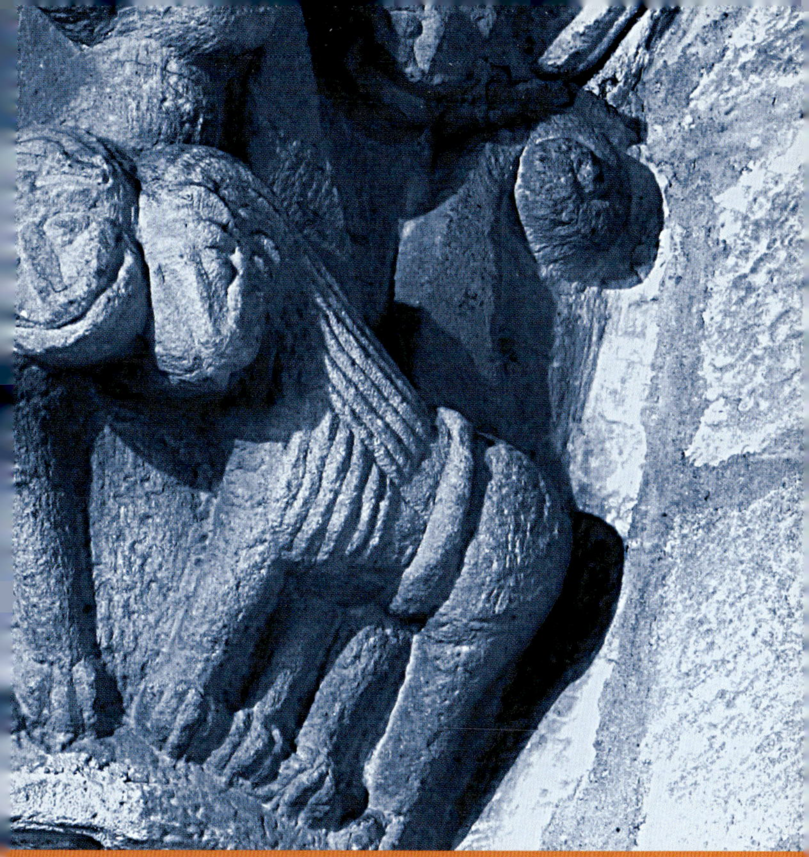

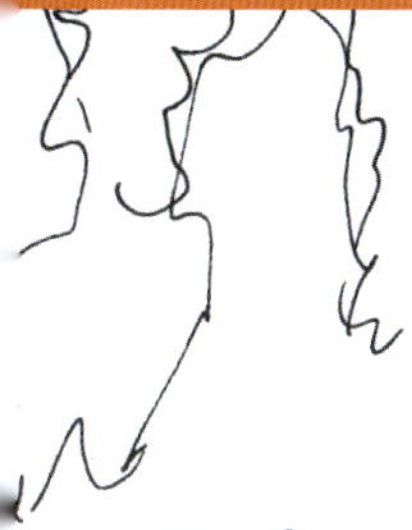

Bárcena de Pie de Concha

Iglesia de San Cosme y San Damián

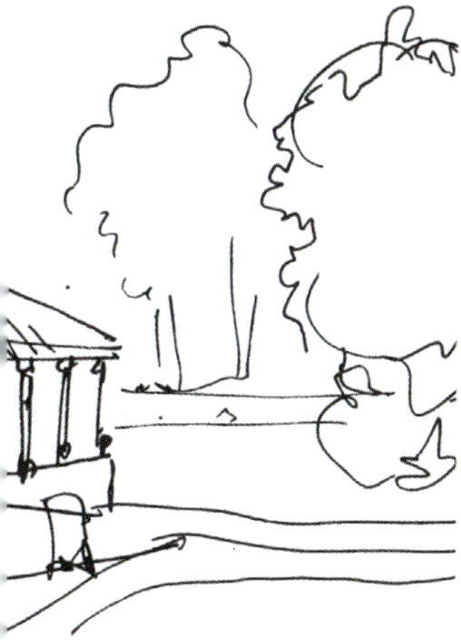

Bárcena de Pie de Concha

La población de Bárcena de Pie de Concha está situada en el curso alto del río Besaya. El río discurre por esta zona con un caudal que con su inocente aspecto juvenil no nos hace sospechar en absoluto de la responsabilidad que ha tenido en la creación de la profunda hoz que, a base de fuerza y constancia de siglos, ha ido excavando antes de llegar hasta aquí para abrirse paso hacia las llanuras de Torrelavega y su entorno.

Al tiempo que abría un hueco entre peñascos, le ofrecía al hombre el camino sinuoso que debían seguir las vías de comunicación para el intercambio de mercancías entre las poblaciones meseteñas y las marítimas: desde Bárcena a Pesquera se conserva un tramo de unos cinco kilómetros de la calzada con la que Roma enlazaba *Pisoraca* (Herrera de Pisuerga), *Juliobriga* (Retortillo) y *Portus Blendium* (Suances), y frente a él se estableció en el siglo XVIII el camino real –posteriormente convertido en la carretera nacional 611– en la margen opuesta del río, famoso por su forma serpenteada, y venido ahora a menos tras la apertura de la Autovía de la Meseta. Y como fondo siempre

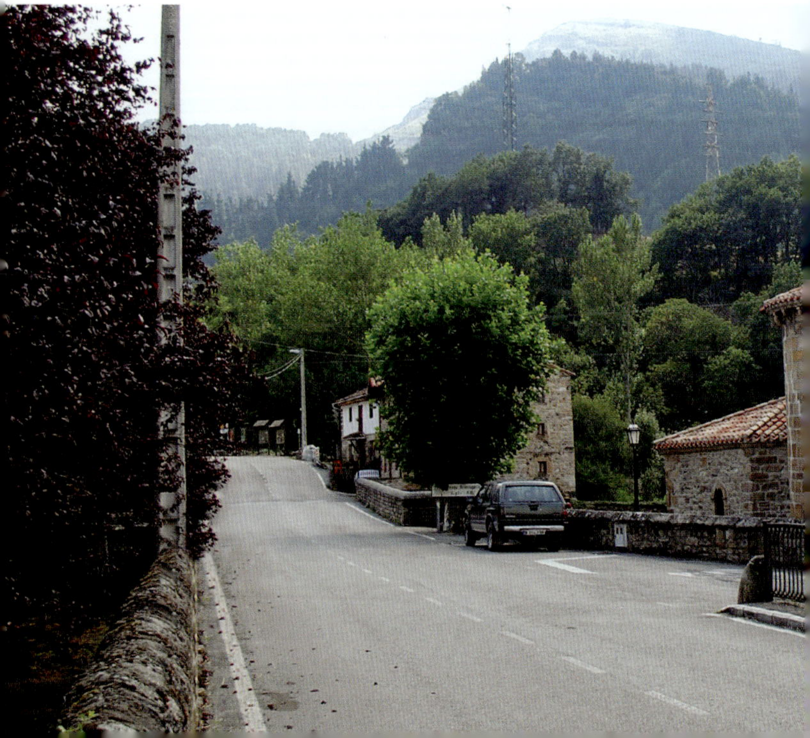

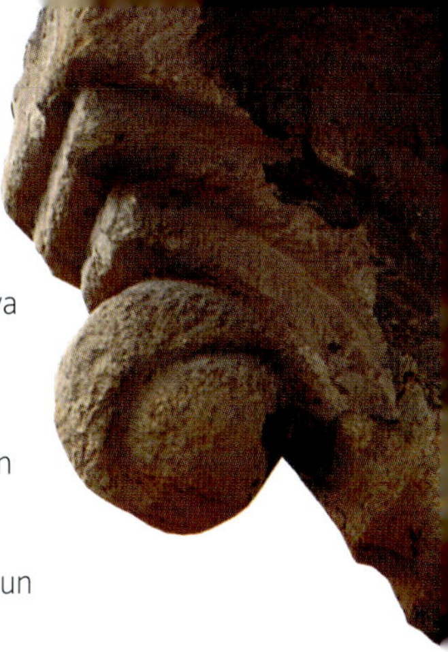

ha estado el tren, camino de hierro que salva mediante túneles gran cantidad de curvas, pero que no se ha podido librar de los desniveles que tanto dificultan su caminar, no en vano, como dice una canción popular, «se planta en hora y media de Molledo a Portolín», localidades cercanas a Bárcena, separadas entre sí por menos de un kilómetro.

Porque todo el territorio está ubicado entre montes de considerable altura, poblados por bosques de numerosas especies arbóreas, entre las que destacan los robles y las hayas. Bosques que amparan en su seno y alimentan con sus frutos a una fauna autóctona muy abundante.

Precisamente una de las riquezas de Bárcena de Pie de Concha la aporta ese turista que está deseoso de adentrarse en los valores naturales de su orografía, para caminar por los montes o a la vera del río, arrullado por los sonidos de las hojas o por el incansable fluir del agua, y que luego valora el reposo de un pueblo que tiene muy cuidado su patrimonio arquitectónico y que además ofrece una cocina regional de primer orden.

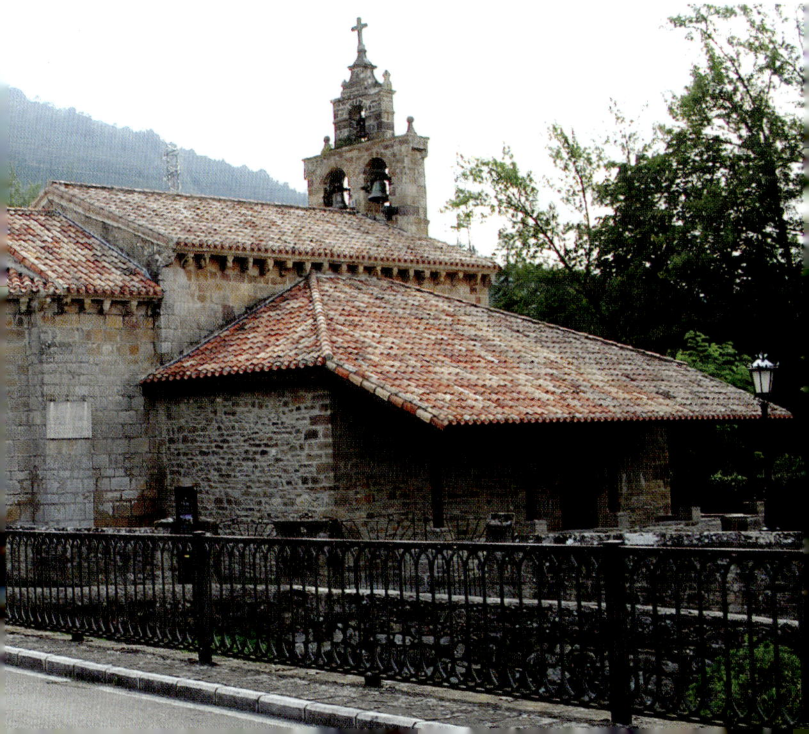

Iglesia de San Cosme y San Damián

Al abrigo del primitivo camino comenzaron a levantarse iglesias y monasterios en la época de la repoblación, por lo que no es extraño que en este punto estratégico, salida o entrada de las amenazantes Hoces de Bárcena, se erigiera el antiguo monasterio de San Cosme y San Damián para ofrecer refrigerio y descanso de cuerpo y ánima a los viajeros.

Debió de ser construido entre los siglos VIII y IX, pero la iglesia que ha llegado hasta nosotros es obra de la primera mitad del siglo XII, como nos transmite el lenguaje estilístico de las piedras. Se halla situada junto a la antigua carretera, hoy apacible lugar para el paseo, porque la autovía cercana le ha hurtado el tráfico, y conserva prácticamente intacta su fábrica románica. Sólo son posteriores los añadidos de las naves laterales del lado sur, el pórtico, la nave del lado norte y los dos cuerpos altos de la espadaña.

El resto muestra el típico trazado de las iglesias rurales o «de concejo», con nave única, un solo ábside semicircular con bóveda de horno y un presbiterio con una altura ligeramente mayor que la del ábside.

Un paseo por el exterior

El ábside es muy sencillo y está construido con piedra caliza bien escuadrada. Tiene forma semicircular perfecta y una humilde ventana, del tipo aspillera, que en el interior –lo veremos luego– tiene mayor prestancia. Un óculo pequeño se abre en lo alto de la fachada del presbiterio, en la misma línea pero a mayor altura que esta ventana. Lo percibiremos mejor si nos alejamos del edificio y nos situamos al otro lado de la carretera. Por esas dos pequeñas aberturas recibe la cabecera interior su tenue luz.

Colocados aquí, también podemos apreciar que el

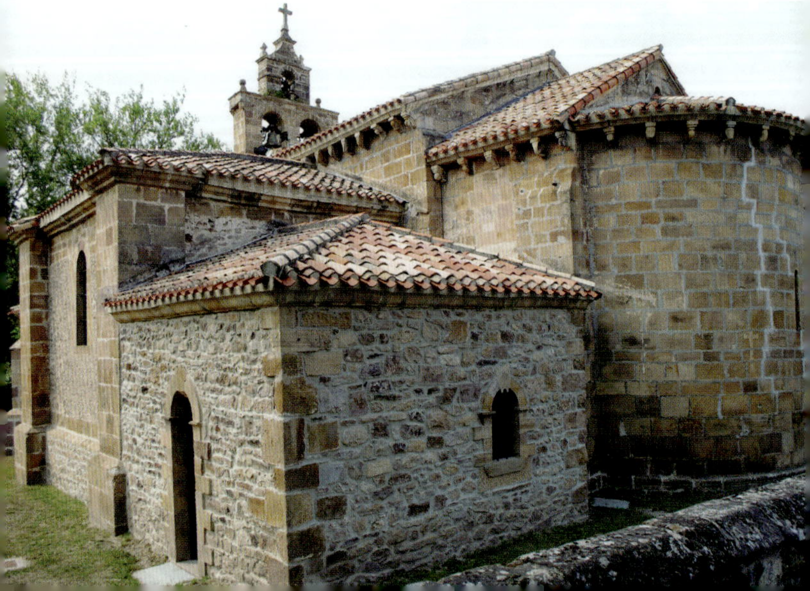

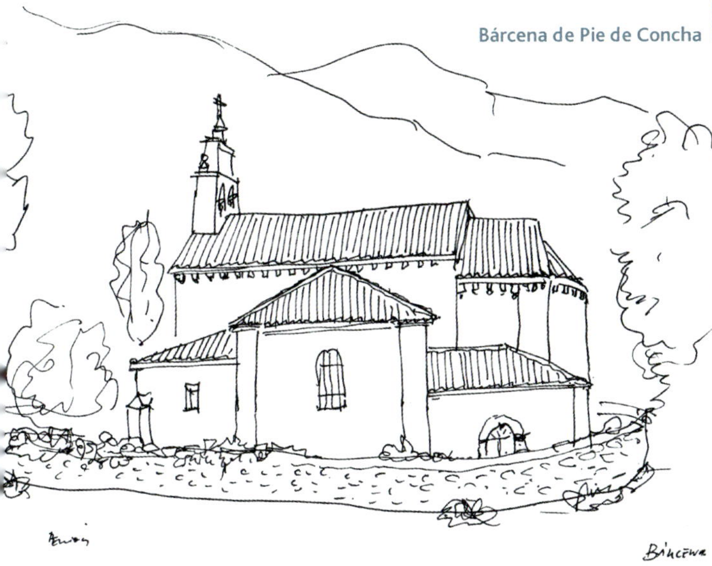

presbiterio sobresale por los laterales con respecto al muro del ábside, debido a los contrafuertes que tiene a cada lado.

La cornisa del ábside se apoya sobre trece canecillos que muestran motivos muy queridos del románico, con cabezas de animales, figuras humanas en diferentes actividades y posturas (algunas obscenas) o un monstruo que engulle a una persona.

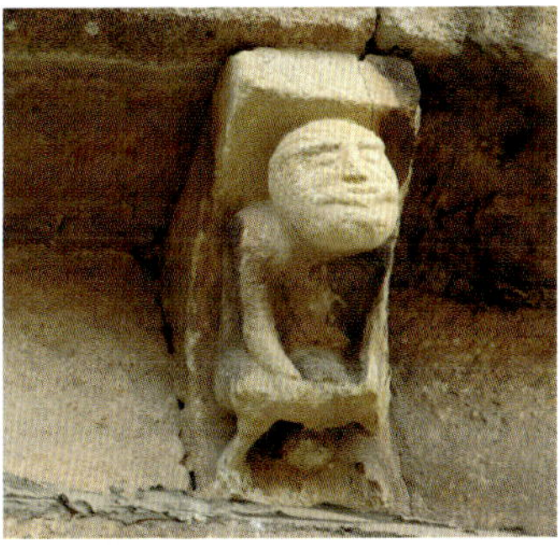

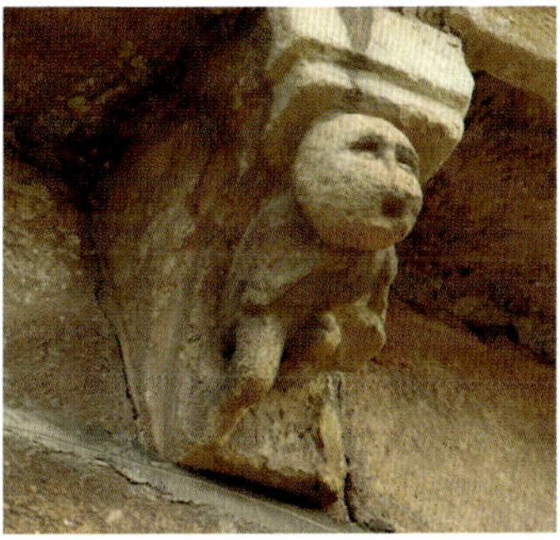

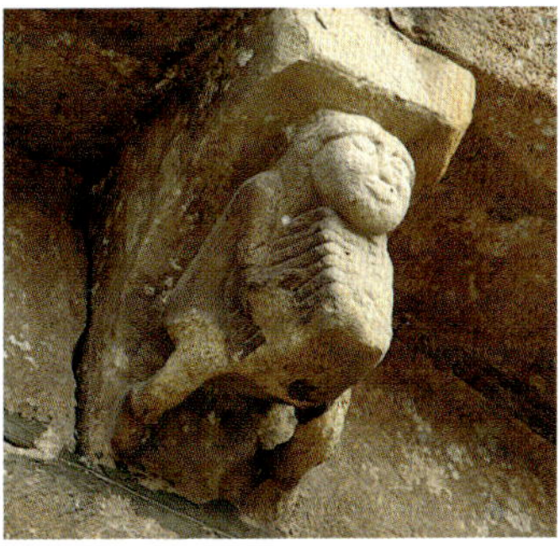

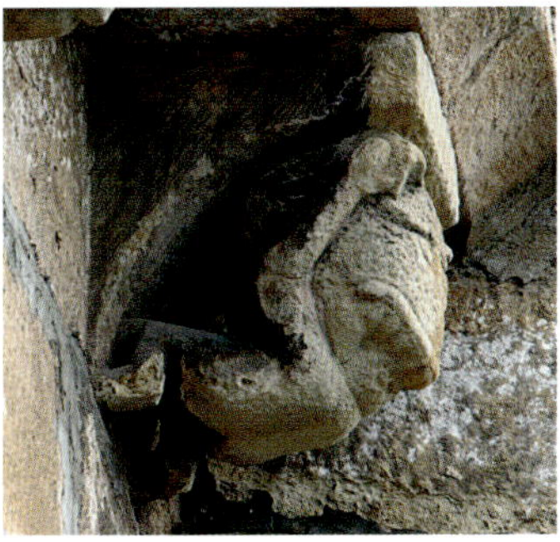

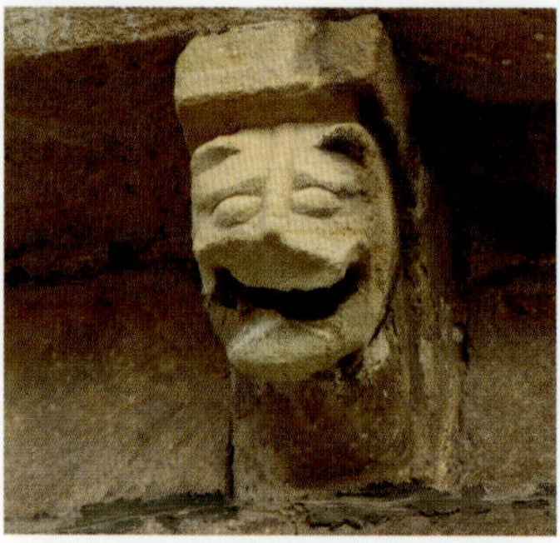

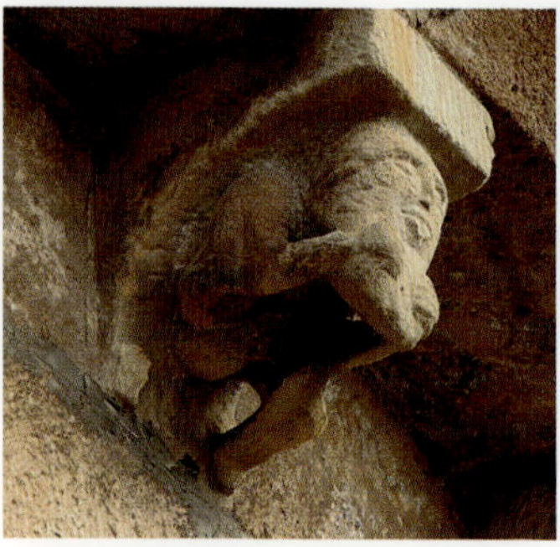

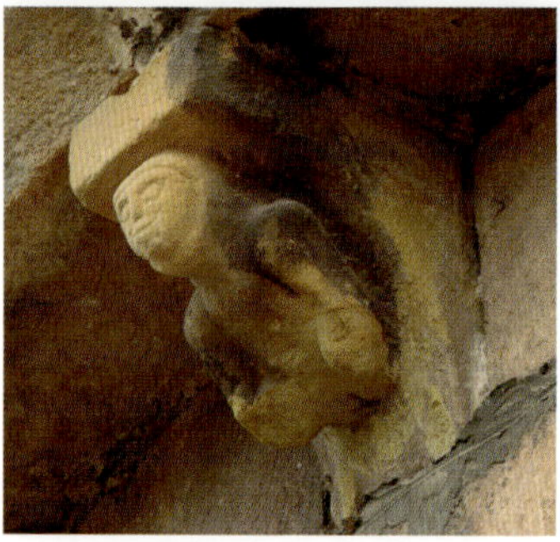

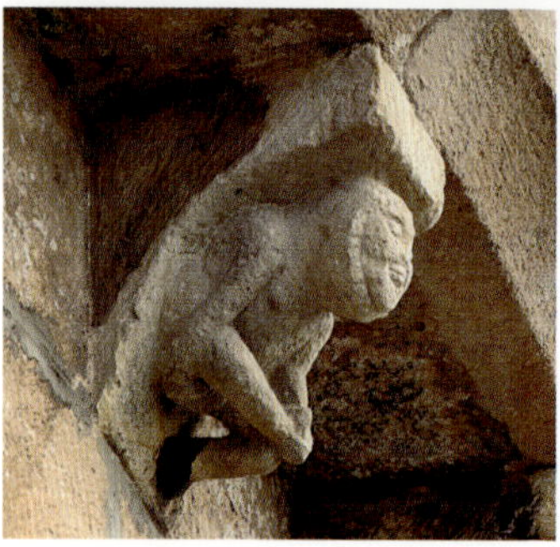

Precisamente los canecillos son uno de los mayores atractivos que presenta el exterior, porque, además de los del ábside, se conservan los de los muros norte y sur y los de ambos lados del presbiterio.

Podemos demorarnos en su contemplación mientras avanzamos hacia la puerta románica, que está en el lado occidental, ligeramente resaltada sobre el muro bajo de la espadaña.

El tejadillo y la cornisa que la protegen están sostenidos por ocho canecillos, los seis interiores de rollos y pirámides, y los de los extremos con temática libidinosa. Todos están bastante erosionados.

La puerta es sencilla, con cuatro arquivoltas lisas, sin ningún adorno, abrazada la más externa por una chambrana con decoración de rombos continuos.

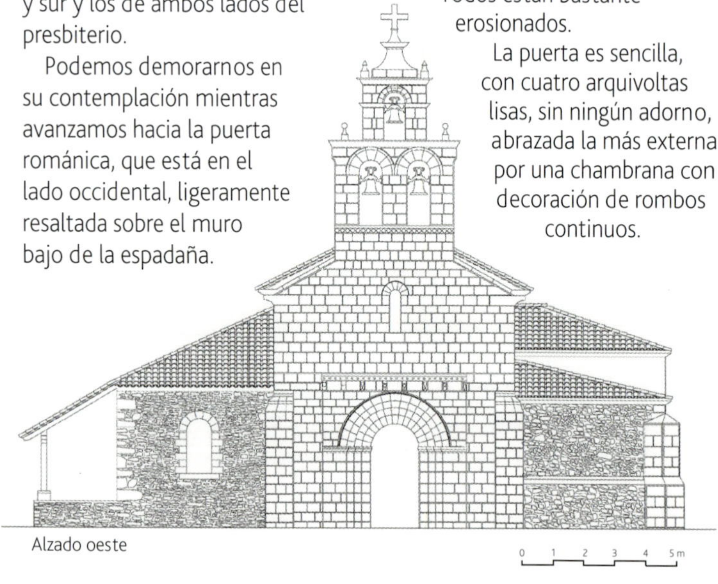

Alzado oeste

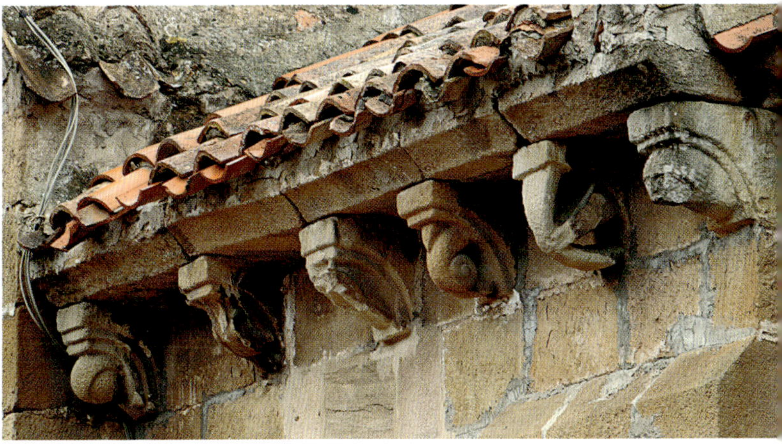

Los seis canecillos del presbiterio sur

Puerta occidental

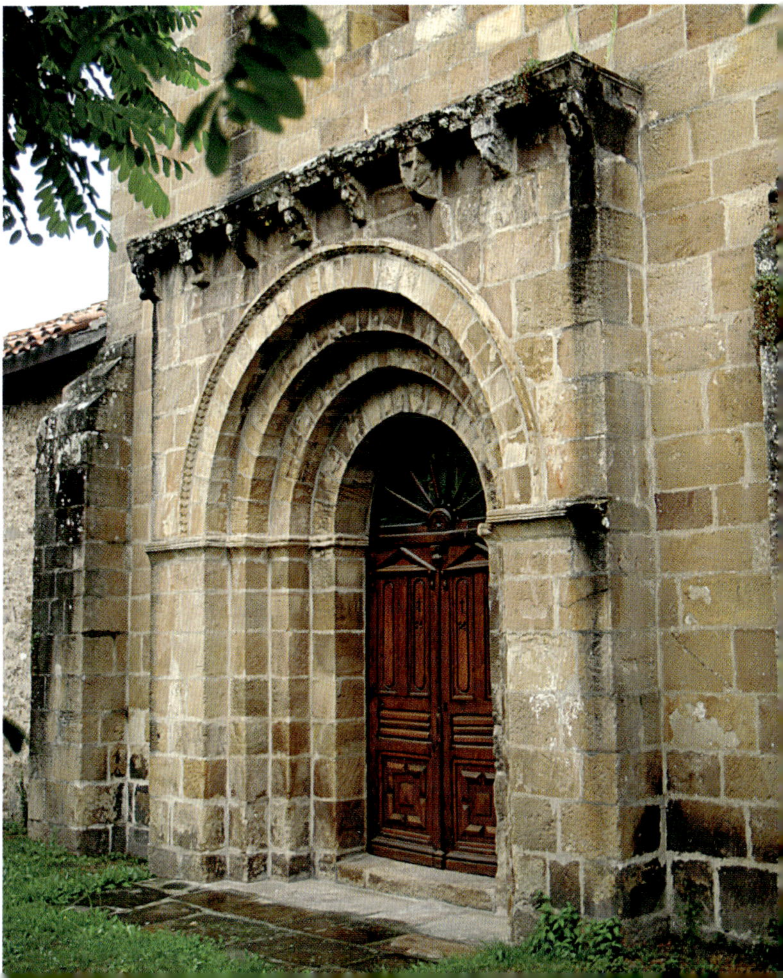

El interior

La nave central, única en un principio, ha tenido muchos cambios para adaptarse a la adición de las naves laterales, pero la cabecera ha permanecido intacta desde la etapa románica.

La bóveda del presbiterio es de cañón apuntado y tiene mayor altura que la bóveda de horno del ábside. Dos impostas de billetes recorren a distinto nivel el muro del ábside y los del presbiterio. La imposta superior separa el muro del ábside del cascarón de la bóveda; la inferior sirve de base a la ventana, que por el interior es mucho más interesante desde

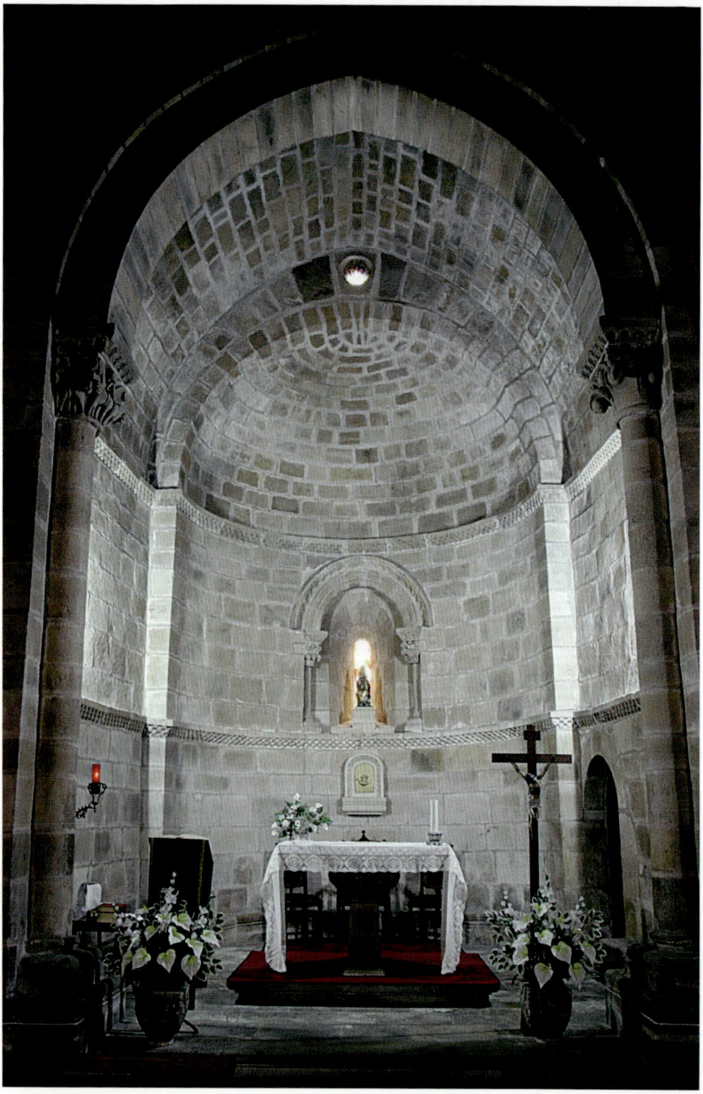

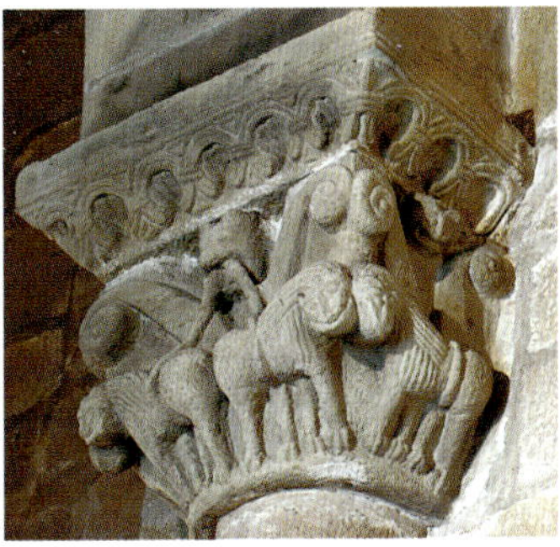

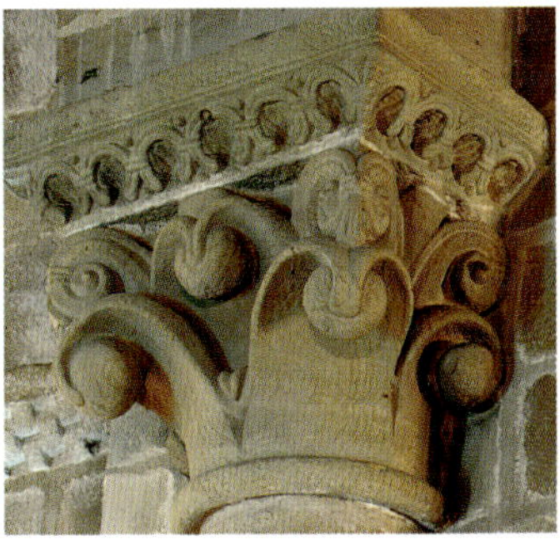

Capiteles del arco triunfal

un punto de vista escultórico, ya que aparece enmarcada por dos columnas con capiteles muy bien trabajados.

El arco triunfal es apuntado y doblado, y se apoya sobre dos capiteles bien tallados y de cimacios prácticamente idénticos. El de la izquierda tiene en la cesta baja las figuras de cuatro leones, afrontados dos a dos. Una cabeza grande de felino muerde, en lo alto, las colas de los leones frontales de la cesta, que se están dando la espalda.

El de la derecha es más sencillo, con motivos de volutas y bolas con caperuza, y también está tallado con mucha perfección y limpieza.

En el muro meridional de la nave, junto al antepecho del coro, se conserva una ventana románica sencillísima, con arco de medio punto, sin arquivoltas, decorado con molduras muy leves de bocel y dientes de lobo.

Capiteles de la ventana interior del ábside

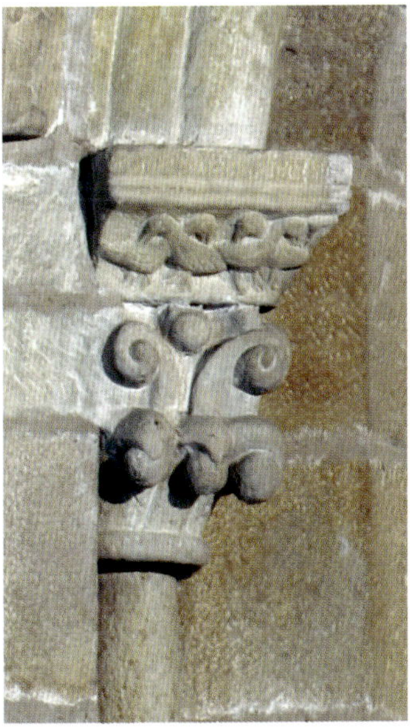

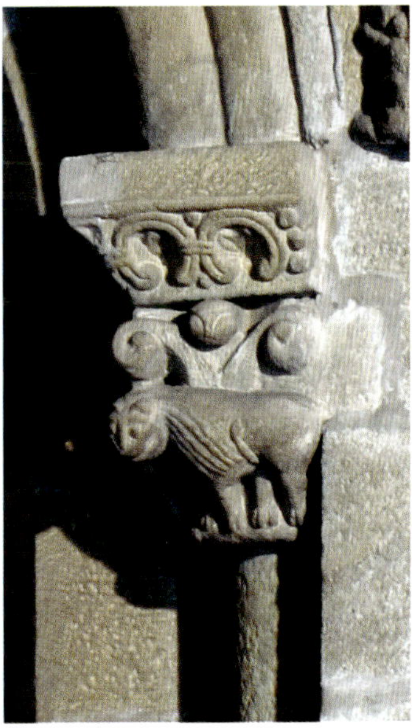

La inscripción de consagración

Todavía antes de salir es conveniente que busquemos en un sillar de la puerta occidental la inscripción de la consagración del templo, que está profundamente desgastada y en la que hemos podido leer que la iglesia está consagrada a los santos Cosme y Damián:

ISTA EC(LES)IA CONSEC(RA)TA E(ST) / IN HONORE S(ANC)TORUM: COSM(E) ET DAMIANI

Pero no hay referencia ni al nombre de quien la consagró ni a la fecha de consagración, aunque, emparejada en estilo a Castañeda y Santillana, parece que pudo construirse, como ya dijimos, en la primera mitad del siglo XII.

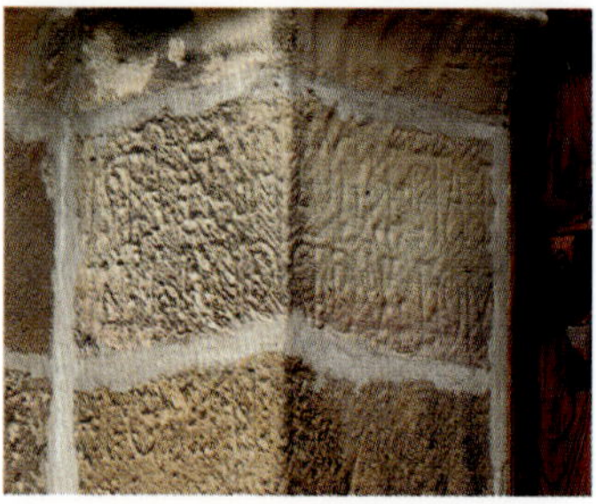

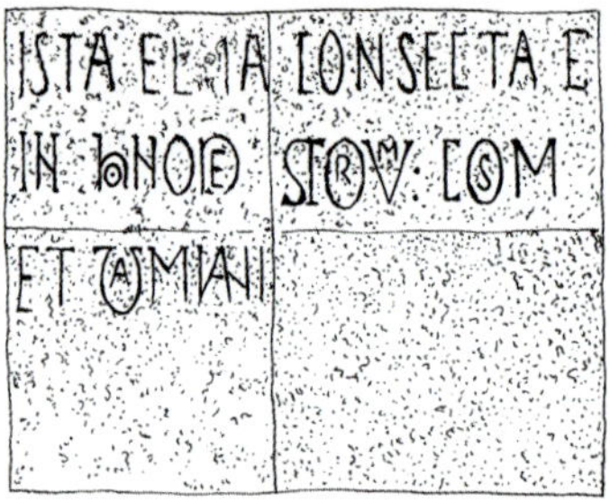

Sillar con la inscripción y su transcripción

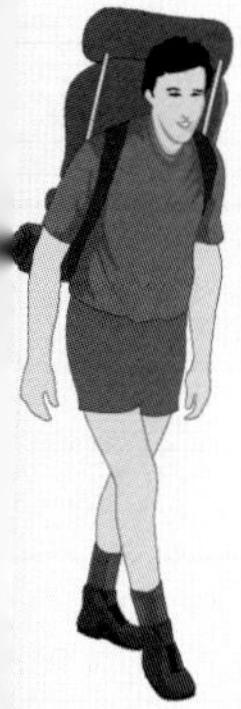

Final de la visita

Todo el pueblo se merece que lo paseemos con calma. Por muchos de sus rincones ha dejado huella el arquitecto Javier González Riancho, con su estilo regionalista, y en cada una de sus casas podemos descubrir detalles que mezclan el gusto rural con la utilidad.

Si lo que pretendemos es dar un largo paseo, podemos seguir la senda de la calzada romana, transitable en el tramo de cinco kilómetros que une Bárcena con Pesquera, y que salva un desnivel de cuatrocientos metros con una pendiente casi constante del 10%. Ésta es una de las marchas más atractivas de la muchas que se pueden hacer por Cantabria.

Pero si lo que prefieres es enfrentarte a retos más sencillos, te recomiendo que dirijas tus pasos a la ribera del río, por un entorno de sombra y frescor, por la que podrás pasear cómodamente por una senda siempre bien cuidada.

Si quieres seguir descubriendo las huellas del arte románico en este ayuntamiento de Bárcena de Pie de Concha, a pocos metros de aquí se levanta la iglesia de Santa María de Roimbre, con vestigios románicos en la portada y en la pila bautismal. En Molledo puedes visitar la interesantísima ermita de San Lorenzo, trasladada a una finca particular desde Pujayo, humilde en su tamaño pero grande en restos artísticos. Y la parroquial de San Martín, en Pujayo, que conserva una pila bautismal de época románica.

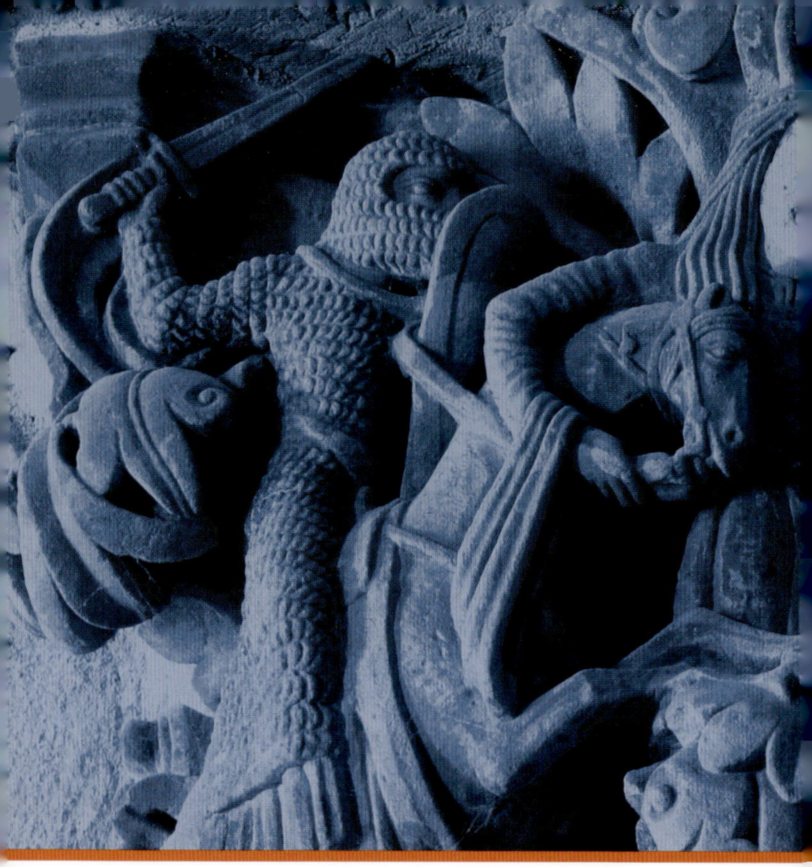

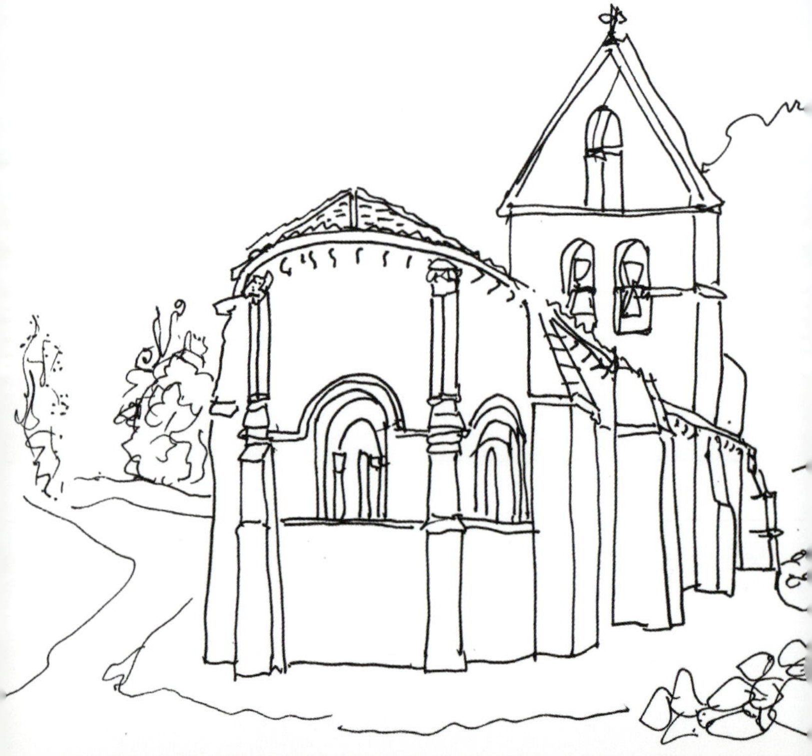

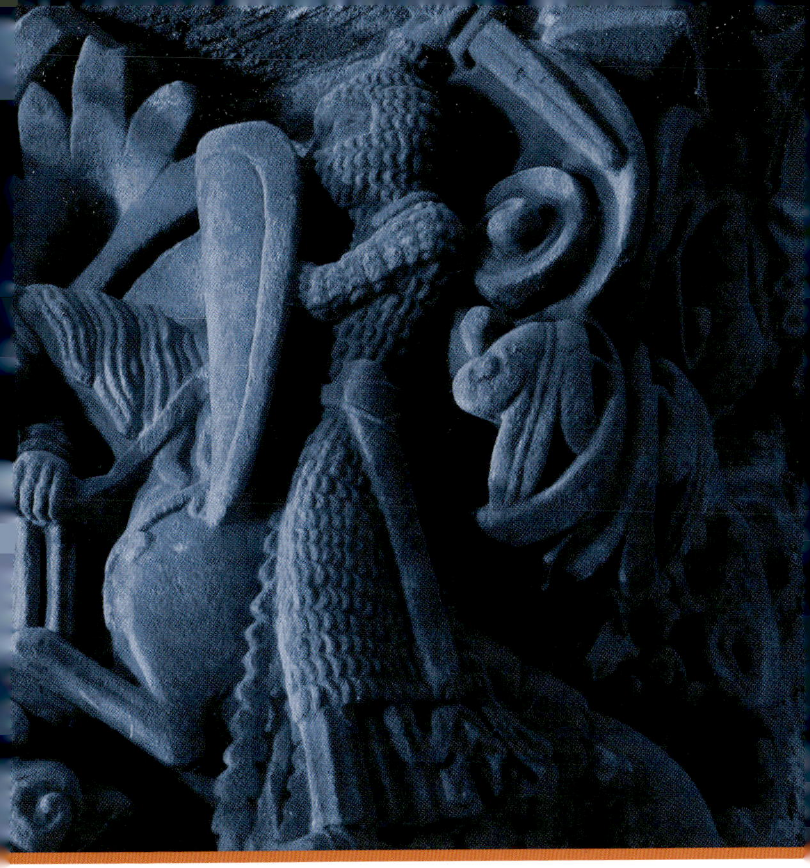

Retortillo

Iglesia de Santa María

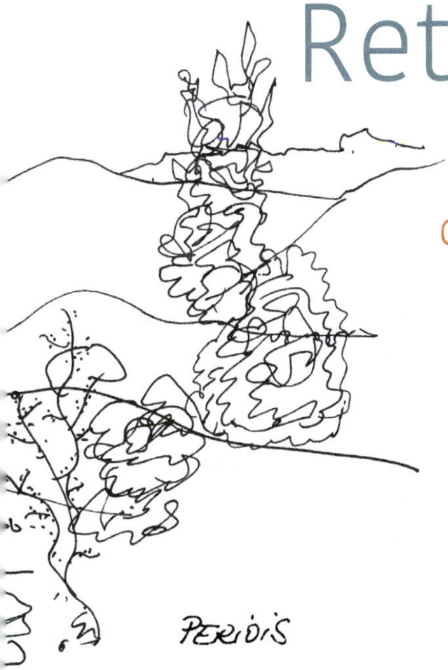

Retortillo

Para llegar a Retortillo dejamos la autovía de la Meseta a la altura de Reinosa y tomamos la carretera autonómica 732. En un desvío a la derecha –tras pasar por Bolmir– encaramos la autonómica 730, que nos deja al pie de la loma en cuya cima está la iglesia de Santa María. Desde sus 912 m de altitud hay una vista privilegiada de todo el valle de Campoo de Suso y de las sierras circundantes, con la ciudad de Reinosa al fondo (apenas a cinco kilómetros), que es el eje económico de la zona.

Antes, nada más comenzar la subida hacia Retortillo, he visto en los prados las excavaciones que están dejando al descubierto los restos de la ciudad cántabro-romana de Juliobriga, sobre cuyas ruinas se instaló una necrópolis en la Alta Edad Media y la propia iglesia de Santa María.

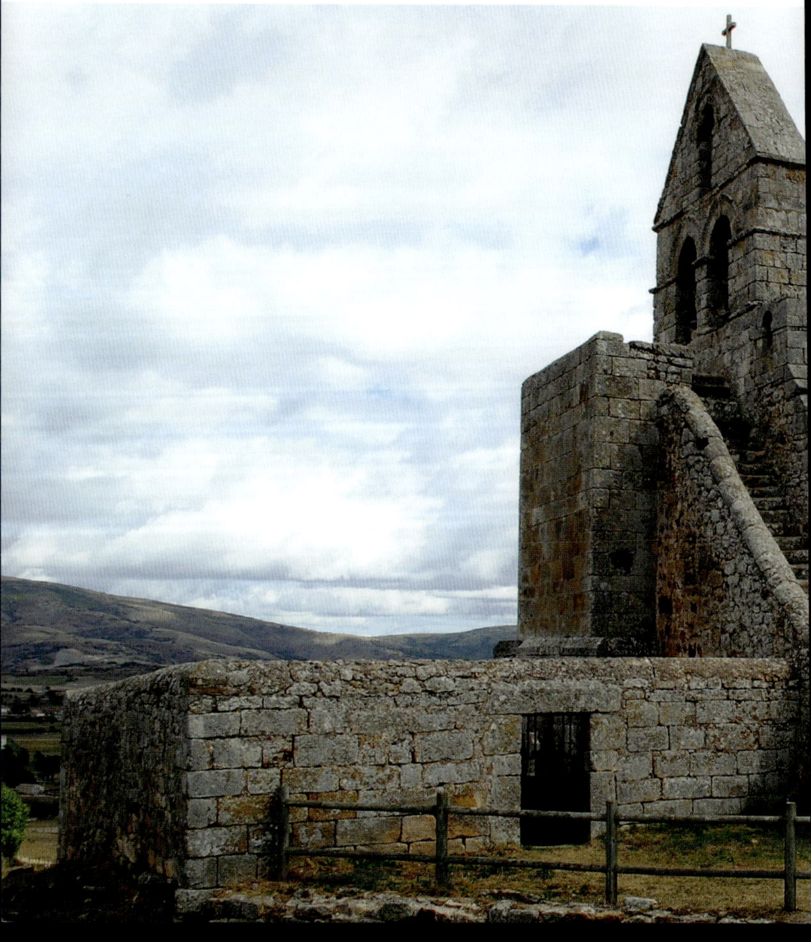

Estoy pisando –estamos pisando, si ahora me acompañas– un trozo muy importante de la historia de Cantabria. En el museo que hay junto al aparcamiento donde dejo mi vehículo –la *Domus de Juliobriga*– nos pueden informar de todo. Lo dejamos para más tarde. Lo prioritario es visitar el edificio que tenemos frente a nosotros, declarado en 1993 Bien de Interés Cultural con categoría de Monumento.

Como el altillo del aparcamiento es idóneo para tomar fotos con una vista general de la iglesia y de su entorno, coloco el objetivo más propicio y comienzo a disparar. Desde este ángulo tengo una visión seductora del campanario. Parece que me reta a subir por sus desiguales escaleras para que me asome al paisaje desde su atalaya.

En algún momento de la visita tendremos que animarnos y hacerlo.

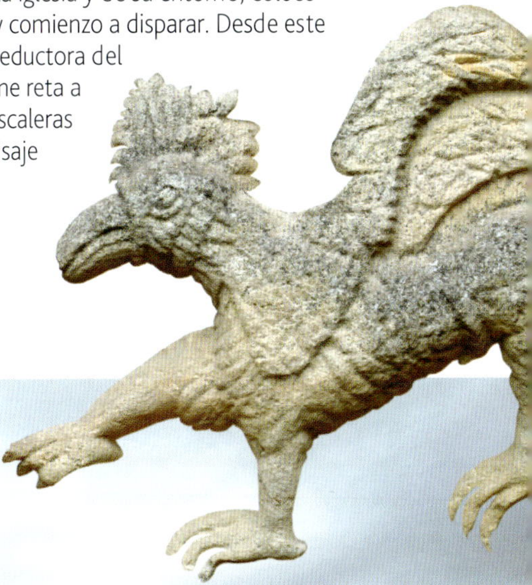

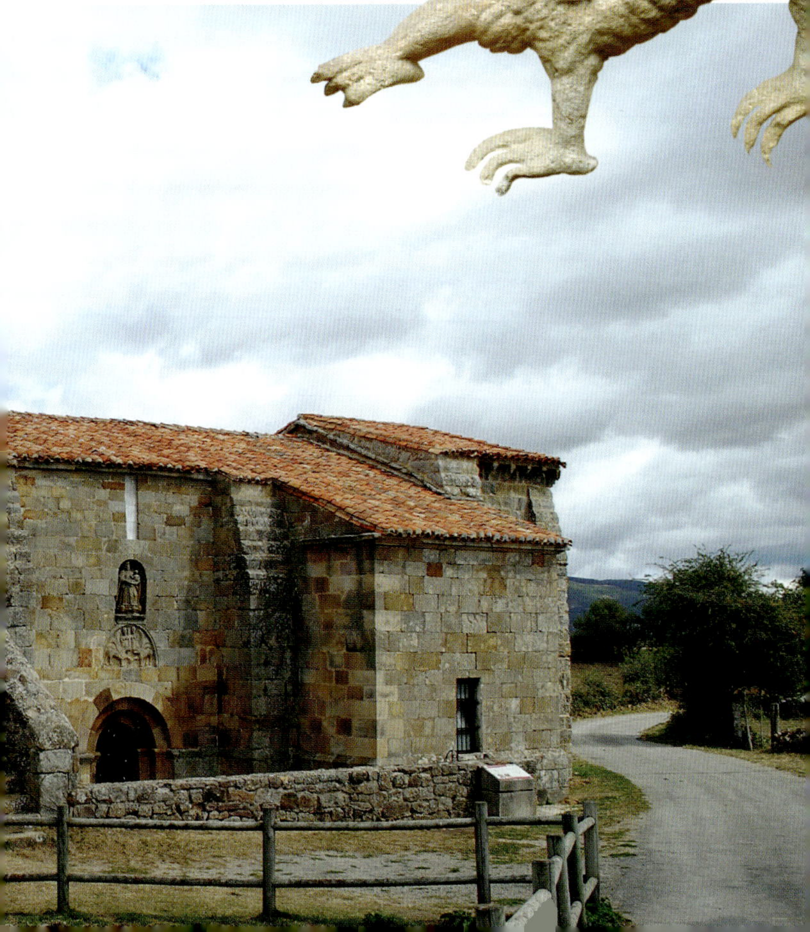

Iglesia de Santa María

Este edificio, de una sola nave rematada al Este por un ábside semicircular, ha llegado hasta nosotros conservando toda la belleza de su traza románica. Según avanzamos hacia él, vemos en primer lugar la pequeña puerta del lado sur, con tres sencillos arcos de medio punto que descansan sobre cimacios decorados con nidos de abeja. Sobre ella se encuentra la parte más llamativa de esta fachada, un tímpano colocado fuera de contexto que acaso pudo pertenecer a la puerta del lado oeste, ahora oculta por la escalera que da acceso al campanario. Está decorado en su parte baja con las figuras de un grifo y un león alado, que parecen amenazarse, a punto de comenzar la lucha. Tras ellos,

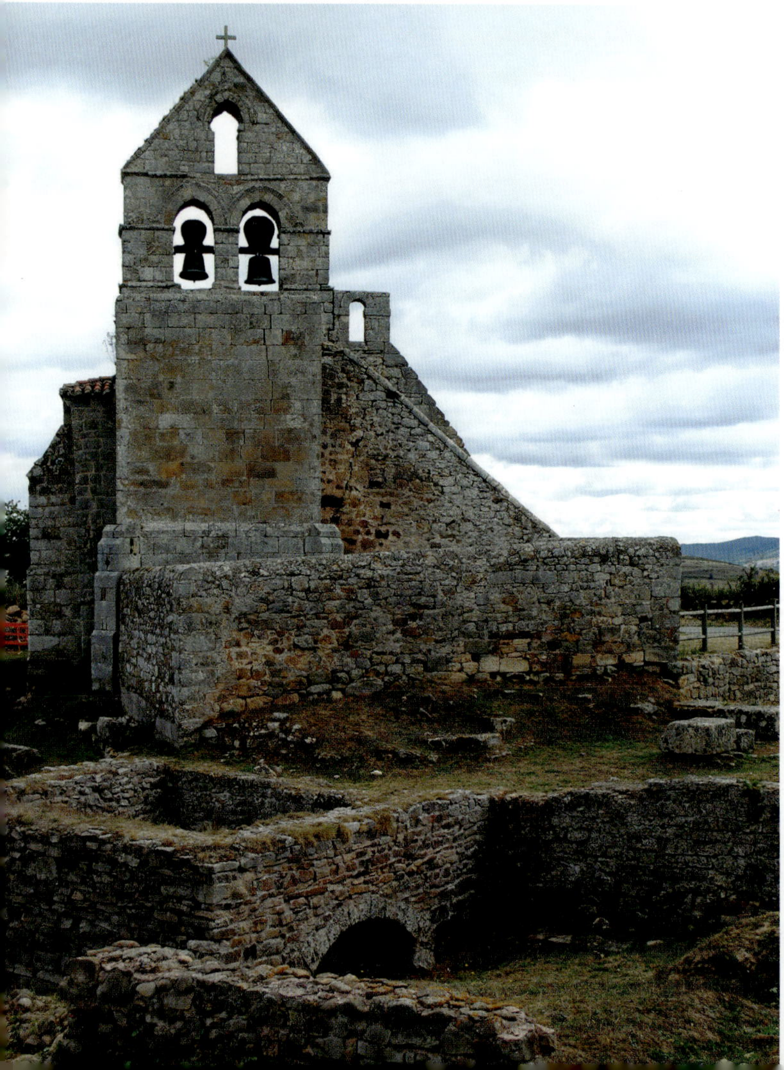

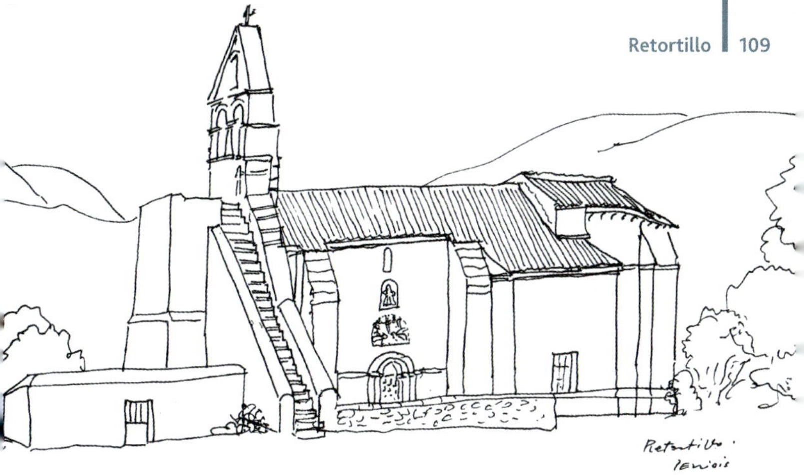

en un plano superior, dos ángeles portan a cuatro manos una cruz latina. La talla de la Virgen que está sobre el tímpano, como bien puedes ver, no es románica.

Siguiendo por el lado sur, lo más relevante que nos encontramos son los siete canecillos de la cornisa del presbiterio, los únicos que, muy desgastados, se conservan en esta fachada. A continuación, tras un potente contrafuerte de separación, está el ábside semicircular, con tres calles verticales y dos horizontales. En cada calle vertical hay una ventana de derrame pronunciado, las de los laterales con arcos sin columnas y la central con dos columnas rematadas con capiteles de motivos de animales. El capitel del lado izquierdo muestra dos animales en postura rampante; el del lado derecho, dos gallináceas que juntan sus picos. En lo alto de la cornisa hay doce canecillos muy erosionados y dos capiteles que se sustentan sobre columnas dobles. El alero del presbiterio del lado norte tiene seis canecillos.

No he seguido avanzando por el resto de esta parte norte, en cuyo muro distingo perfectamente los ocho canecillos de la cornisa y los dos potentes contrafuertes de la fachada, porque unos jóvenes

Tímpano

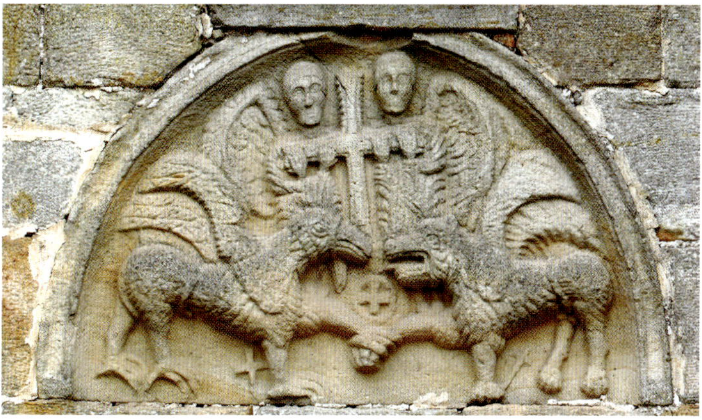

arqueólogos están excavando en ese lateral para sacar a la luz tumbas medievales.

No quiero interrumpir su trabajo, y decido seguir haciendo fotografías por esta parte del edificio.

Cuando termino, y antes de entrar a la iglesia, me animo a subir a lo alto del campanario.

Anímate tú también. Vamos con cuidado, que ya ves que los escalones están muy desgastados y son bastante irregulares.

Desde lo alto –incluso en verano corre un viento fresco– podemos disfrutar de un paisaje montañoso que en los llanos ya anuncia los primeros colores mesetarios. Y también podemos

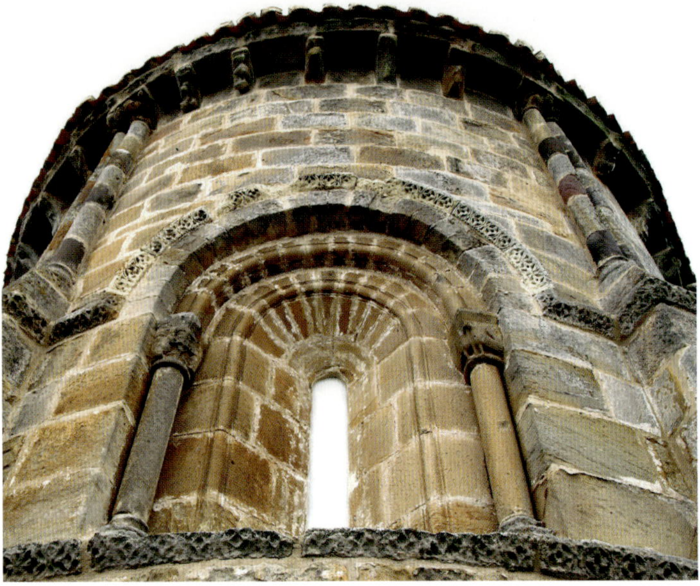

Vista de la calle central del ábside

Capitel izquierdo. Ventana central del ábside

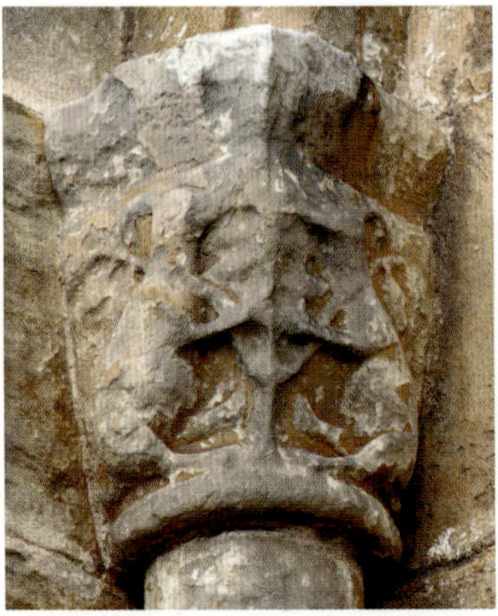

Capitel derecho. Ventana central del ábside

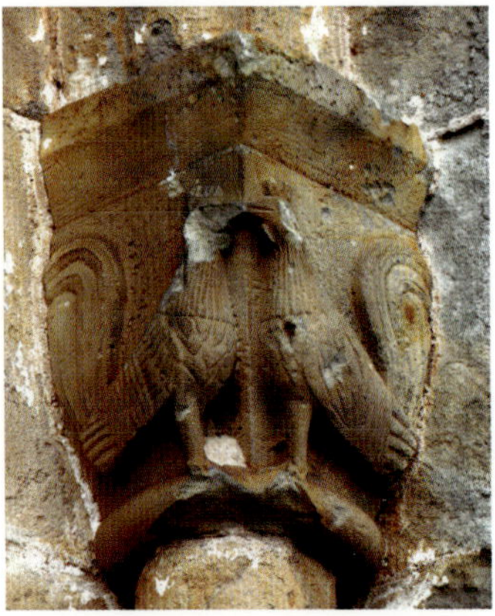

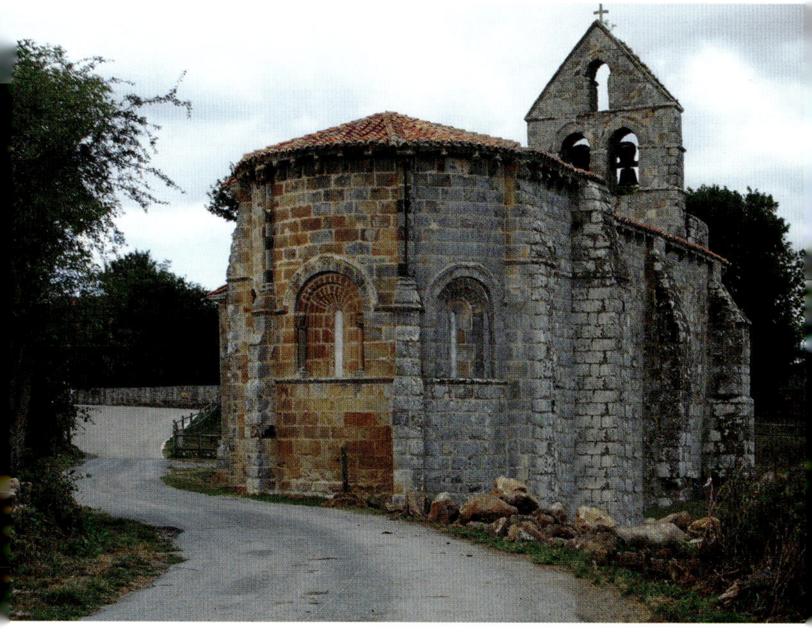

ver bien de cerca las tres troneras del campanario, dos en la parte inferior, y una de menor tamaño en la superior.

El interior

Cuando pasamos el umbral de la puerta meridional nos atrae la visión del ábside a nuestra

Portada interior en el muro occidental

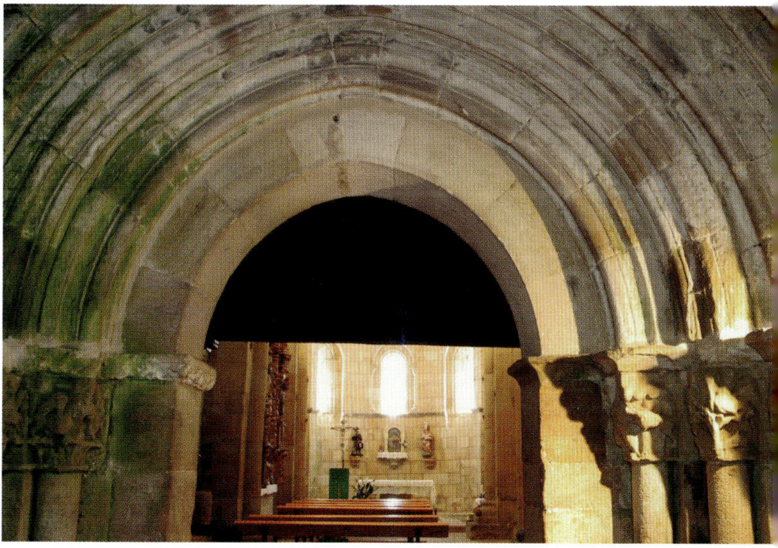

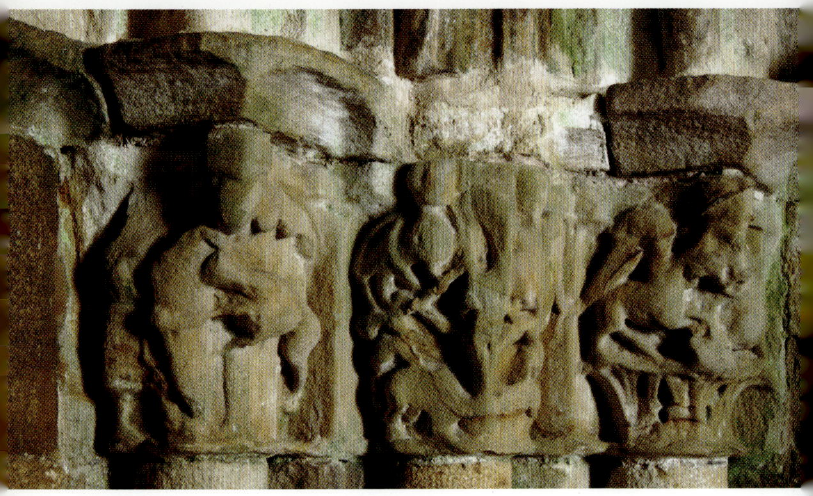

Capiteles del lado derecho de la portada interior

derecha. Pero voy a pedirte que no avances todavía hacia él. Vamos al lado opuesto en busca de la puerta principal, oculta por fuera, como te anuncié, por la escalera del campanario por la que acabamos de bajar. Antes de llegar a ella pasamos ante una sencilla pila bautismal románica, alzada sobre un círculo de piedras. Esta puerta es la más solemne. Tiene una embocadura con arco ligeramente apuntado y tres arquivoltas superpuestas que descansan sobre tres capiteles a cada lado. Los capiteles están muy desgastados, pero deseosos de mostrarnos su empaque antiguo, antes de que quedaran condenados a la oscuridad de este recinto ciego.

El ábside

Si volvemos hacia la luz de la cabecera, podemos apreciar, antes de llegar a ella, que la nave ha sido rehecha en algún momento en su cubierta y en los muros. El ábside, sin embargo, conserva su obra románica, con bóveda de horno que se apunta en el presbiterio. Las tres ventanas

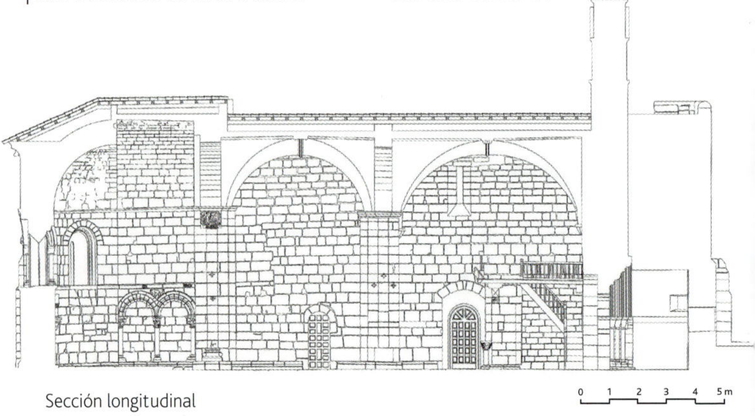

Sección longitudinal

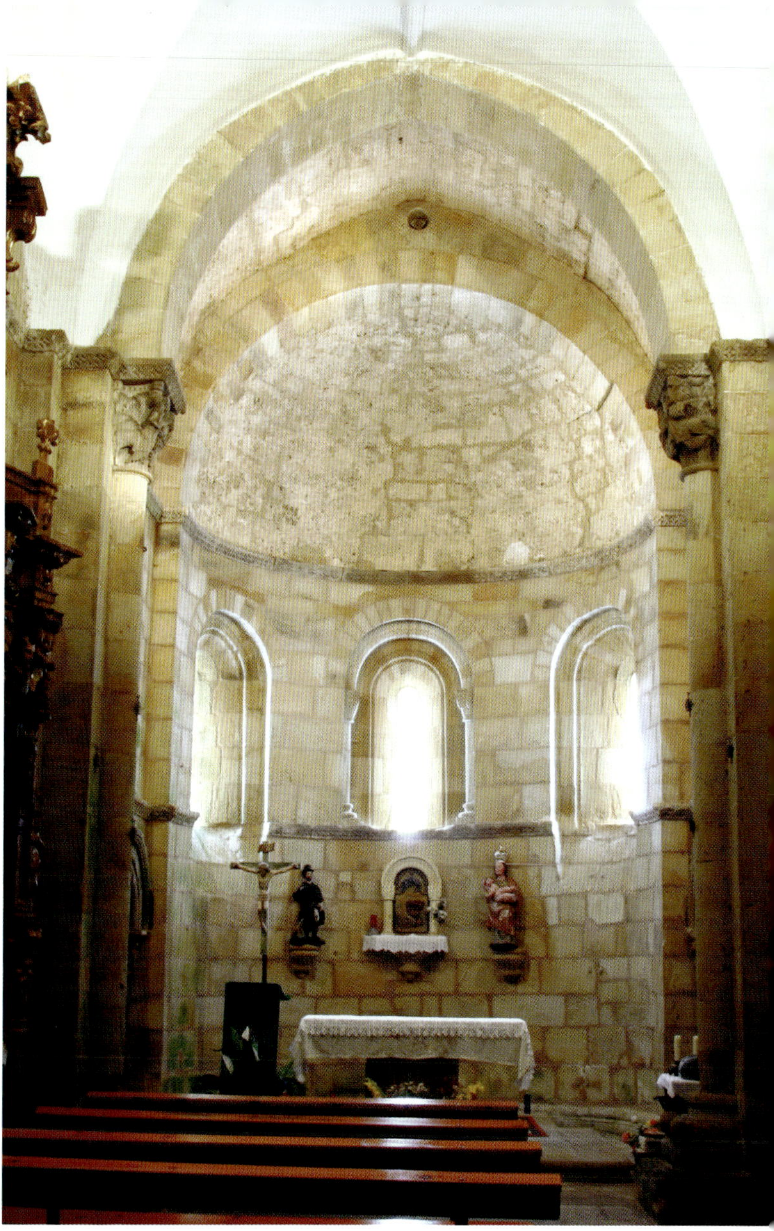

que vimos exteriormente tienen su réplica aquí adentro. Igual que allí, están abocinadas, y sólo la central tiene columnas rematadas con capiteles de motivos vegetales muy geométricos.

En el presbiterio hay dos arquerías, una a cada lado, de dobles arcos ciegos. La de la parte izquierda tiene una chambrana de billetes, en cuyo centro, donde se encuentran los arcos, hay un relieve con dos aves. El capitel izquierdo tiene en su cesta volutas planas; el capitel central, una figura humana, que puede ser una representación de Daniel en el foso de los leones; el capitel del lado derecho muestra dos grifos que juntan las cabezas.

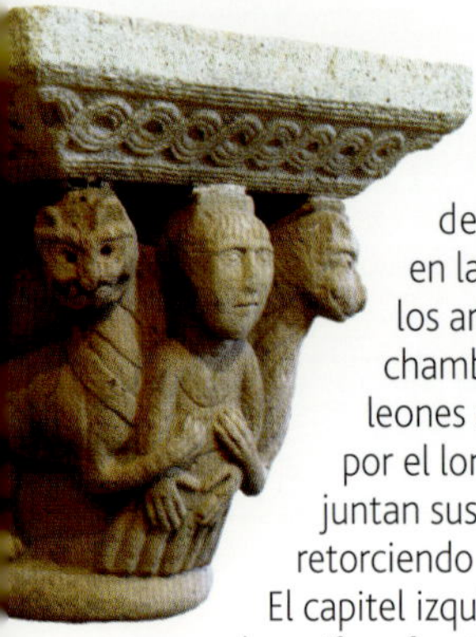

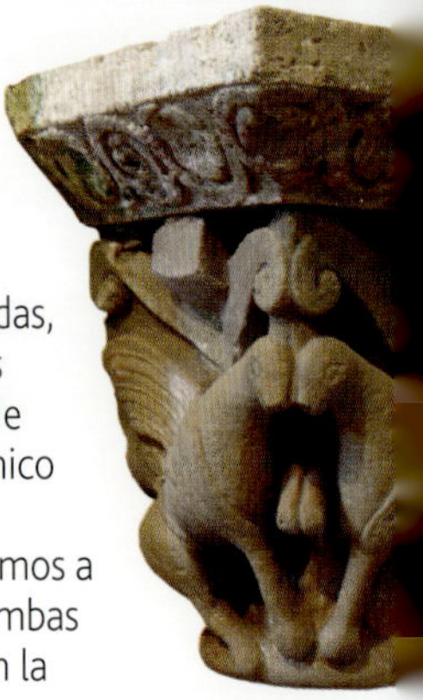

La arquería de la parte derecha tiene, en la unión de los arcos de la chambrana, dos leones opuestos por el lomo que juntan sus cabezas retorciendo el cuerpo. El capitel izquierdo tiene dos grifos afrontados; el capitel central tiene tallados animales muy extraños, algunos abrazándose y otros en postura rampante; el capitel derecho es de bolas con caperuzas.

Pero lo más llamativo de esta cabecera está en lo alto del arco triunfal. Los capiteles que lo rematan son, sin lugar a dudas, los más bellos y dinámicos de todo el románico regional de Cantabria. Vamos a contemplar ambas maravillas con la atención que se merecen.

El capitel del lado izquierdo muestra la lucha de dos caballeros. El de la izquierda está cubierto con casco y cota de malla, protegido con escudo y armado con una lanza que traspasa con su punta el escudo

Credencia del lado del evangelio.
Arriba, detalle de los capiteles central y derecho

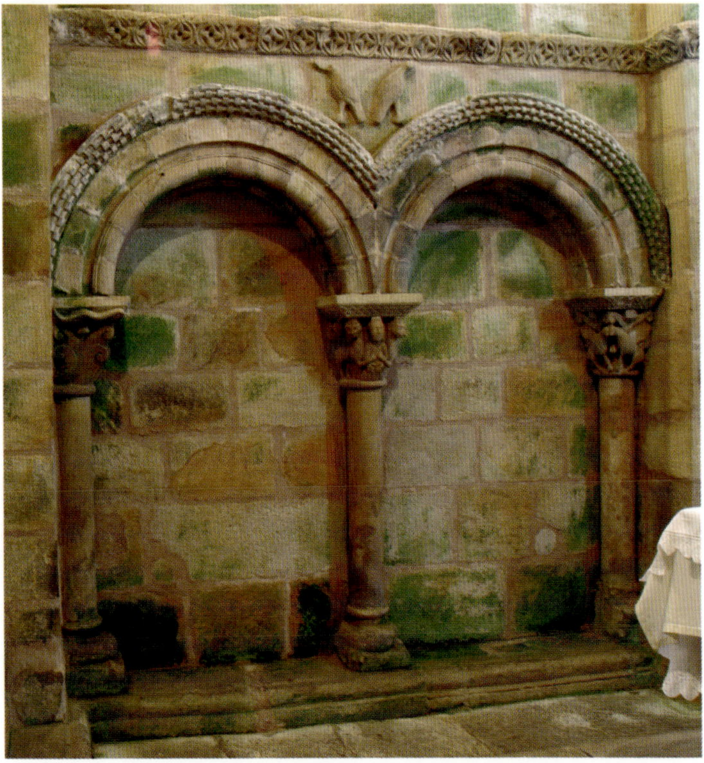

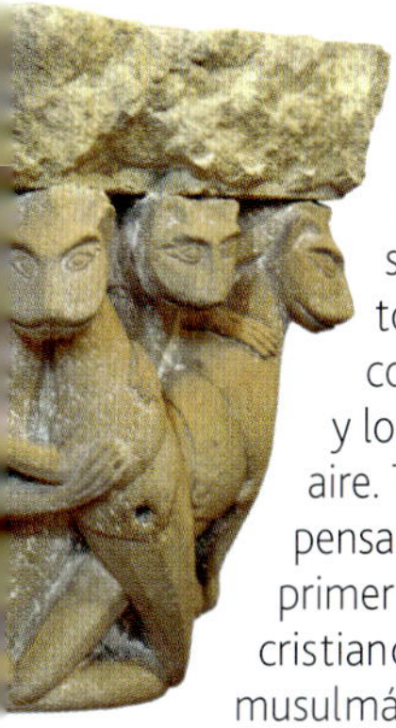

redondo del contrincante, que aparece sin casco y sin toca, solamente con una túnica y los cabellos al aire. Todo hace pensar que el primer caballero es cristiano y el segundo musulmán, y que el cristiano está a punto de vencer al musulmán, como indica la punta de su lanza que se incrusta en la rodela enemiga.

El capitel de la derecha talla la lucha de dos caballeros cristianos, con la mujer mediadora –que puede simbolizar la Paz de Dios impuesta por la Iglesia– sujetando las riendas de los caballos para intentar que no se lleve a cabo la agresión.

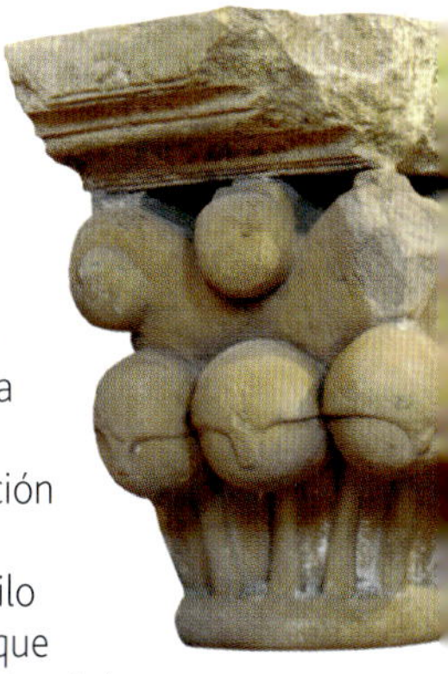

Por su perfección y calidad los hermano en estilo con los talleres que trabajaron a finales del siglo XII en el monasterio de Aguilar de Campoo y su entorno. Y hasta es posible que fueran tallados –como se supone que también pudo suceder en el caso de Piasca– en la misma cantera palentina y trasladados

Credencia del lado de la epístola.
Arriba, detalle de los capiteles central y derecho

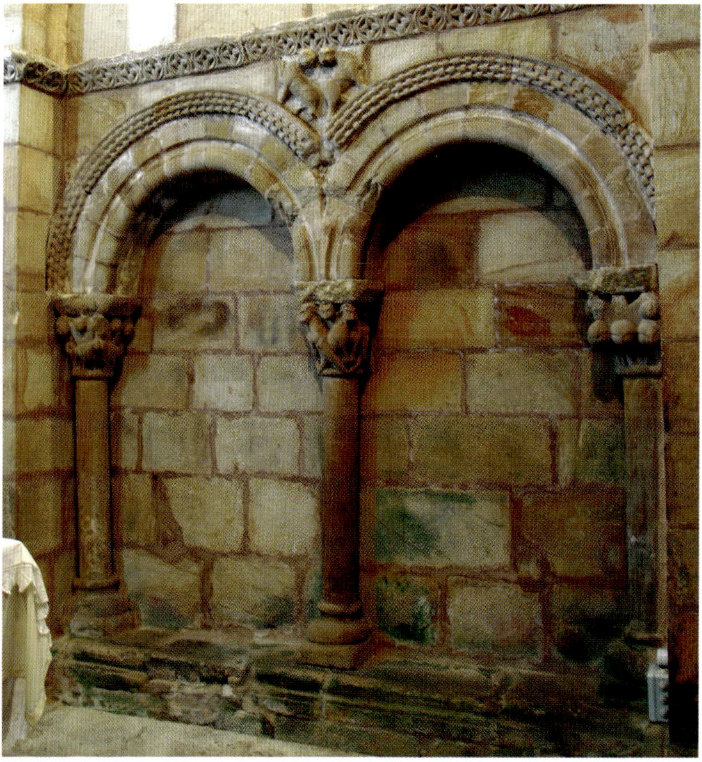

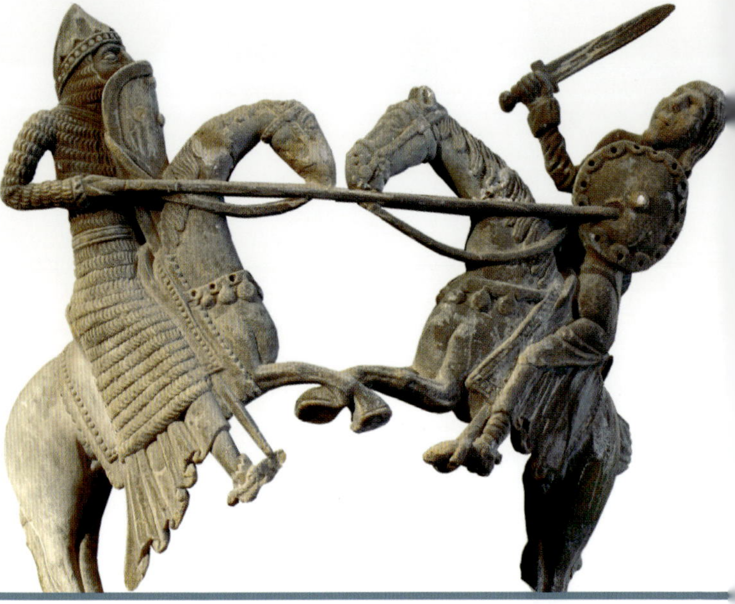

hasta aquí, bien protegidos, en carros de bueyes. En todo caso, estos capiteles –junto con los del ábside y los de la portada occidental– son tan distintos del resto de las tallas de la iglesia que, o bien aquí trabajaron dos talleres a un tiempo a finales del siglo XII, uno mucho más artesano y popular que el otro, o bien la obra tuvo dos fases constructivas distanciadas en el tiempo y llevadas a cabo por diferentes manos.

Nunca lo sabremos con certeza. Pero, antes de seguir nuestro camino románico, permíteme que demore mi mirada en ambas piezas.

Son de tal perfección que tengo dudas de que las fotografías puedan transmitir tanta belleza.

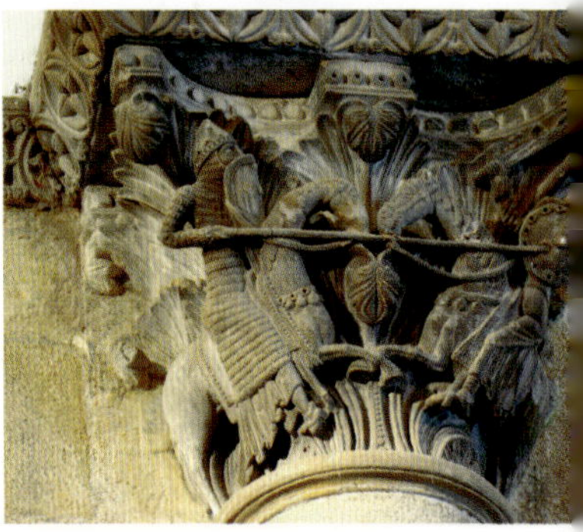

Capitel izquierdo del arco triunfal

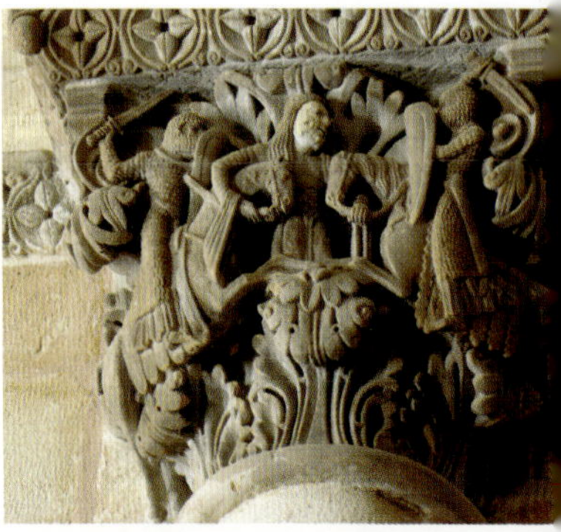

Capitel derecho del arco triunfal

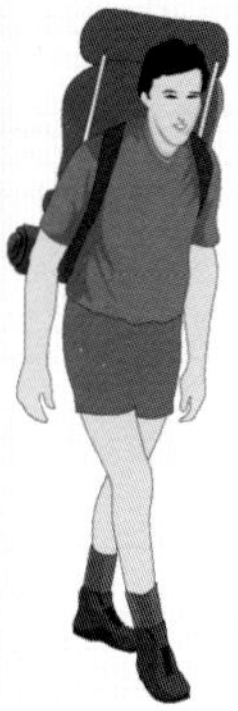

Final de la visita

Toca ahora continuar la ruta románica por estas tierras de Campoo.

Volviendo hacia la autovía emprendemos el camino que nos llevará cómodamente hacia la iglesia de San Pedro de Cervatos, cercana al puerto de Pozazal, monumento donde el arte erótico se muestra sin tapujos en las figuras exteriores de capiteles y canecillos.

Pero primero la parada en la población de Bolmir resulta obligada. La iglesia de San Cipriano –que se levanta en el centro del núcleo urbano–, pese a las transformaciones que ha tenido a lo largo de su historia, mantiene una indudable unidad de estilo y de época. Y me parece factible que en ella trabajaran algunos de los maestros de Cervatos, porque tiene muy parecidos rasgos escultóricos y temáticos.

Gran parte de lo que podemos ver en ella, sobre todo por el exterior, es anticipo, a modo de aperitivo, del festín que nos aguarda en Cervatos.

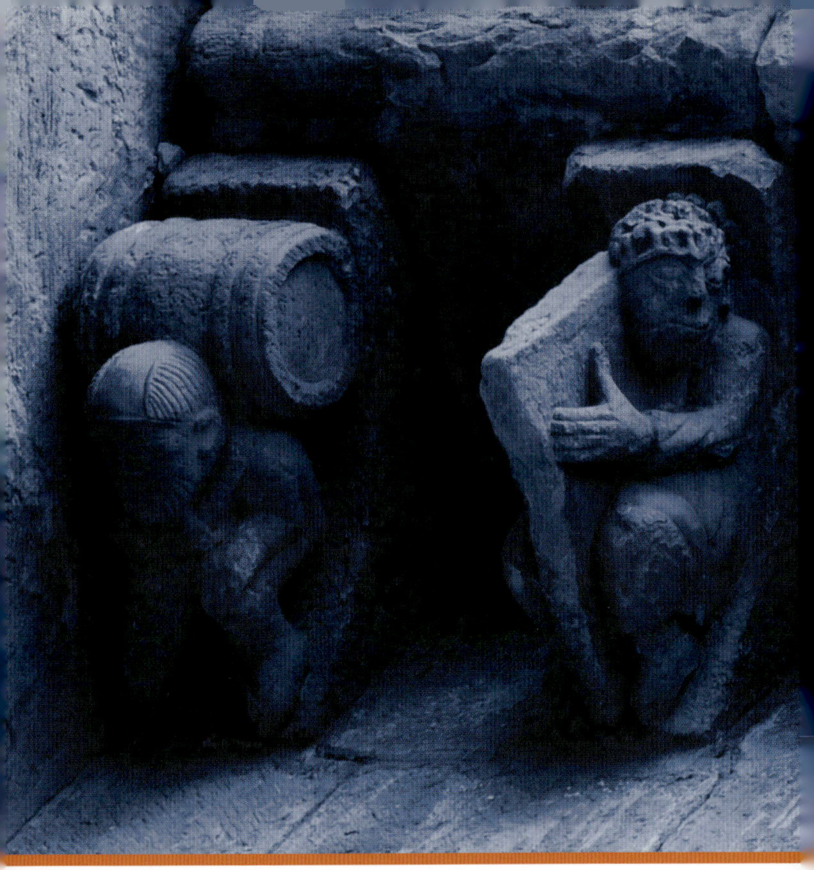

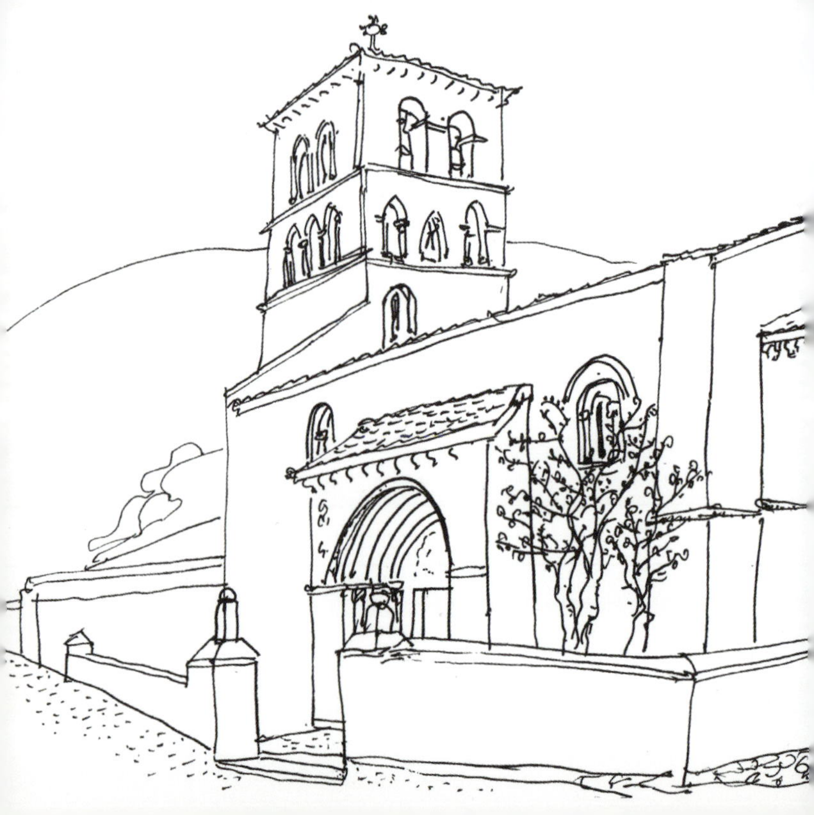

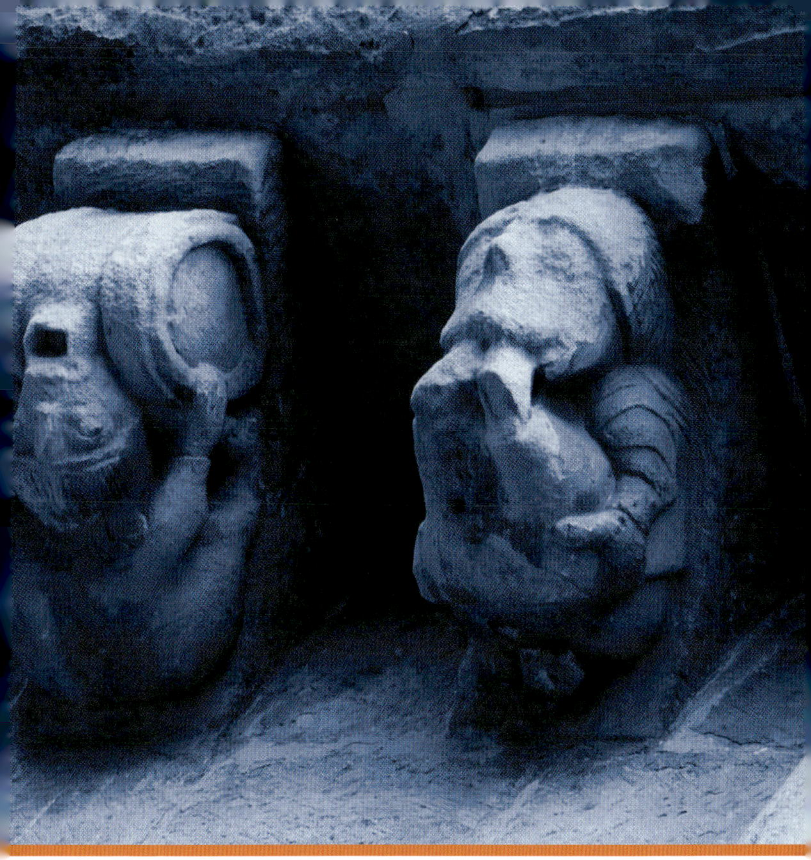

Cervatos

Iglesia de San Pedro

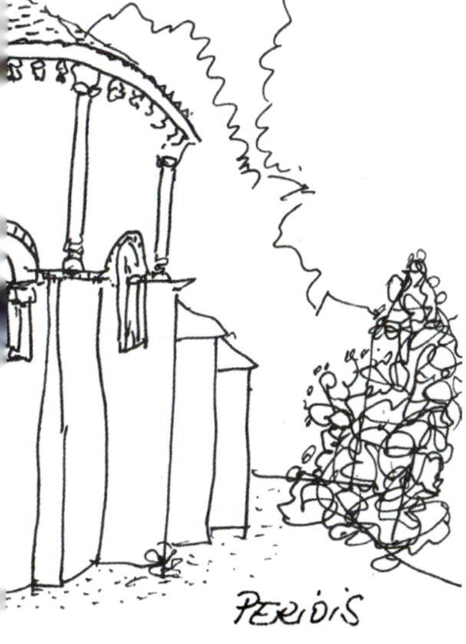

Cervatos

El monasterio de Cervatos fue levantado –terminando el siglo octavo o a comienzos del noveno– en el lugar por donde la sierra del Hijar suaviza su altura y ofrece un paso más cómodo por el puerto de Pozazal. Esta salida ya fue elegida por los romanos, y por ella avanzaba la calzada que unía *Pisoraca* (Herrera de Pisuerga) con *Portus Blendium* (Suances) y *Portus Victoriae Juliobrigensis* (Santander), para unirse con las Galias y servirse, además, de los pescados del mar Cantábrico.

El paso siempre tuvo uso, y en la Alta Edad Media debió de adquirir mucha importancia como cierre a las posibles incursiones árabes o como apertura a la expansión repobladora cristiana.

Por eso aquí se levantó el monasterio, que pronto se convirtió en local de parada de las caballerías, punto de encuentro de los viajeros y albergue de reposo para los peregrinos.

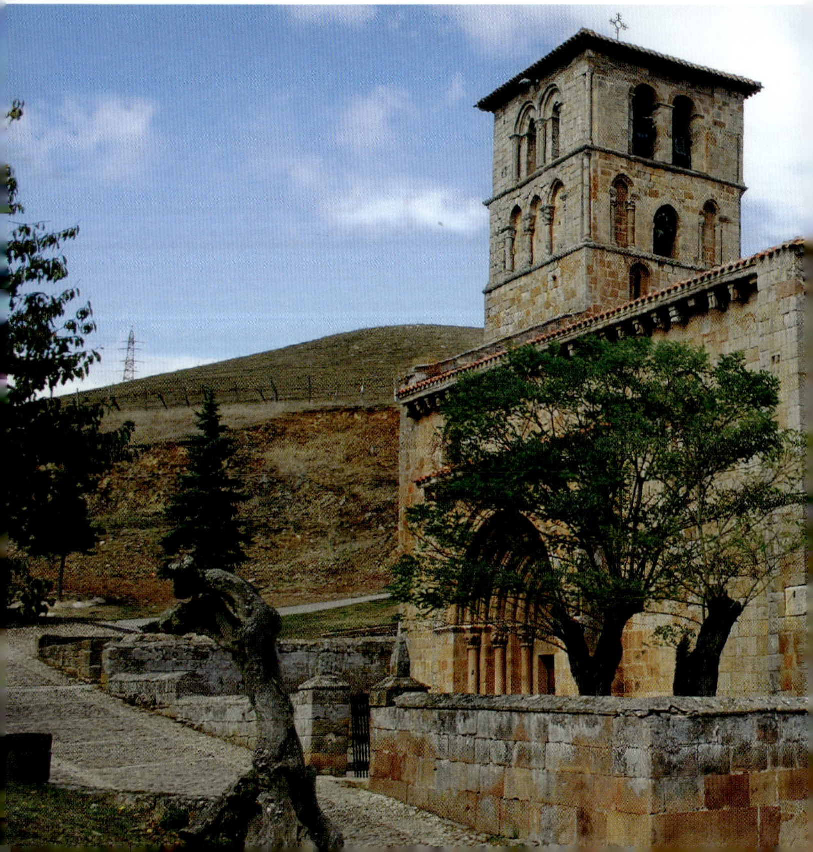

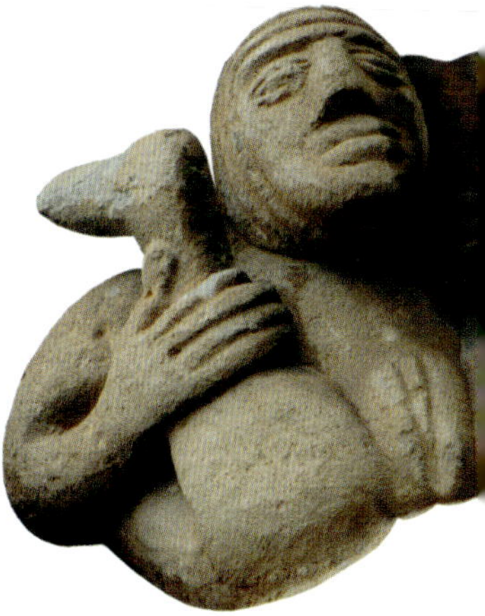

De los pocos abades de los que tenemos noticia, tan sólo se conoce su nombre. El primero, Juan, aparece citado en el año 999 y debió de tener una relación cercana con el conde Sancho García y su mujer Urraca Pérez. También pudo participar en el sepelio del primogénito de ambos, Fernando, y de Alfonso, hijo de Bermudo III. Los dos, muertos de niños, fueron enterrados en San Pedro de Cervatos.

Desde este monasterio –a lo largo de la primitiva calzada romana– se extendió un dominio que por el Norte llegaba hasta casi la costa, y por el Sur entraba ampliamente en las provincias de Palencia y Burgos. Pero el tiempo, que todo se lo lleva por delante, sólo nos ha dejado la iglesia y la torre –magníficos en su porte– de lo que pudo ser el primitivo edificio.

El conjunto alcanzó categoría de Monumento Histórico-Artístico Nacional en 1895.

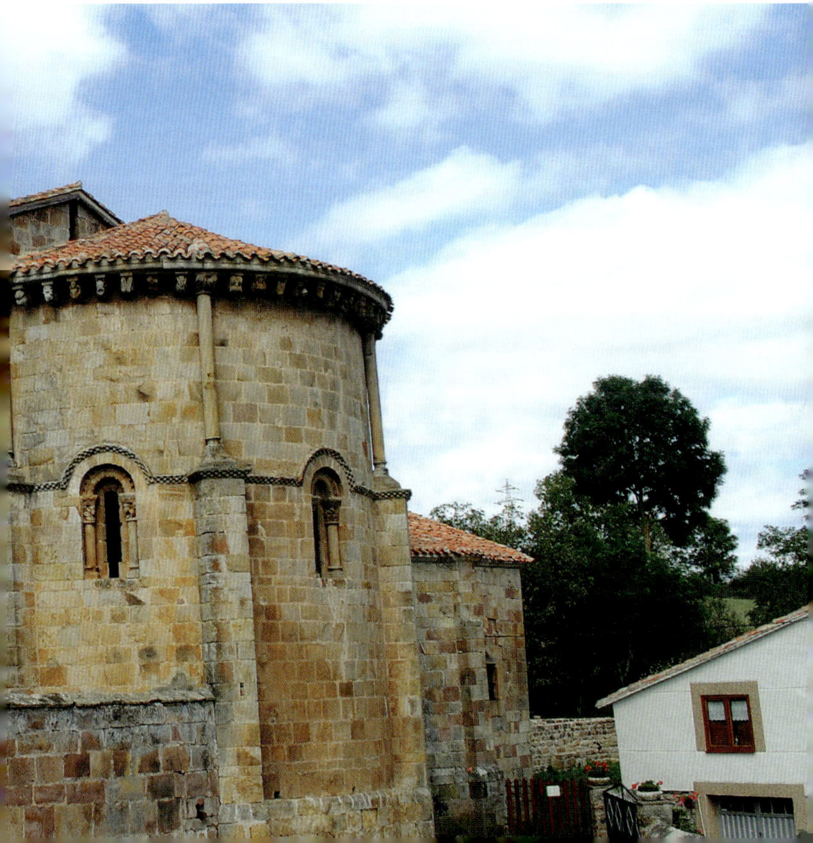

Iglesia de San Pedro

Después de recorrer las empinadas y bien arregladas calles del pueblo, se llega, al final del mismo, ante la iglesia, que mantiene su aspecto románico prácticamente intacto por el exterior –salvo la nave adosada al Norte– desde que fuera levantada en el primer tercio del siglo XII.

Aunque no tiene el aspecto monumental de las colegiatas de Santillana del Mar o de Castañeda, San Pedro de Cervatos es un ejemplar destacadísimo entre las iglesias románicas de un solo ábside, y si hubiera conservado la cubierta primitiva en su nave interior –veremos luego que por dentro sólo mantiene en estilo románico el ábside–, estaríamos ante uno de los ejemplares más relevantes del románico español.

Cuando uno llega a Cervatos, aunque sea profano en materia artística, suele estar ya informado de la magnífica colección que atesora de capiteles y, sobre todo, de canecillos con iconografía erótica. Algunos, popularmente, la consideran «la catedral del románico erótico español», y eso hace que el interés que despierta sea muy grande. Las cámaras de los visitantes siempre están apuntando aquí o allá cada detalle de la iglesia, especialmente los obscenos. Los potentes objetivos ponen al alcance de la vista los pormenores de ese mundo que los canteros modelaron, no se sabe

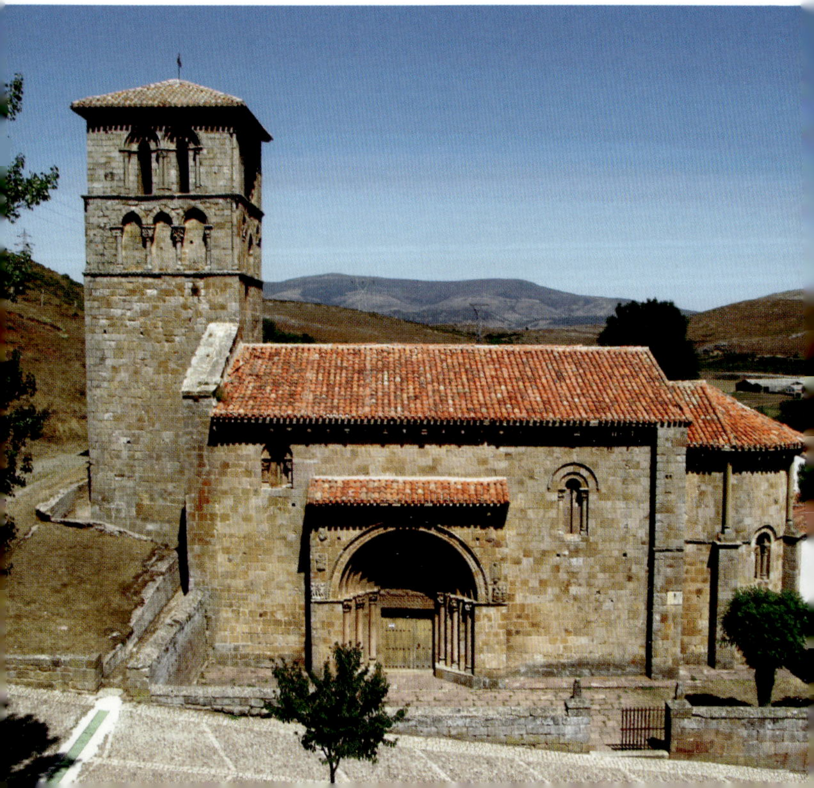

bien si para censurar el pecado, para fomentar la reproducción o porque formaba parte de la vida cotidiana de una sociedad acaso mucho más liberal de lo que siempre hemos creído. Un mundo que, afortunadamente, y a diferencia de lo que ha ocurrido en otros lugares, nos ha llegado sin más deterioro que el natural, producido por el paso del tiempo.

Te propongo comenzar la visita exterior por la torre. Subamos la pendiente, hacia el Oeste.

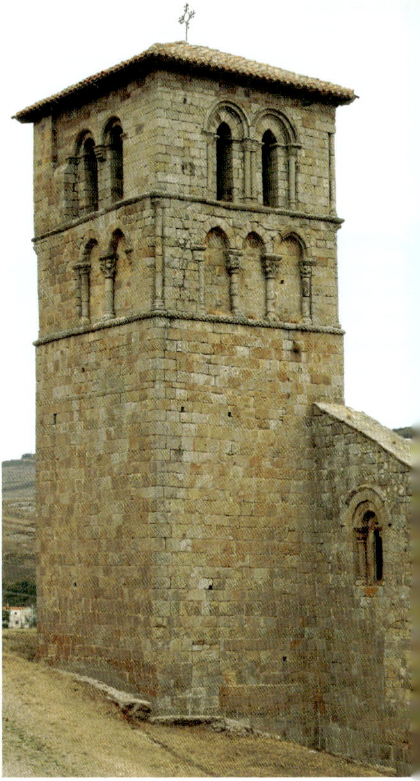

La torre

La torre es prismática y robusta, y denota por sus características arquitectónicas –arcaduras apuntadas– y decorativas –con capiteles que tienen una iconografía similar a la de los canteros que trabajaron por el norte palentino– una construcción posterior a la de la iglesia, posiblemente ya de finales del siglo XII.

Tiene tres cuerpos, el inferior con más altura y macizo, con una sola ventana sencilla en el muro oriental.

El cuerpo medio –separado del anterior por una imposta de billetes– tiene once arquerías ciegas, dos en el muro oeste y tres en cada uno de los otros lados. Apoyan en columnas y capiteles que, en algunos casos, están muy erosionados.

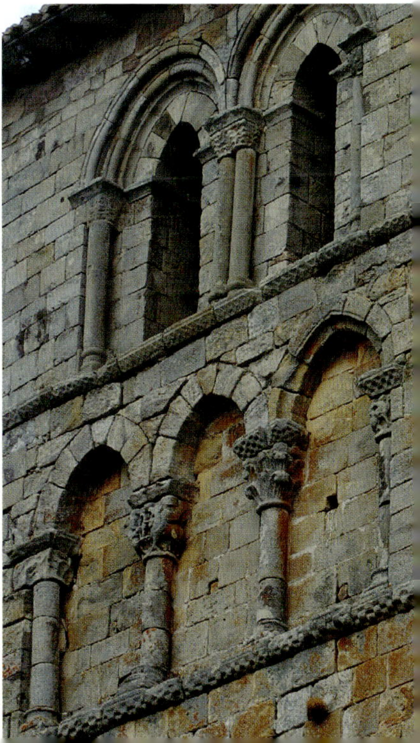

El tercer cuerpo está separado del segundo por una imposta de rombos y tiene ocho ventanas abiertas –dos en cada lado–. Las ventanas del lado oeste parecen estar modificadas, circunstancia que no ofrece dudas en las del lado este, reformadas en el siglo XVII.

Debo señalarte, antes de dejar definitivamente la torre, que sus ángulos tienen columnas, circunstancia habitual en otras torres románicas, como Santa Cecilia de Aguilar de Campoo, Santa Juliana de Santillana del Mar, Santa Cruz de Castañeda...

La fachada sur

Este lado principal del edificio es uniforme y elegante. A ello contribuyen la bien escuadrada piedra de sillería, la monumentalidad de la puerta, la presencia de dos ventanas de distinto tamaño y colocadas a desigual altura, y la cornisa soportada por veinticuatro canecillos. Nada parece haber cambiado desde su construcción, porque la restauración que se hizo en la segunda mitad del siglo xx no afectó ni a la fachada ni a ninguno de sus componentes, idénticos a los que dibujó en 1857 M. de Assas.

La puerta tiene siete arquivoltas de baquetón simple, protegidas por una chambrana de palmetas verticales envueltas en círculos de tallos. Las arquivoltas apoyan sobre un cimacio corrido que ocupa el abocinamiento del muro por completo y se apoya, a su vez, en seis capiteles muy desgastados –tres a cada lado– que muestran motivos animalísticos de parejas de leones y de aves.

Lo más llamativo del conjunto lo tenemos en la visión central, con los dinteles monolíticos y el tímpano que sostienen. El dintel inferior está tallado en sus dos caras visibles, como si el artesano hubiese sentido *horror vacui*. Tiene decoración de palmetas entrelazadas con tallos. El superior muestra tres parejas de leones, enfrentados dos a dos y unidos por las ancas y por las cabezas. El tímpano, a su vez,

Vista de la portada

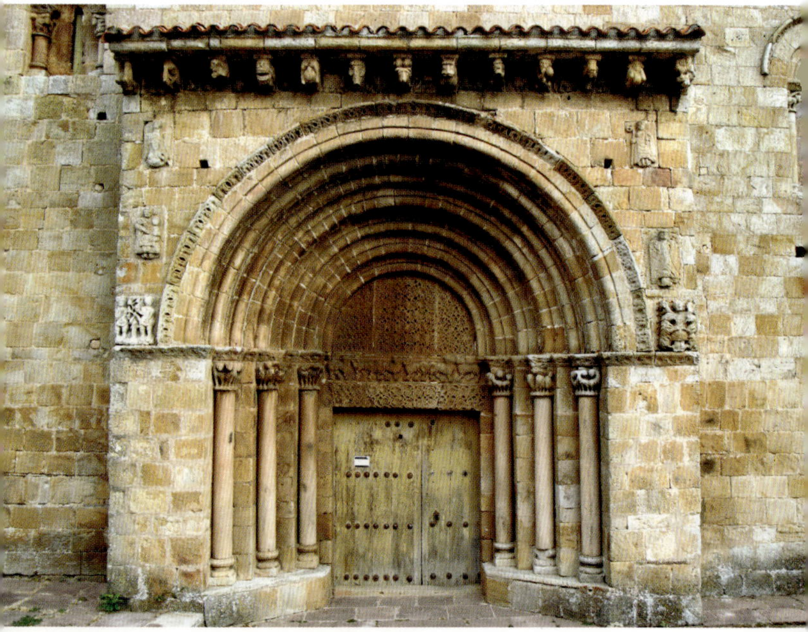

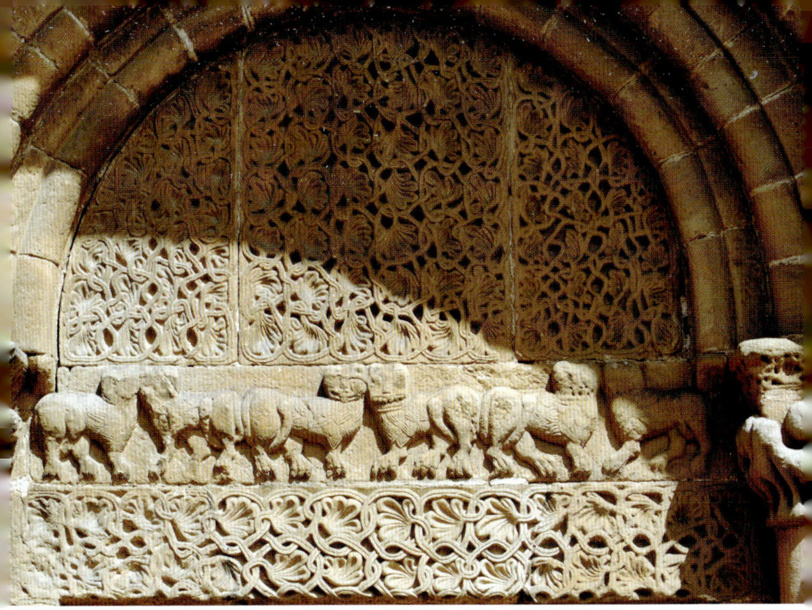

Dinteles y tímpano

tiene tres grandes piezas verticales que forman un todo, talladas con arabescos de palmetas entrelazadas que le confieren un marcado aire musulmán. Es el más llamativo del románico cántabro.

Todo el conjunto sobresale de la línea natural del muro y tiene un tejaroz sostenido por trece canecillos, varios de los cuales muestran ya temática procaz, con figuras itifálicas, en posturas impúdicas o practicando el acto sexual. Entre los canecillos hay metopas con escenas muy desgastadas. Una de las más relevantes muestra a una mujer con serpientes colgadas de sus pechos, símbolo de la lujuria.

Dentro de esa fachada, en las enjutas de la puerta, hay tres relieves muy desgastados a cada lado. Los de la izquierda representan el Pecado Original, con Adán y Eva a los lados del árbol; a la Virgen sedente con el Niño; y a san Miguel alanceando al demonio. Los de la derecha, a Daniel entre los leones; a un sacerdote con amplias vestimentas; y a san Pedro con el báculo en una mano y la llave en la otra.

A la derecha de la puerta, dos inscripciones, separadas por setenta años, señalan las fechas en las que se pudo finalizar la iglesia (1129) y la torre (1199). Y a ambos

Capiteles del lado derecho de la portada

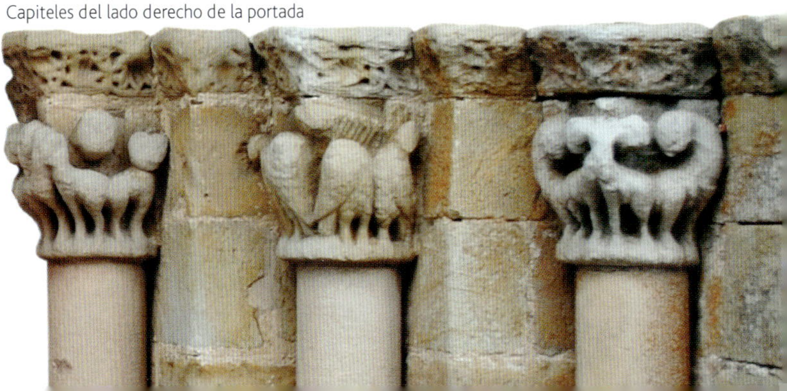

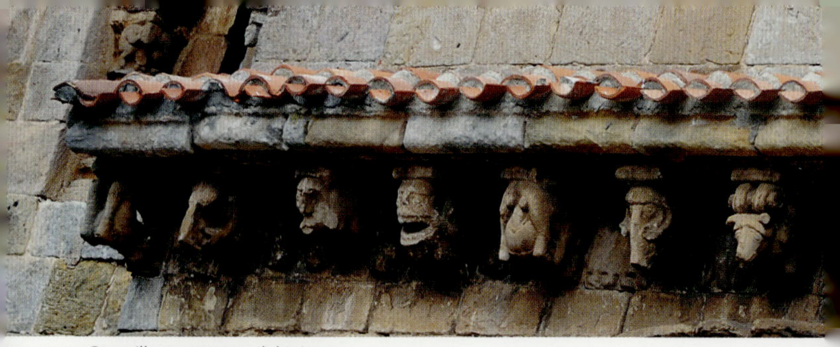
Canecillos y metopas del tejaroz

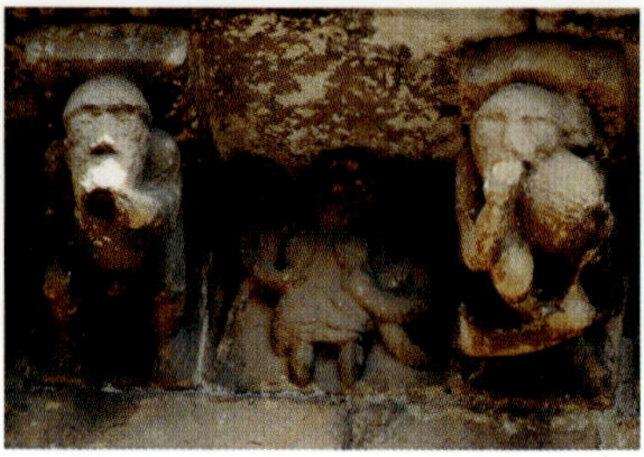
Metopa que representa la lujuria

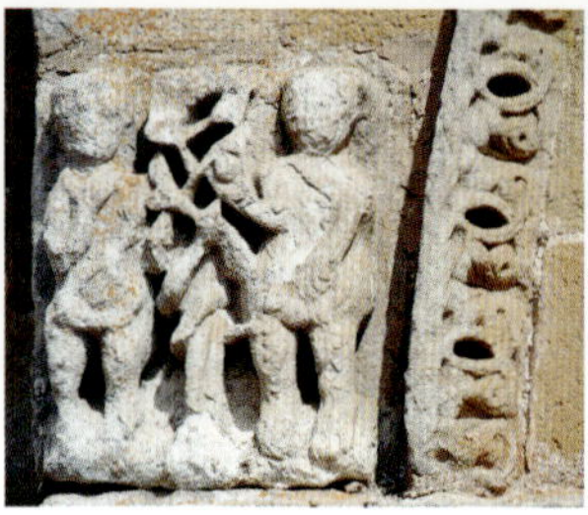
Relieve de Adán y Eva

lados, pero a distinta altura y en la fachada principal, se abren dos ventanas. La de la izquierda alcanza prácticamente con sus dovelas la línea de canecillos del alero. Es pequeña y tiene en sus capiteles, enfrentadas, dos figuras, una masculina y otra femenina, que enseñan los órganos sexuales sin pudor alguno (más desgastadas y toscas, pero en disposición similar a las que veremos luego en la ventana izquierda del ábside). La ventana de la derecha es de mayor tamaño y tiene en los capiteles animales afrontados.

Desde aquí, centrando nuestra atención en los veinticuatro canecillos de la cornisa –en los que se suceden cabezas de fieras, figuras geométricas, hombres sedentes o con instrumentos musicales o con toneles o itifálicos, una mujer pariendo...– avanzamos hacía el ábside, procurando no perder detalle del minucioso trabajo que desarrollaron los canteros.

El ábside

Un contrafuerte separa la fachada principal del ábside (conviene que te fijes en una figura tosca, que bendice con una mano y sostiene un libro en la otra, y que suele pasar desapercibida al espectador; se halla en medio del contrafuerte –acaso corresponda a san Pedro– y se ha labrado en una piedra rectangular perfectamente escuadrada).

Esta cabecera es una parte muy apreciada por los visitantes –es lo primero que demanda nuestra atención según llegamos frente al monumento por la carretera del pueblo–, y está formada por los muros rectos del presbiterio y por el semicírculo absidal, dividido, a su vez, en tres cuerpos horizontales y tres verticales.

En cada una de las tres calles del ábside hay una ventana centrada, de idéntica organización, aunque con distintos capiteles. La del lado izquierdo tiene, como ya te anticipé cuando veíamos

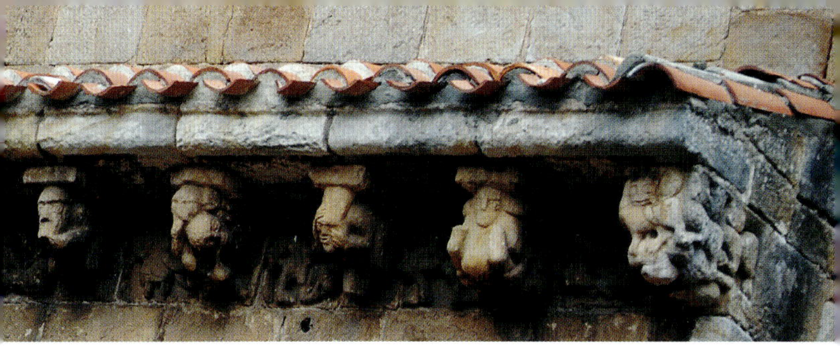

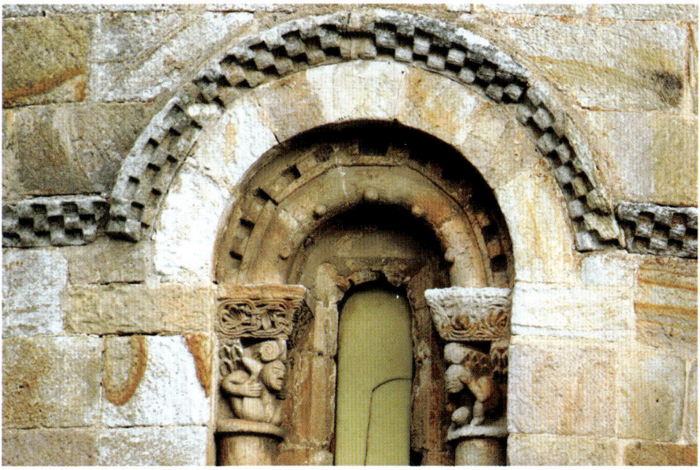

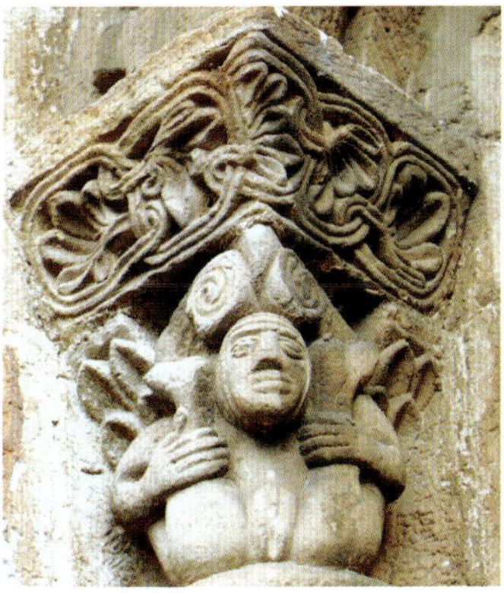

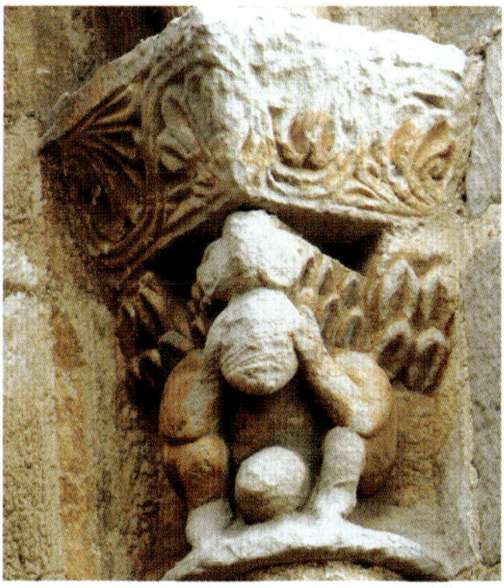

Ventana de la primera calle del ábside y detalle de sus capiteles

la fachada principal, dos figuras enfrentadas –mujer y hombre– que muestran sin recato sus órganos sexuales (la figura de la mujer se ha convertido en un icono del edificio). La ventana central tiene capiteles con motivos vegetales. La derecha muestra en sus capiteles, muy desgastados, animales afrontados y bolas sobre acantos.

En los canecillos de la cornisa de esta cabecera es donde los artistas

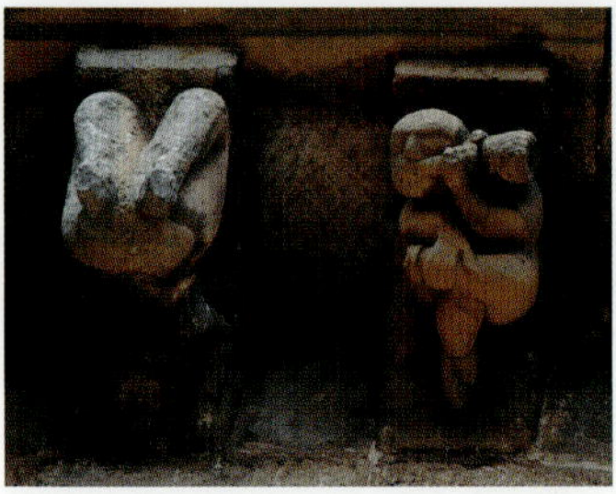

Canecillos del primer tramo del ábside

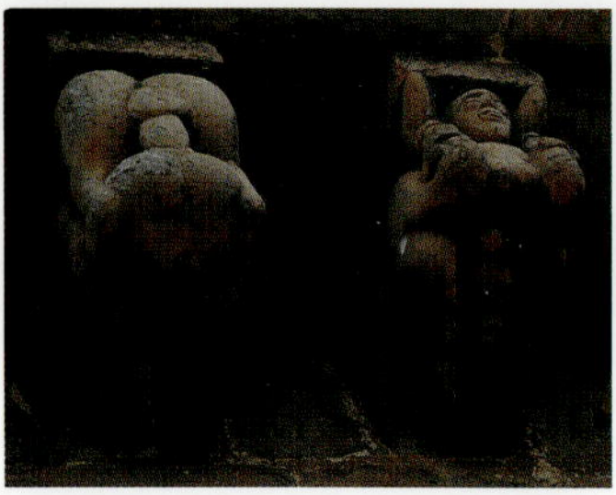

Canecillos del segundo tramo del ábside

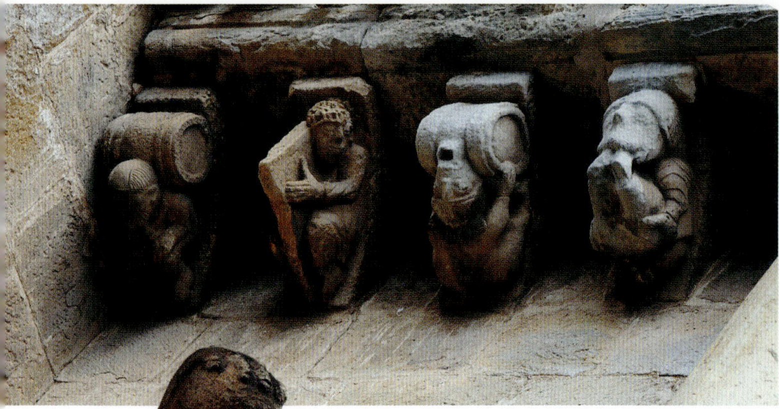

Canecillos del presbiterio sur

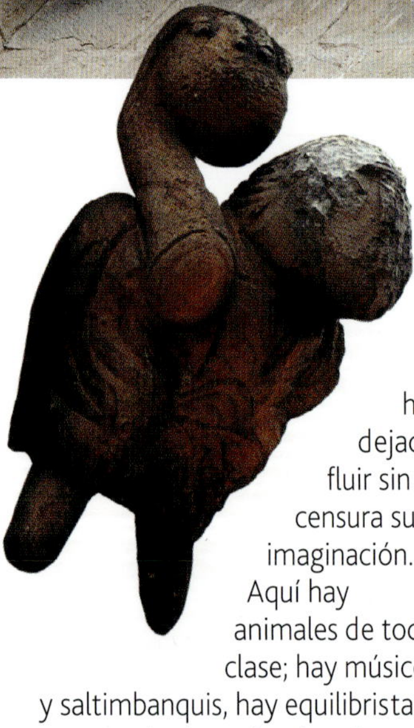

han dejado fluir sin censura su imaginación. Aquí hay animales de toda clase; hay músicos y saltimbanquis, hay equilibristas y contorsionistas; hay hombres que cargan con sus pecados; hay mujeres y hombres que muestran sus órganos sexuales, y escenas de coito, y escenas de parto, y figuras desnudas en difíciles posturas sexuales… Si por haber, hay hasta lo que puede ser considerado un jugador del juego ancestral de los bolos.

Míralos. Yo me aparto y te dejo. No voy a seguir hablándote más del edificio hasta que nos veamos en el interior.

La contemplación de este grupo de canecillos, y de los veinticuatro que hay por el lado norte, y el repaso que te recomiendo que hagas de los del lado sur y del tejaroz, según vuelves hacia la portada, bien merece mi respetuoso silencio.

Ve despacio. No tengas prisa. Te estaré esperando adentro.

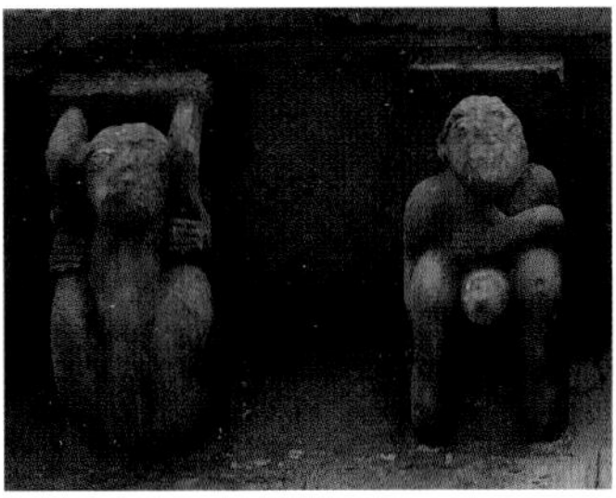
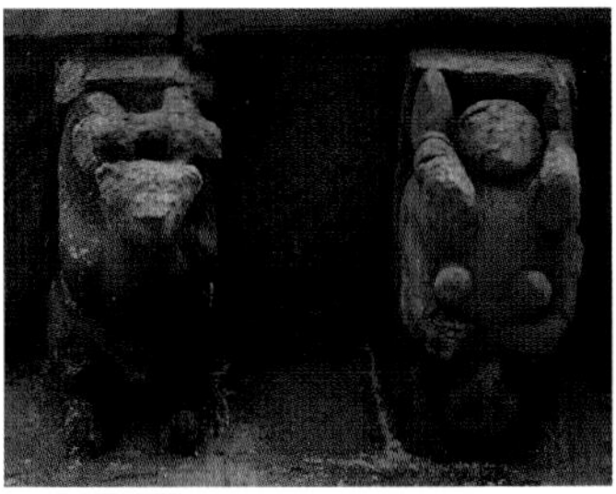

Canecillos del segundo tramo del ábside

El interior

Aquí estoy. En la cabecera. La única parte íntegramente románica del interior. Sabes bien que en este lugar no vas a encontrar temáticas como las que has contemplado afuera. Éste es terreno sagrado. Pero te aseguro que lo que vas a ver también es muy atractivo.

Si miras hacia lo alto de la nave, verás que la cubierta no es románica. Pero la de la cabecera sí, y mantiene las innovaciones que trajo este arte en la segunda mitad del siglo XII, es decir, ábsides de considerable tamaño organizados sobre una base semicircular, un presbiterio recto, tres ventanales en el segundo cuerpo, bóveda de horno en el semicírculo, de cañón en el presbiterio y arco de medio punto en el triunfal.

Precisamente vamos a posar nuestra mirada en los capiteles del arco triunfal. El izquierdo, situándonos frente al ábside, tiene diez animales, unos encima de otros, en dos y tres alturas, que se enfrentan en parejas y se abrazan con expresión humana. Por los huecos que dejan los animales hay cabecitas humanas y volutas. El derecho tiene águilas explayadas bajo ramos de palma y volutas.

Hacia el interior, también en lo alto, entre las bóvedas de horno y cañón, hay un elemento inusual en el románico: dos ménsulas a cada lado que sostienen un capitel cada una. La ménsula del lado izquierdo tiene palmetas talladas con verdadera maestría; sobre ella hay un capitel con dos águilas explayadas que tienen animales

Sección transversal

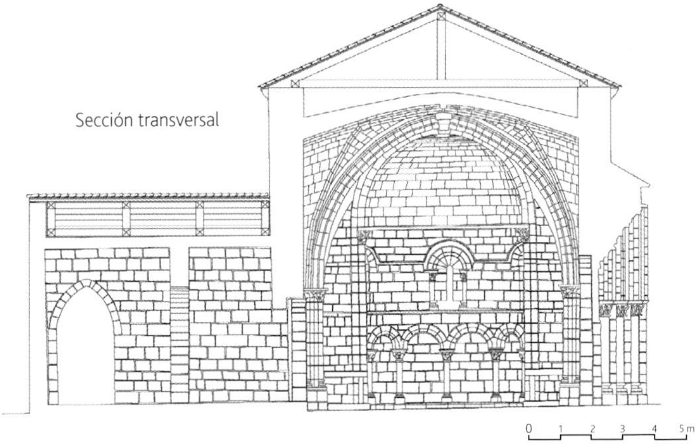

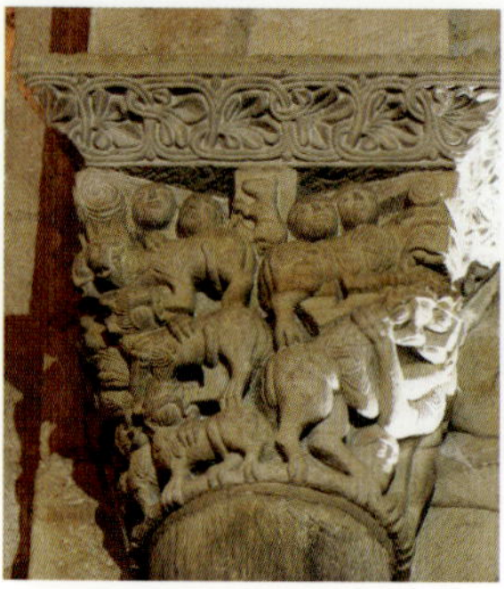

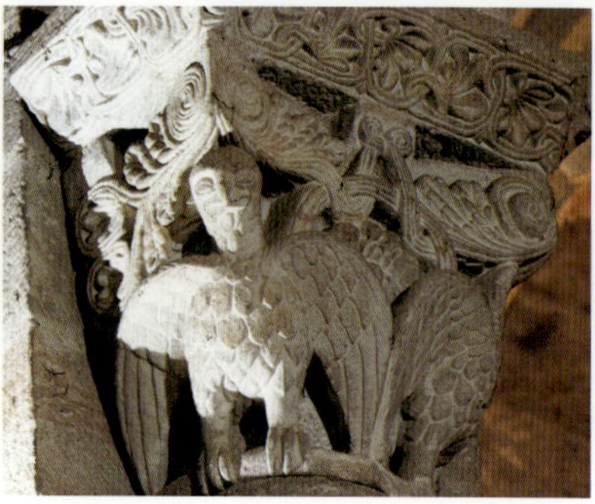

Capiteles del arco triunfal

entre las garras. La ménsula del lado derecho muestra esculpida la figura de san Miguel alanceando al dragón; sobre ella, el capitel presenta animales afrontados en dos niveles. En el cuerpo bajo del ábside –extendidos tanto en el semicírculo absidal como en los muros rectos del presbiterio– hay diez arcos ciegos de medio punto –con arquivoltas bien marcadas– que descansan sobre once capiteles decorados con motivos diversos: leones y aves afrontados, representaciones humanas, temas geométricos y vegetales…

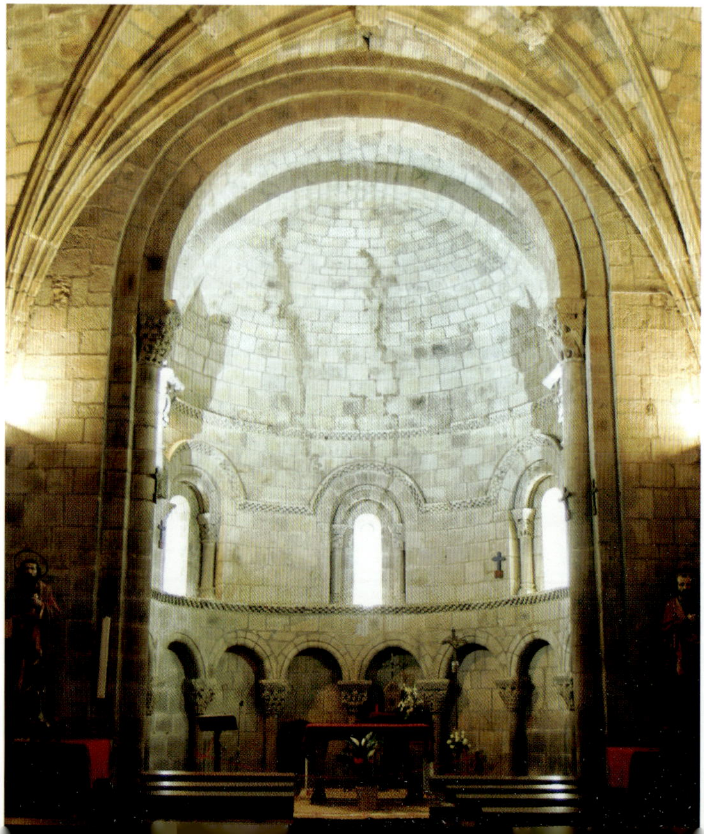

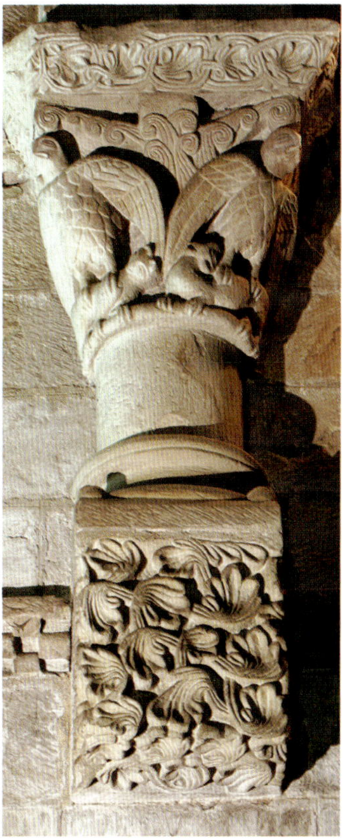

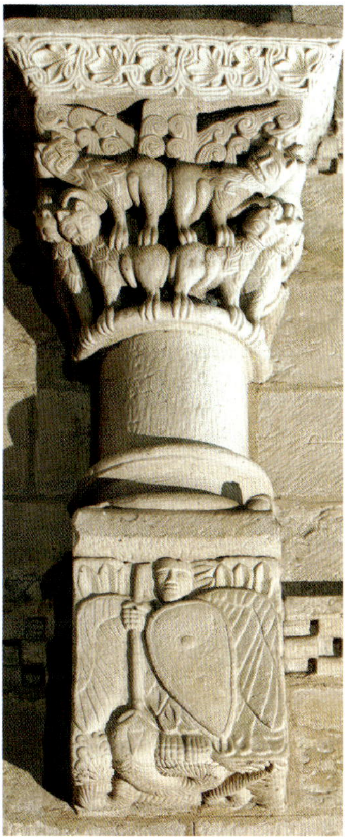

Ménsulas izquierda y derecha

Capiteles de la arquería baja

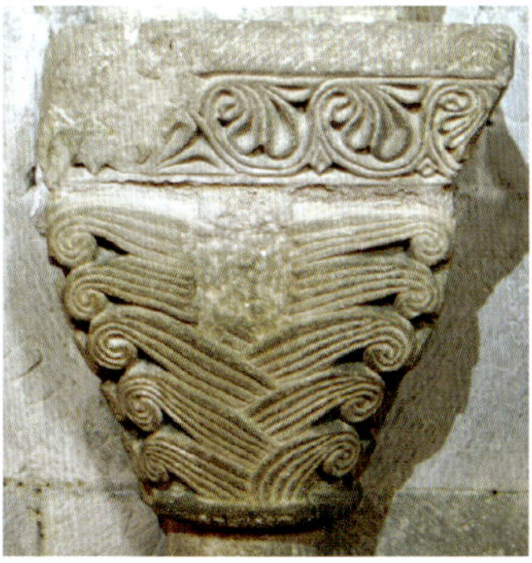

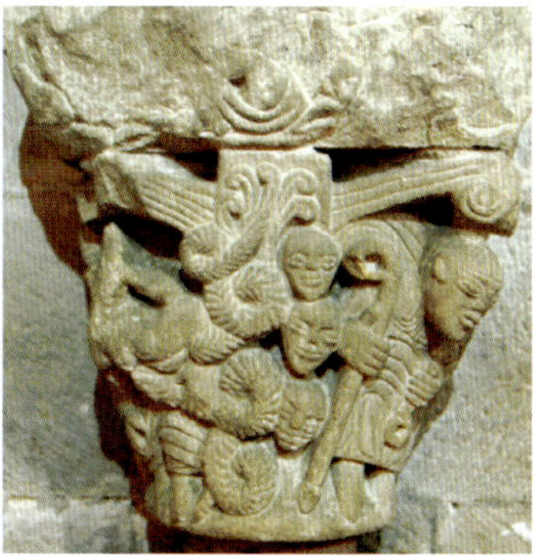

En el cuerpo medio están las tres ventanas, de medio punto y abocinadas, con el resalte de la chambrana de billetes que rodea presbiterio y ábside. En seis de sus ocho capiteles hay animales enfrentados y en los dos restantes hojas de acantos, de palma y tetratépalas como las que vimos en el tímpano.

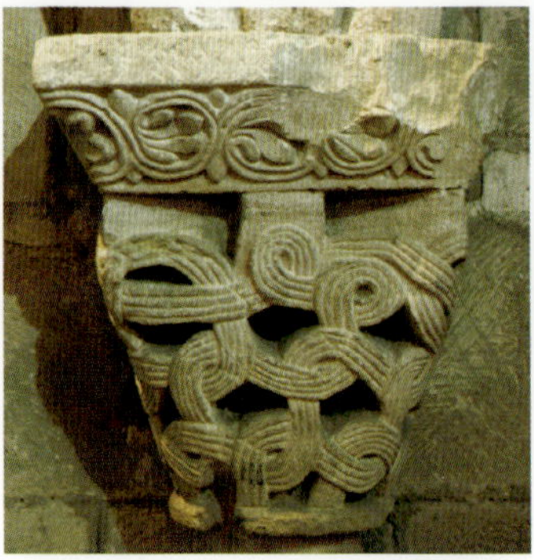

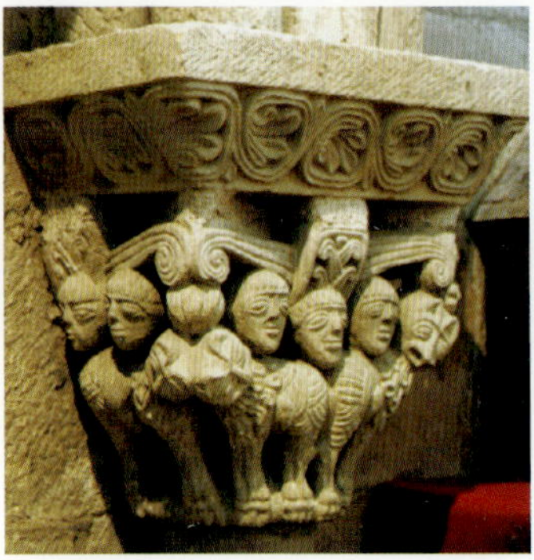

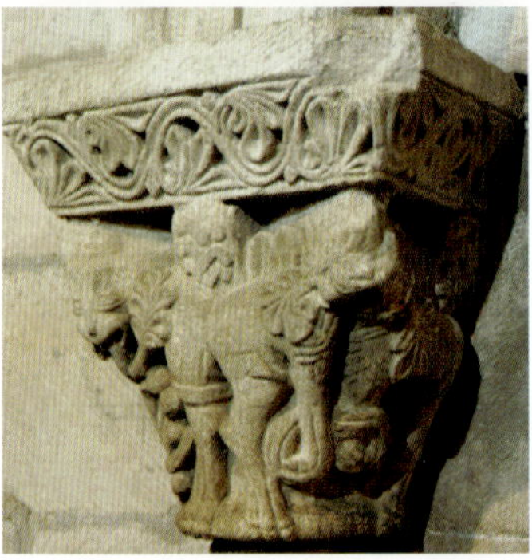

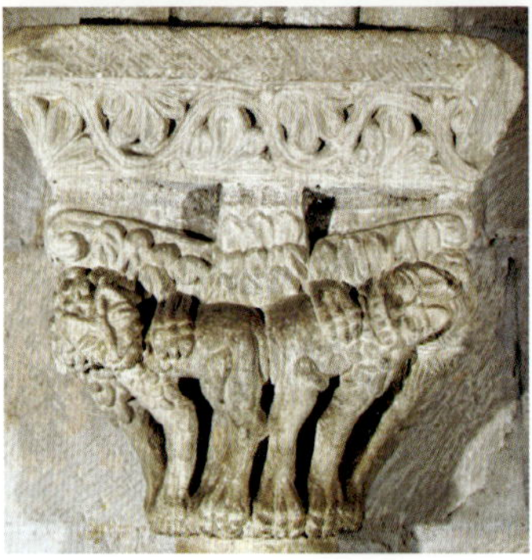

Capiteles de la arquería baja

Capiteles de las ventanas del tramo medio

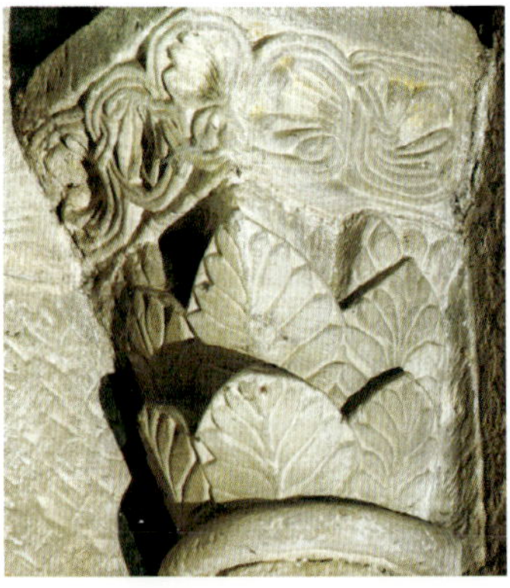

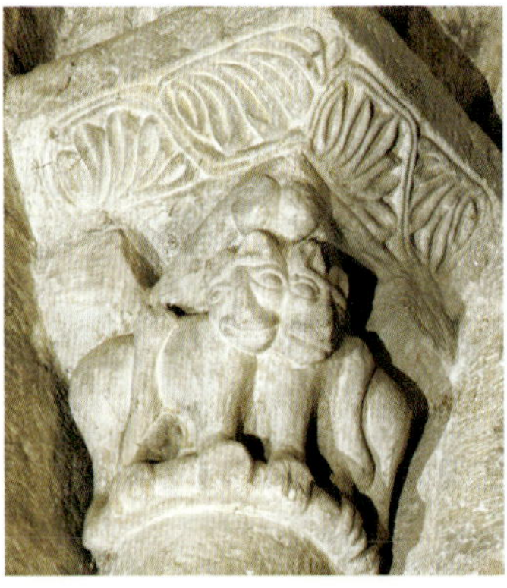

La paz del interior me invita a sentarme en los bancos, bajo el coro. Pocas experiencias puede haber tan gratificantes como la de mirar la grandeza de este edificio desde la penumbra. Abriendo la imaginación y entrecerrando los ojos, me parece distinguir al grupo de frailes que hace ochocientos años procuraban cuidados de cuerpo y alma a viajeros y peregrinos.

Acompáñame. Quiero compartir contigo la experiencia.

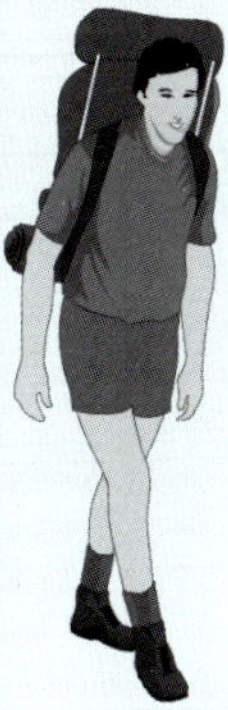

Final de la visita

Recobradas las fuerzas, te propongo que nos adentremos en el municipio de Valderredible, el más extenso de Cantabria, para dirigirnos hacia la localidad de San Martín de Elines en busca de la iglesia de San Martín.

Este municipio tiene gran atractivo. Goza de un paisaje bellísimo por donde el Ebro se va abriendo camino hacia los espectaculares farallones rocosos con los que se encuentra más adelante, ya en la provincia de Burgos (no hay que olvidar que Valderredible significa el valle de la ribera del Ebro).

Por el camino encontraremos una de las señas de identidad de esta zona: las iglesias rupestres prerrománicas. Todas y cada una bien merecen una visita detenida, pero es en Santa María de Valverde, en un centro de interpretación, donde un monje anacoreta nos introducirá y nos dará las claves que explican por qué surgió este pensamiento místico que convirtió la matriz de la roca en seno de creencias religiosas y dejó sembrado por toda la zona un rico patrimonio arquitectónico de eremitorios, necrópolis e iglesias excavadas en el interior de la roca.

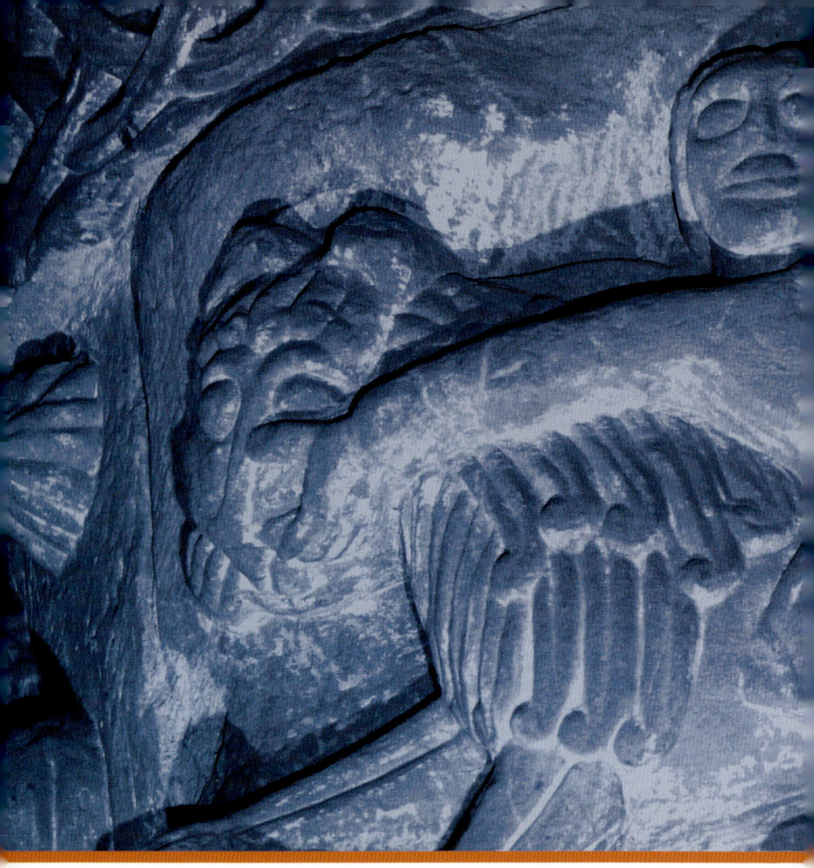

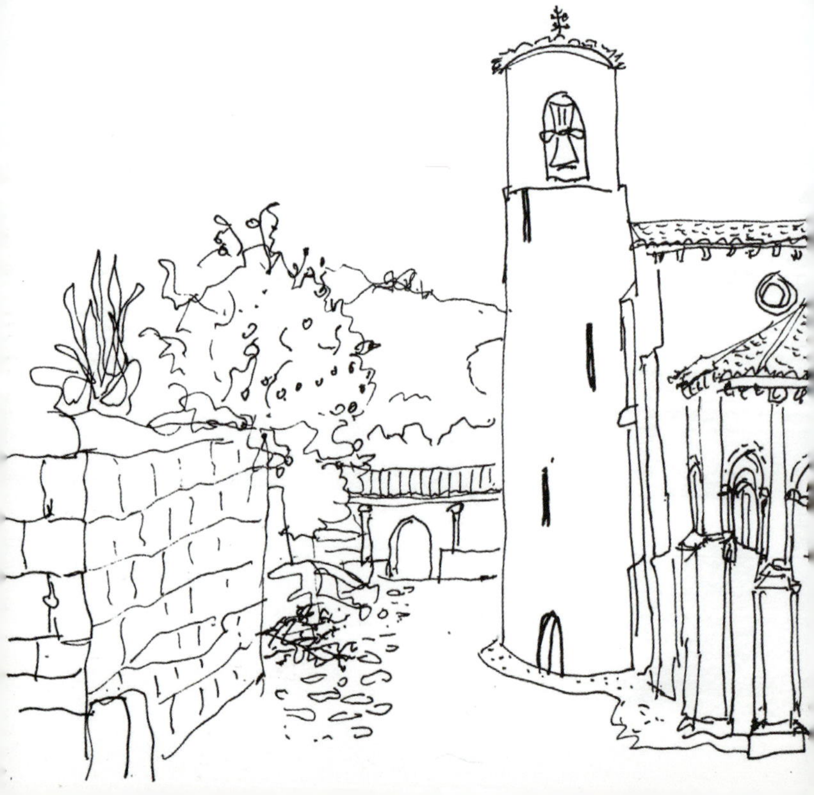

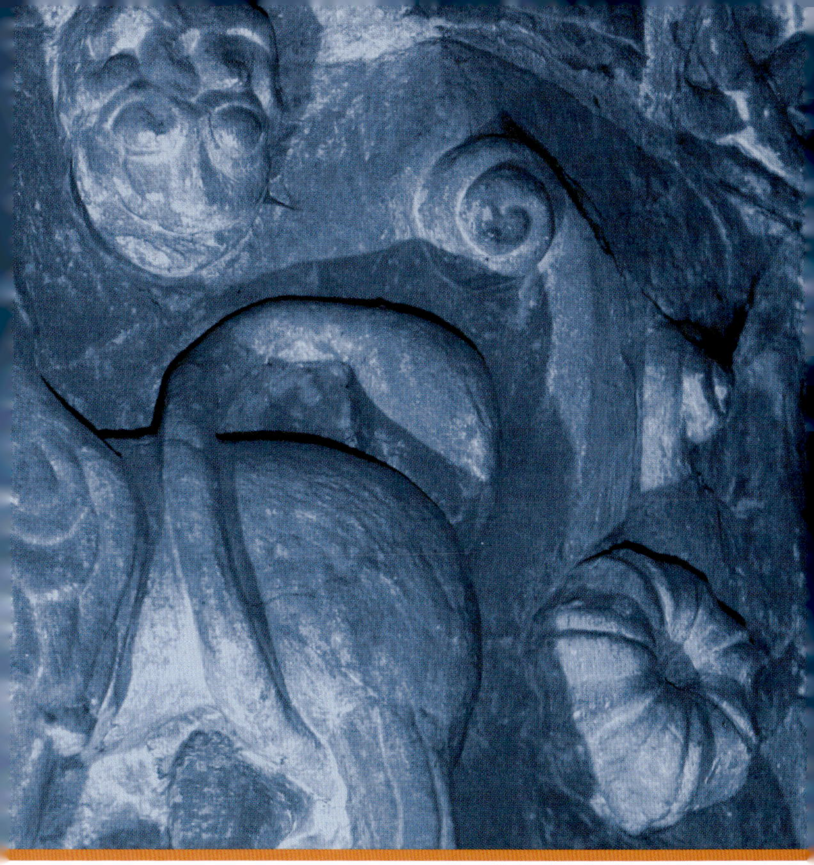

San Martín de Elines

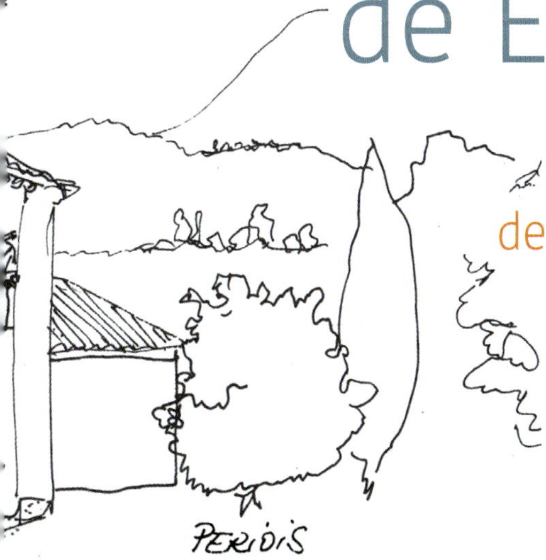

Iglesia de San Martín

San Martín de Elines

Cuando llego ante la iglesia de San Martín de Elines, un robot cortacésped –cual gigantesco escarabajo negro– pasea una y otra vez por la hierba del entorno del edificio. No es extraño que el prado tenga una presencia tan fresca. A las manos humanas que siempre lo mantienen húmedo y verde se ha sumado ahora la tecnología.

Me sitúo frente a la cara este del templo para hacer fotografías. Me fascina este lado por la esbeltez y la ligereza del ábside, la linterna y la torre. Mientras busco las mejores tomas, apoyado ligeramente en la tapia que delimita el recinto religioso, la máquina continúa, infatigable, su labor.

Cerca de aquí hubo un viejo monasterio allá por el siglo X, de cuya fábrica mozárabe quedan restos de dos arcos de herradura y dos aspilleras en el muro norte del claustro que da al cementerio. Según se recoge en la *Historia del monasterio de Castañeda*, aquel primitivo edificio se arruinó en el año 1102, y pudo ser entonces cuando se levantó el

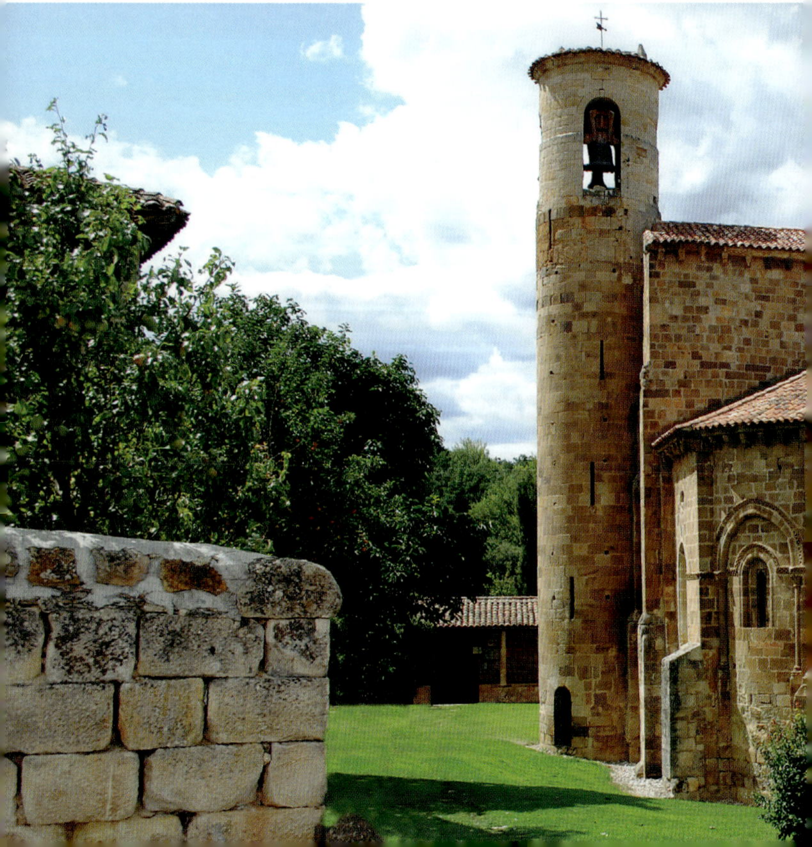

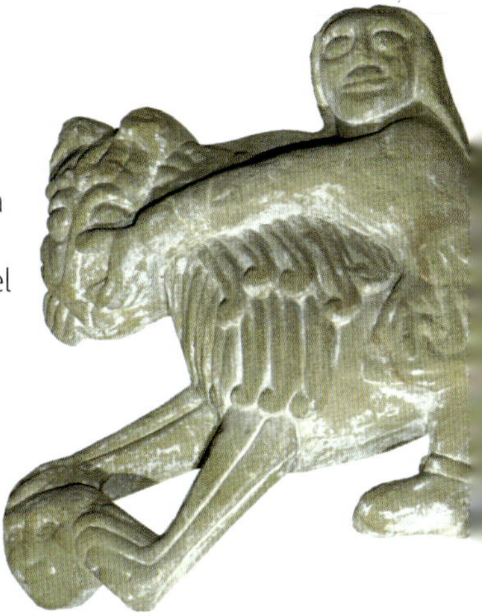

monasterio nuevo, que luego devino colegiata y durante toda la Edad Media fue centro de organización del valle y uno de los poderes más destacados del gobierno espiritual, material y cultural de la comarca.

A partir del siglo XIV ese poder fue decayendo, hasta que Juan Fernández Manrique, conde de Castañeda, canciller mayor de Castilla y marqués de Aguilar de Campoo, solicitó al papa Paulo III que elevara al rango de colegiata a la iglesia de San Miguel de Aguilar y se lo eliminase a las de Castañeda, Escalada y a ésta de San Martín de Elines.

Esta decisión supuso un golpe de gracia que trajo como consecuencia la muerte efectiva del antiguo monasterio y de la colegiata. No así de la iglesia, que ha mantenido su actividad religiosa hasta nuestros días y alcanzó categoría de Monumento Histórico-Artístico Nacional en 1931.

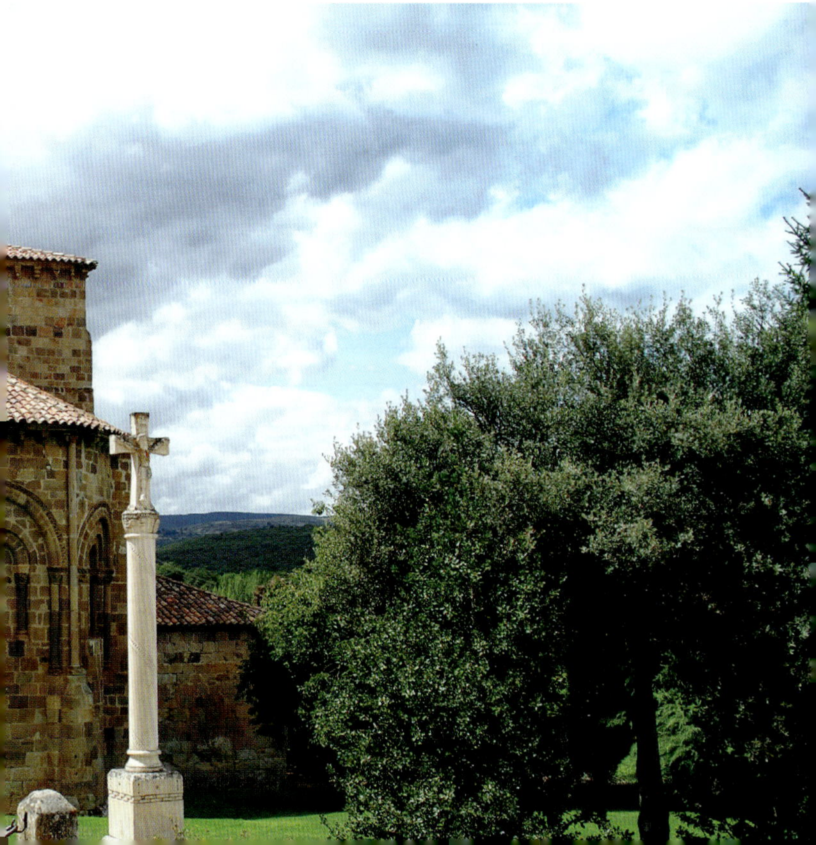

Iglesia de San Martín

Cuando termino la serie fotográfica no me encamino hacia el césped que tengo enfrente, aunque su tupido manto verde me incite a ello. Prefiero dar un rodeo para iniciar la visita por la fachada sur.

Fachada sur

Aquí la tenemos, frente a nosotros, armada en sillería bien tallada. Dos contrafuertes sencillos, que casi alcanzan la cornisa, la dividen en tres partes. La primera y la tercera tienen sendas ventanas, similares en la forma –aunque la de la izquierda es un poco menor– y colocadas a la misma altura del lienzo. En la parte central existió una puerta que, aunque actualmente tapiada, todavía permite apreciar su arco de medio punto.

En lo alto, la cornisa, compuesta de piedras prismáticas sin decoración, está sostenida por veintisiete canecillos, en general bien conservados, que tratan temáticas diversas: hay osos, personajes humanos de cuerpo entero, cabezas humanas, cabezas monstruosas, figuras vegetales, figuras geométricas, serpientes... La serie termina con un ave de buche muy marcado, que da paso al muro de la linterna sin ningún signo de ruptura con respecto al muro de la nave.

La linterna y la torre

La linterna tiene considerable altura y se eleva muy por encima del tejado a dos aguas de la nave. En su fachada hay incrustada una placa en la que se puede apreciar tres figuras humanas, una central, de mayor tamaño y sedente, y dos laterales, más pequeñas y en pie. El conde de Cedillo, en una visita que hizo en 1925, la describió como «el Salvador sedente, benedicente y con nimbo crucífero y acompañado a ambos lados por sendas figuras que están de pie y parecen tener también

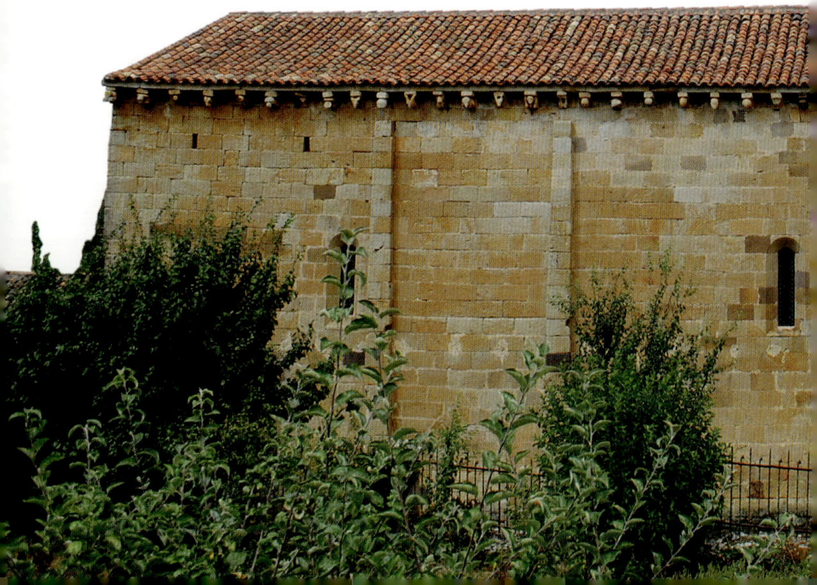

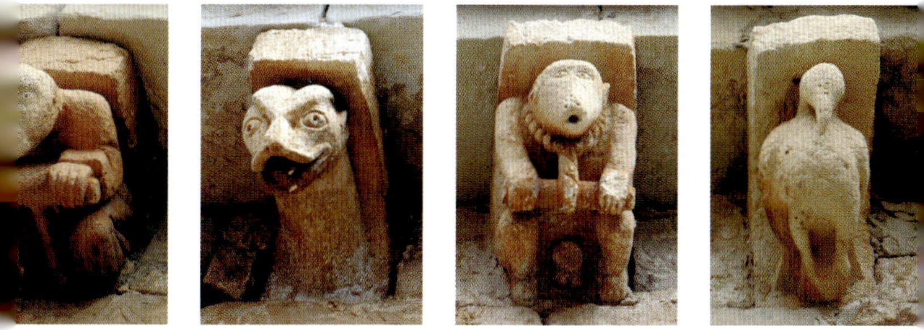

Cuatro canecillos del muro sur

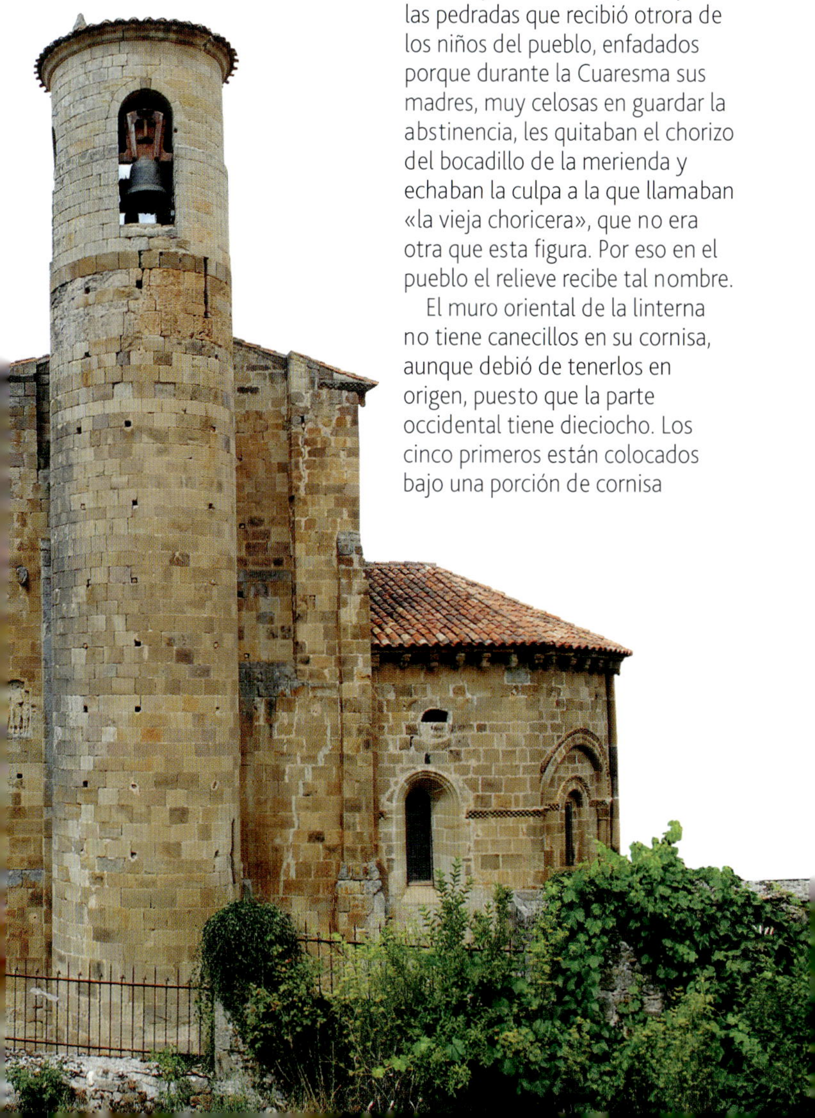

nimbadas las cabezas». Hoy en día está muy deteriorada, acaso por las pedradas que recibió otrora de los niños del pueblo, enfadados porque durante la Cuaresma sus madres, muy celosas en guardar la abstinencia, les quitaban el chorizo del bocadillo de la merienda y echaban la culpa a la que llamaban «la vieja choricera», que no era otra que esta figura. Por eso en el pueblo el relieve recibe tal nombre.

El muro oriental de la linterna no tiene canecillos en su cornisa, aunque debió de tenerlos en origen, puesto que la parte occidental tiene dieciocho. Los cinco primeros están colocados bajo una porción de cornisa

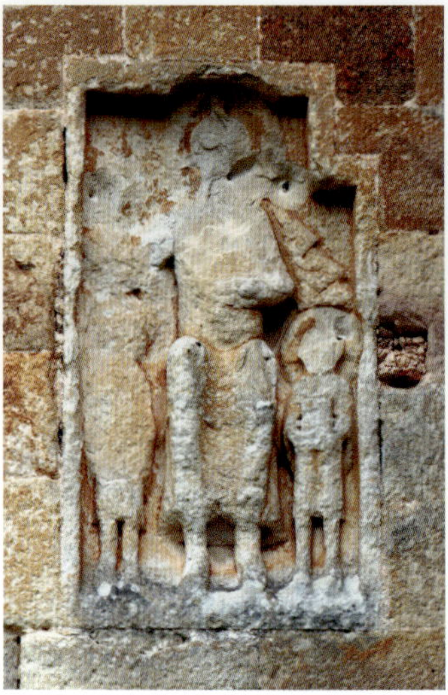
La vieja Choricera

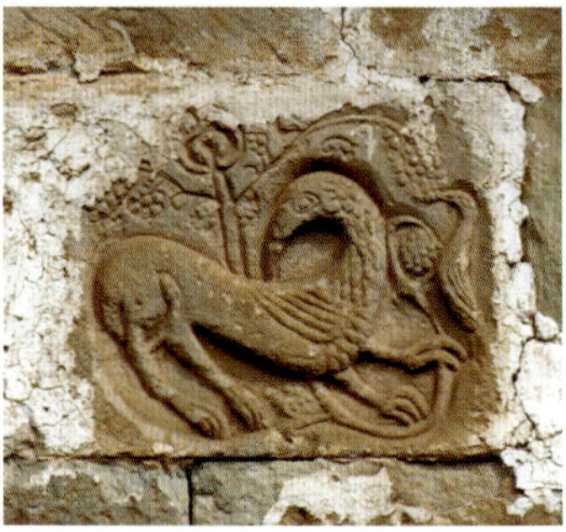
Relieve de grifo

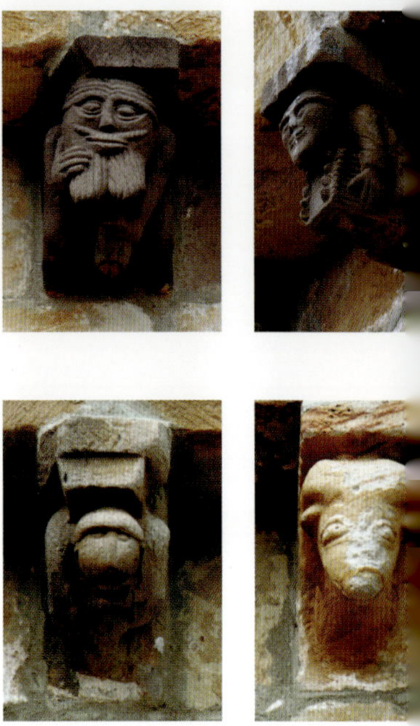
Canecillos de la linterna. Muro este

decorada con taqueado; el resto, bajo una cornisa en bisel.

La torre se incrusta sobre el muro de la linterna, unida a él mediante un pequeño resalte angular. Es circular, con un radio aproximado de dos metros, y tiene una pequeña puerta de arco de medio punto y varias aspilleras para procurar luz interior. Hasta la altura de la linterna es de construcción románica. La tronera, que contiene las campanas, fue elevada en los siglos XVI o XVII. Este tipo de torre cilíndrica es poco habitual en el románico de esta zona, y algunos autores la relacionan con el románico traspirenaico.

El presbiterio y el ábside

El presbiterio tiene la misma altura que el muro sur y que el ábside, lo que parece indicar una unidad de construcción. La cornisa tiene decoración de sogueado y está sostenida por siete canecillos historiados, el último de los cuales, que da paso al círculo absidal, representa dos figuras que se abrazan o luchan.

Dos hileras de sillería por debajo del cuarto canecillo, hay una figura mitológica –un grifo– incrustada en el muro, que acaso pudo pertenecer a la vieja iglesia que precedió a ésta.

El ábside, semicilíndrico, consta de tres calles verticales formadas

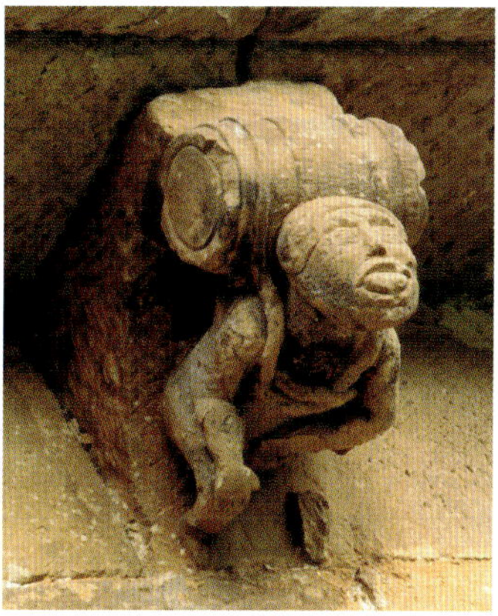

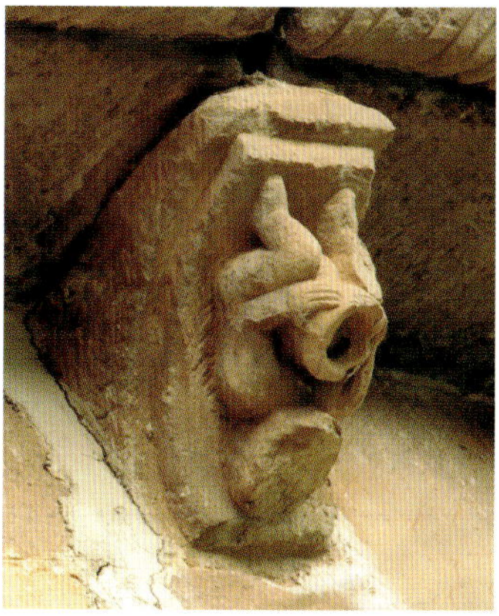

Canecillos de la calle central del ábside

por columnas finas que se apoyan en un plinto y se rematan en la cornisa con un capitel que hace las funciones de un canecillo. Excepcionalmente no tiene calles horizontales. Cada calle tiene una ventana, y como suele ser común es más solemne la central y más sencillas las laterales. Las ventanas tienen dos arcos, uno próximo al hueco de luz y otro mayor, ciego, que lo abraza. Todos, menos el arco menor de la ventana del lado izquierdo, se apoyan en capiteles que descansan, a su vez, sobre columnitas de similar forma y

Ventanales del ábside y canecillos de la cornisa

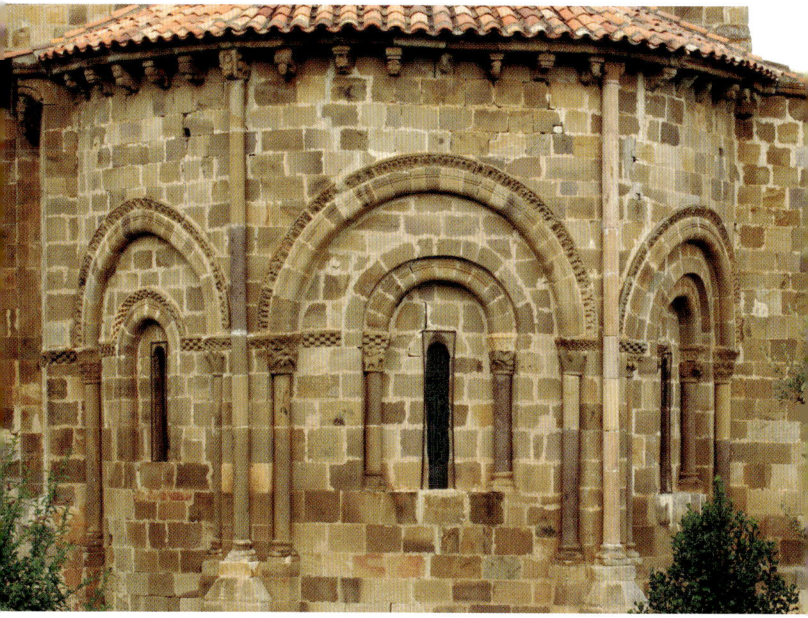

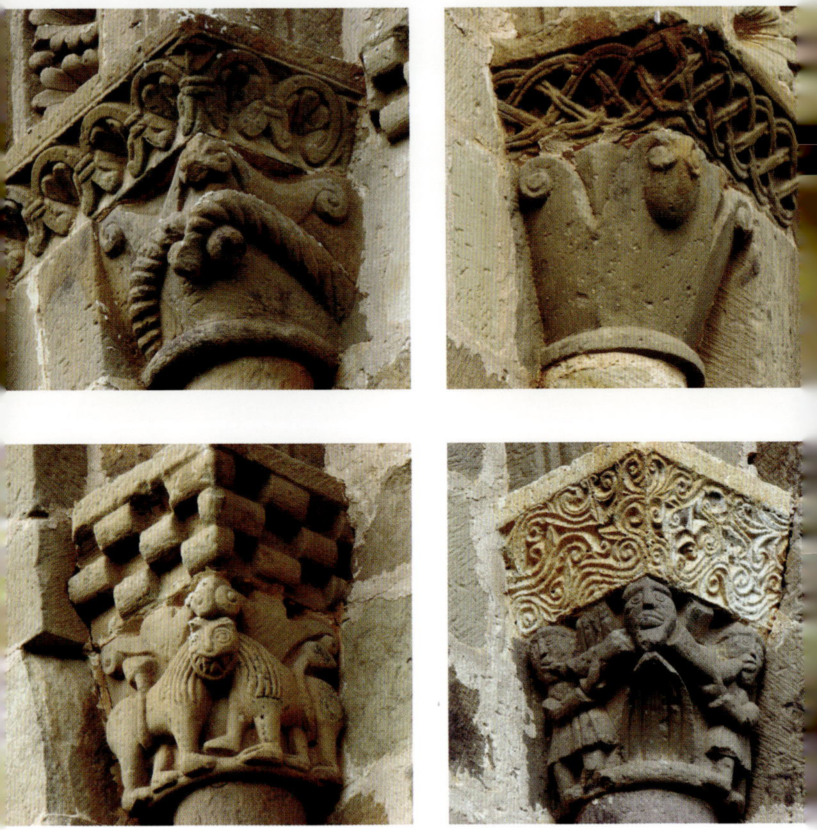

Capiteles de los arcos mayor (arriba) y menor (abajo) de la ventana central del ábside

grosor que las que separan las calles verticales. En total hay diez capiteles: dos del arco mayor de la ventana del lado izquierdo, y cuatro de las ventanas central y derecha (dos de los arcos mayores y otros dos de los menores). Todos los capiteles tienen motivos vegetales y geométricos, salvo los del arco menor de la ventana central, que representan escenas animales y humanas.

Todo este juego de líneas rectas (columnas) y curvas (arcos) confiere al conjunto absidal un notable dinamismo estético.

En lo alto, la cornisa lleva el mismo sogueado que en el presbiterio sur y se apoya sobre veinte canecillos que reproducen las habituales cabezas de personas, cabezas de animales, motivos vegetales y geométricos, combates, exhibicionistas… El sogueado continúa por el presbiterio norte, donde un contrafuerte prismático, levantado con posterioridad a la obra primera, se llevó por delante dos canecillos; de ahí que haya cinco, en lugar de los siete que vimos en el presbiterio sur.

Desde este lado del presbiterio, elevando la mirada, también podemos ver los doce canecillos del muro norte de la linterna.

La puerta de acceso

Volviendo sobre nuestros pasos, posando nuestra mirada de nuevo en cada una de las partes que ya vimos anteriormente, llegamos al claustro, construido durante los siglos XVI-XVII, en cuyo interior, un tanto descentrada, se halla la puerta de acceso al templo. Es sencilla, de medio punto, con dos arquivoltas que se apoyan en cuatro capiteles (dos a cada lado) de talla bastante tosca. Su estilo no coincide con el de ningún otro capitel exterior ni interior de la iglesia.

Interior

Con sólo traspasar la puerta quedamos sobrecogidos por la monumentalidad del interior. La nave única, alta y ancha, da paso a una elevadísima linterna, cuyos arcos apoyan sobre cuatro grandes pilares cilíndricos –tienen un diámetro visible de 2,80 m– que culminan en cuatro capiteles circulares monolíticos del mismo tamaño que las columnas. Al fondo, el presbiterio, con bóveda de cañón, y el semicírculo absidal, con bóveda de cuarto de esfera y dos alturas de arquerías, forman un conjunto imponente, difícil de imaginar cuando estábamos afuera.

Los capiteles circulares

Todo, en verdad, merece un análisis minucioso, aunque centremos nuestra atención en algunos elementos muy determinados. Por ejemplo, en los cuatro grandes capiteles que antes te destacaba, los dos del arco toral y los dos del arco triunfal. Son singulares por su gran tamaño y por el hecho de que parecen estar construidos en una sola pieza pétrea.

El izquierdo del arco toral tiene cimacio de entrelazos y una escena que se desarrolla de izquierda a derecha mostrando dos leones

Sección transversal

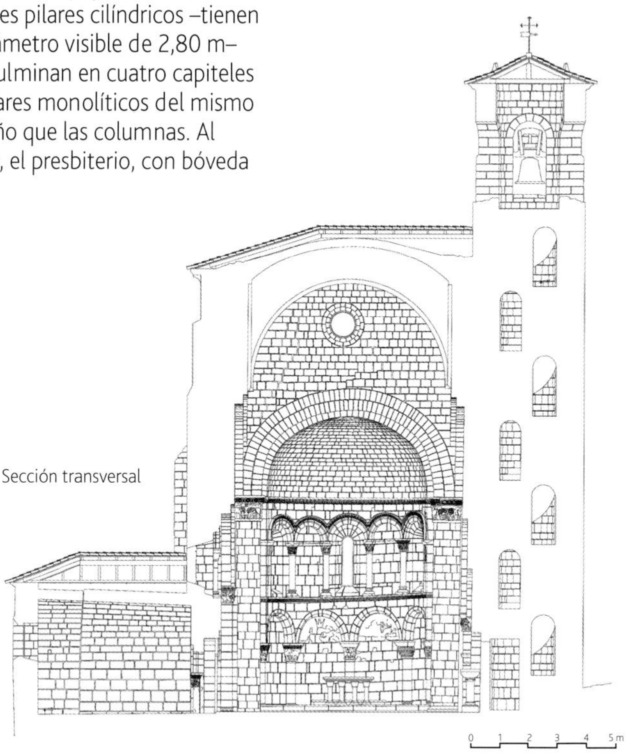

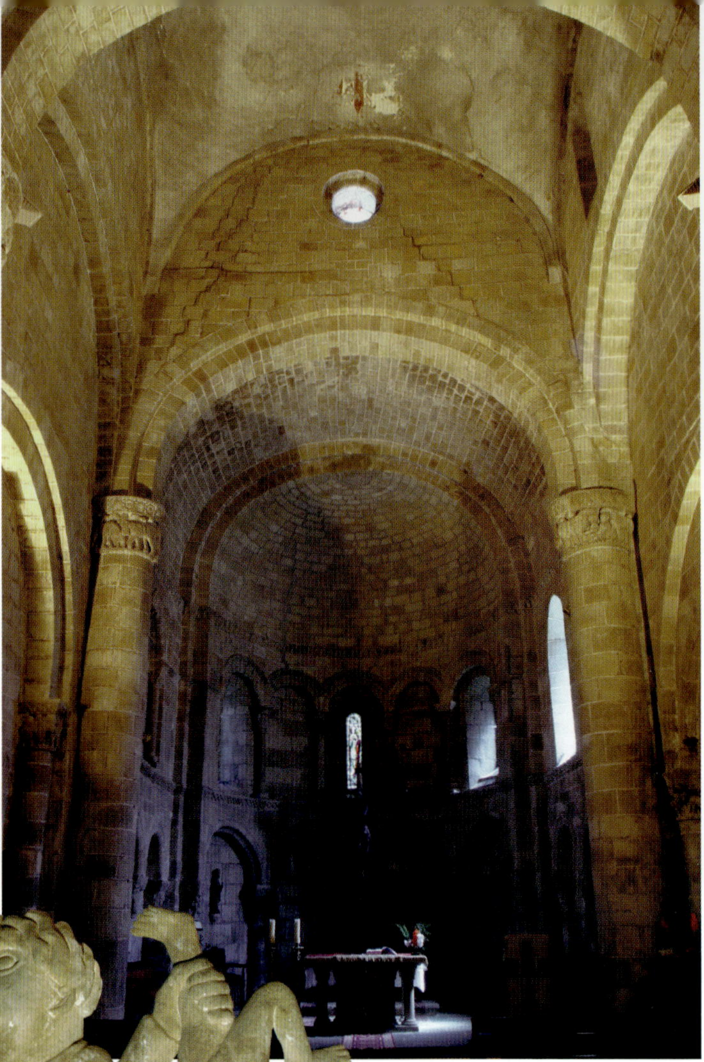

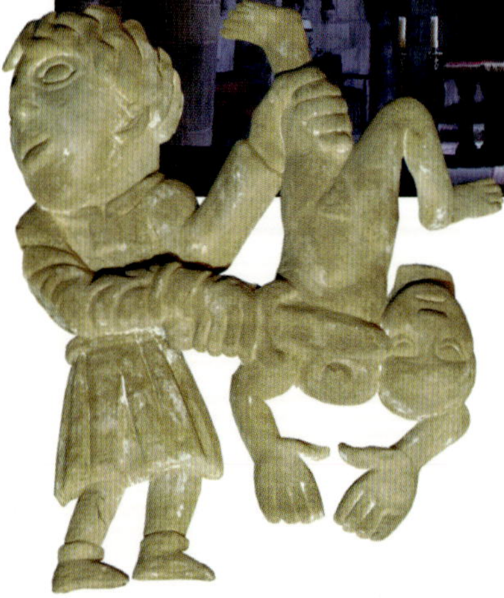

enfrentados amenazantes, con las bocas enseñando los dientes. Sobre ellos hay tres cabezas, dos de leones a los lados y una humana en el centro. La escena termina en la otra mitad de la cesta con la iconografía de Sansón desquijarando a un león que tiene en las patas delanteras una cabeza humana.

El capitel del lado derecho también tiene cimacio de entrelazos y esculpe, por la izquierda, la Adoración de los Magos, con María sedente y el Niño sobre sus rodillas. Continúa, por la derecha, con la Matanza de los Inocentes. Todas las figuras son de un canon muy corto, que apenas alcanza las tres cabezas por cuerpo.

El capitel izquierdo del arco triunfal tiene cimacio de grandes rosáceas de doce pétalos que alternan con palmetas octopétalas. La cesta de la izquierda recoge la escena de Daniel entre los leones, que parecen estar mordiéndole para sujetarlo por la cintura.

La escena de la derecha tiene como protagonista a Sansón, que cabalga un león al que se sujeta por la cabeza y la cola. El felino está sacando una lengua muy larga.

Imágenes del capitel del lado izquierdo del arco toral

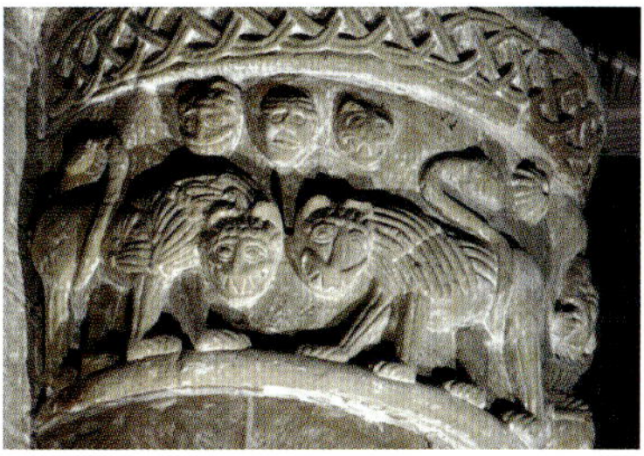

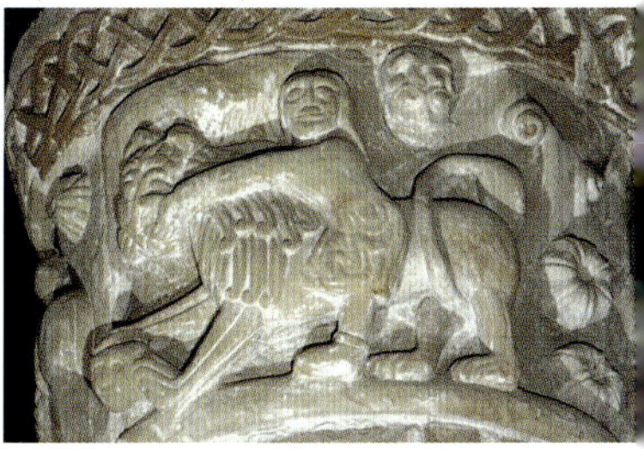

Imágenes del capitel del lado derecho del arco toral

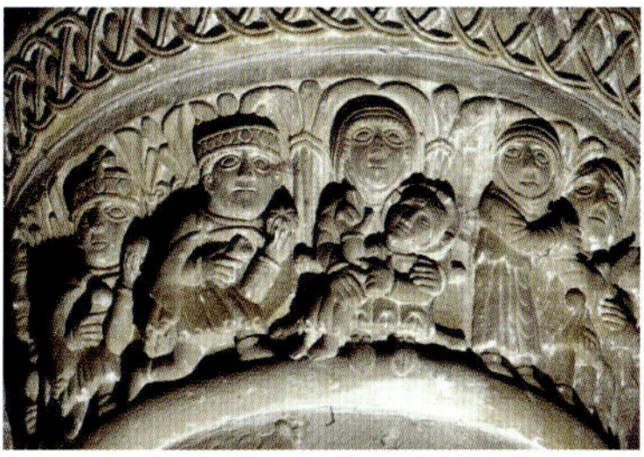

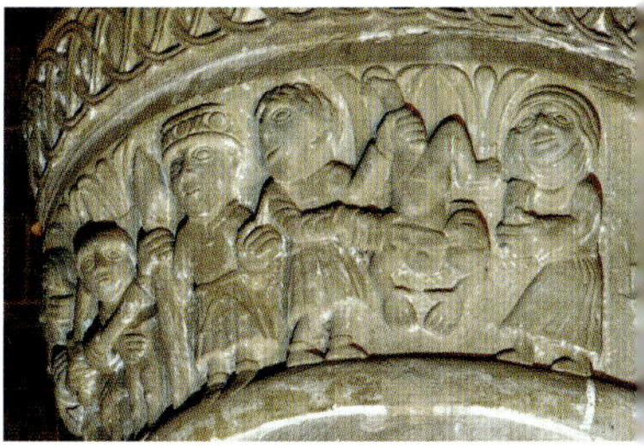

Imágenes del capitel del lado izquierdo del arco triunfal

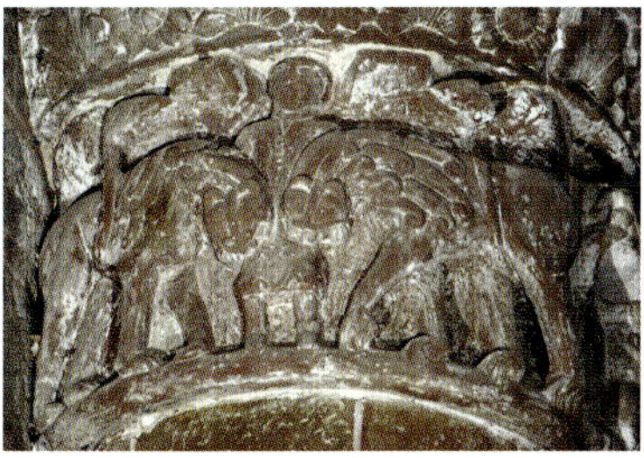

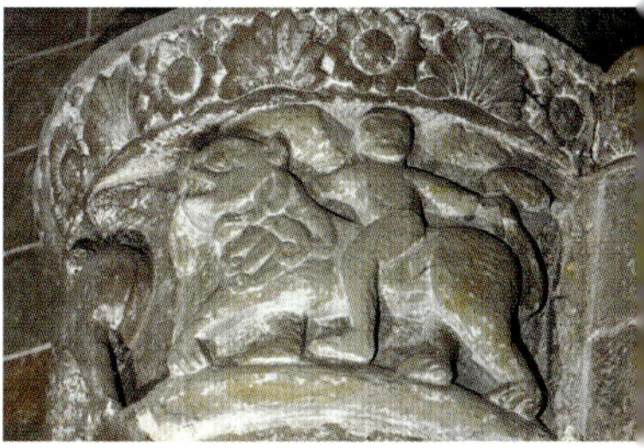

Imágenes del capitel del lado derecho del arco triunfal

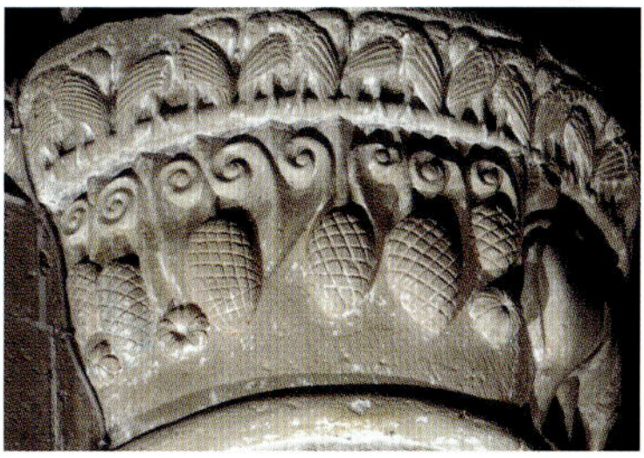

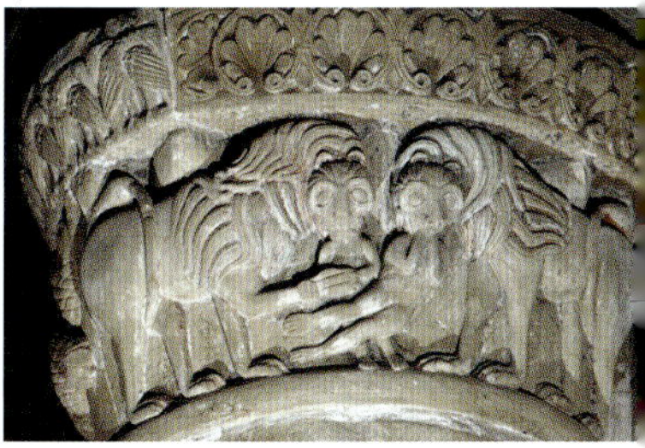

El capitel derecho del arco triunfal tiene el cimacio decorado en dos partes, una a base de aves y otra con palmetas de seis y siete hojas. Las escena de la cesta izquierda muestra seis piñas, cuatro grandes y dos más pequeñas; la de la derecha tiene dos leones devorando lo que parecen niños desnudos.

Más capiteles

Todavía hay más capiteles en el interior. Uno del arco de descarga del transepto norte esculpe lo que parecen ser demonios prisioneros con una cuerda al cuello; el otro, dos leones siameses. Los del transepto sur tienen dos leones afrontados, en el capitel izquierdo,

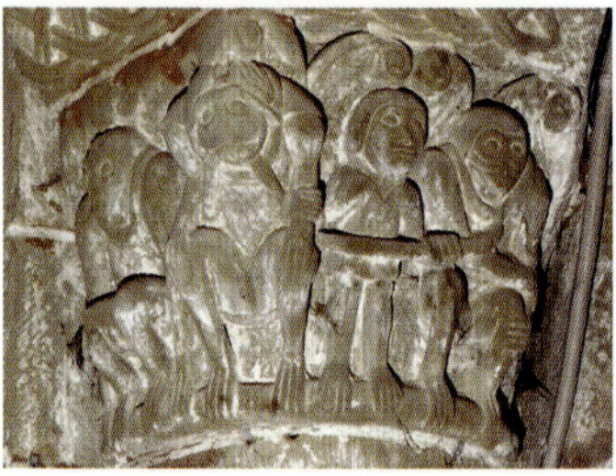
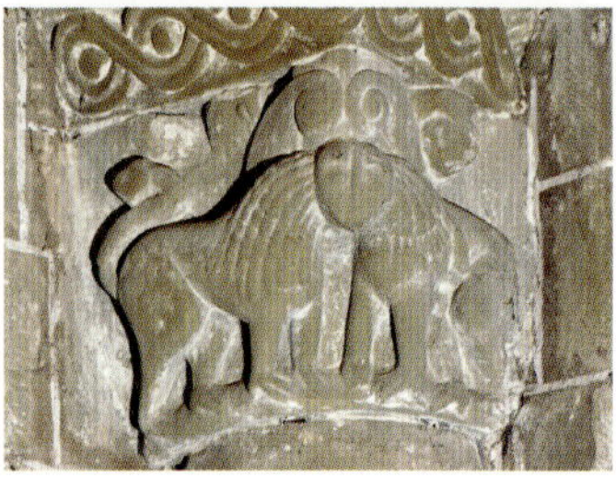
Capiteles del arco de descarga del transepto norte

Capiteles del semicírculo absidal

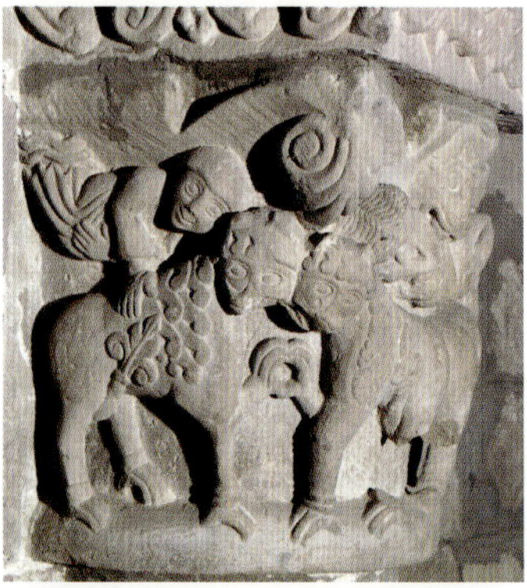
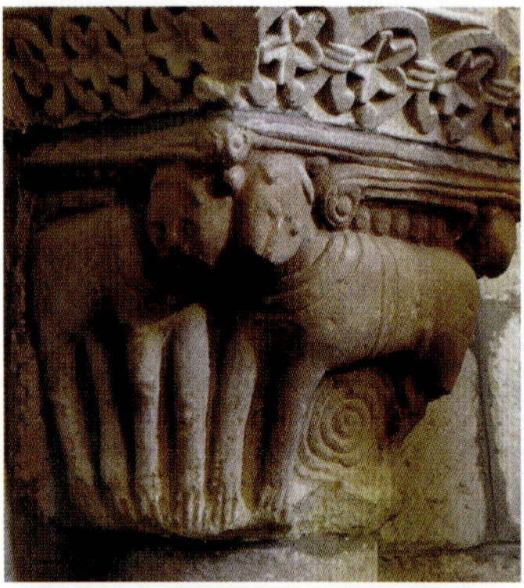
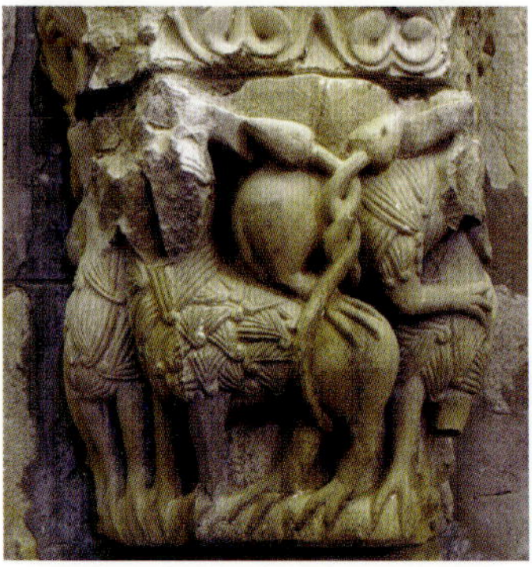
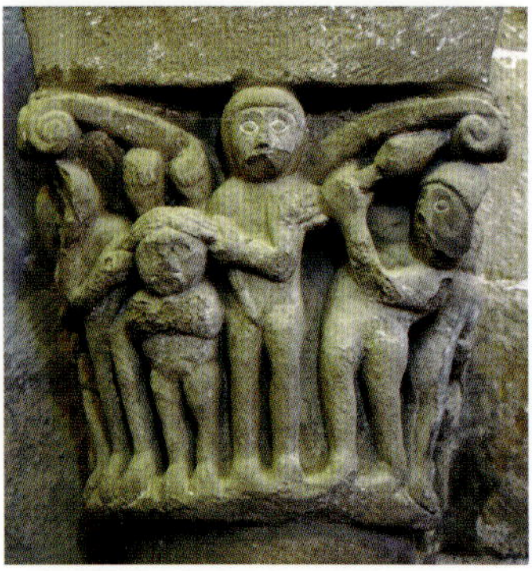

y grandes hojas carnosas, en el derecho.

Y hay también capiteles muy interesantes en las arquerías del presbiterio norte y del presbiterio sur, con motivos humanos, animales, vegetales, geométricos. Y en la imponente cabecera, que tiene dos pisos de arquerías, separado el primero del segundo por una imposta de billetes, y el segundo espaciado de la bóveda de cascarón por una de palmetas. La arquería inferior tiene cuatro arcos y la superior cinco (en los arcos impares de la parte superior se abren las ventanas que vimos exteriormente). Once capiteles, de temática muy variada –en la que predomina, como en toda la iglesia, la figura de los leones–, soportan el peso de los arcos.

Este juego de la articulación de los muros con múltiples arcos, tanto exterior como interiormente, le proporciona al conjunto una gran armonía y dinamismo.

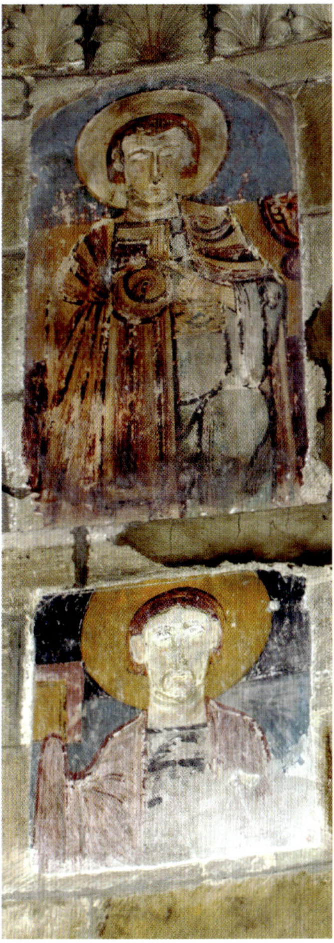

Frescos con la representación de apóstoles

Las pinturas murales

El deseo de adornar los edificios interiormente se repitió, sin duda, por todas las iglesias románicas, pero con el paso del tiempo las nuevas generaciones, con gustos estéticos diferentes, se dedicaron a destruirlo. Si cierro los ojos, imagino en el centro de la bóveda de este ábside un Pantocrátor y, en los espacios entre las ventanas altas, un apostolado, con seis figuras a cada lado. En las arcaduras bajas rememoro escenas simbólicas, posiblemente trasladadas de algún Beato. Y todo el conjunto alcanzaría una expresividad y un colorido que impresionarían a los fieles.

Desgraciadamente, los restos de pintura mural que han quedado en San Martín de Elines son escasos, pero tienen el valor añadido de ser los únicos que se han conservado en Cantabria. Hasta nuestros días han llegado dos figuras de apóstoles en el lado derecho del ventanal superior. El apóstol más alto está pintado sobre fondo tricolor y viste manto de pliegues bien marcados. Tiene la cabeza nimbada por un círculo teñido de ocre. La figura más baja es otro apóstol, representado hasta la cintura, que también lleva

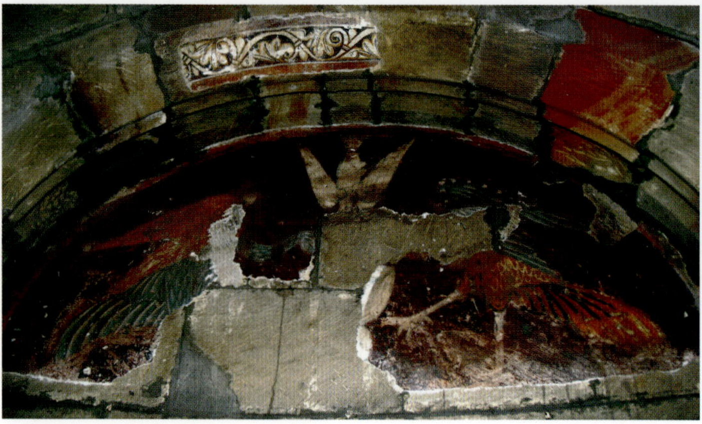

Pinturas en el segundo arco bajo del ábside

nimbo ocre. En la arquería baja hay fragmentos pictóricos en los dos arcos centrales, con escenas simbólicas que pueden estar inspiradas en algún Beato.

El estilo pictórico de estos restos de San Martín de Elines ha sido relacionado, antes que con la escuela castellano-leonesa, con la pintura de los frescos pirenaicos de Santa María de Tahull, tanto por el peinado de las figuras como por las franjas horizontales de distinto color sobre las que se representan.

El pequeño museo del claustro

Antes de dejar definitivamente el edificio, y como quiera que tenemos que abandonarlo por el claustro, es tiempo de echar una mirada por las piezas que se han ido recogiendo en esta estancia, bien porque aparecieron en el entorno de la iglesia, bien porque han sido trasladadas aquí desde otros templos abandonados de Valderredible.

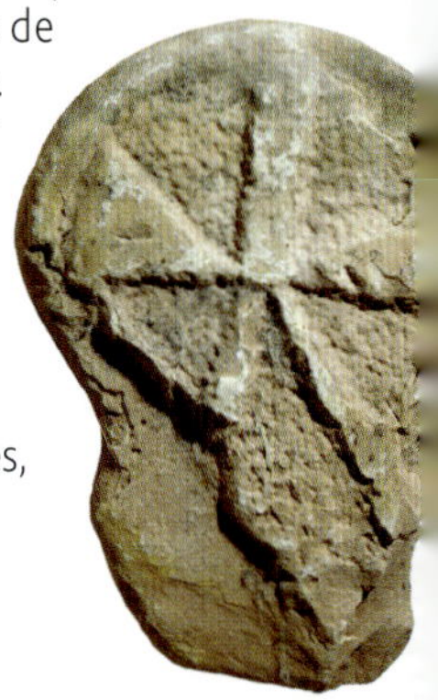

Puedes ver sarcófagos, algunos románicos, otros, los más espectaculares, góticos. Y canecillos, y capiteles, y estelas sepulcrales, y pilas bautismales. Y en el muro norte del claustro, los restos mozárabes de los que te hablé al principio de la visita.

En el abrigo protector del claustro permanecen todas y cada una de estas piezas, salvadas aquí de un espolio seguro.

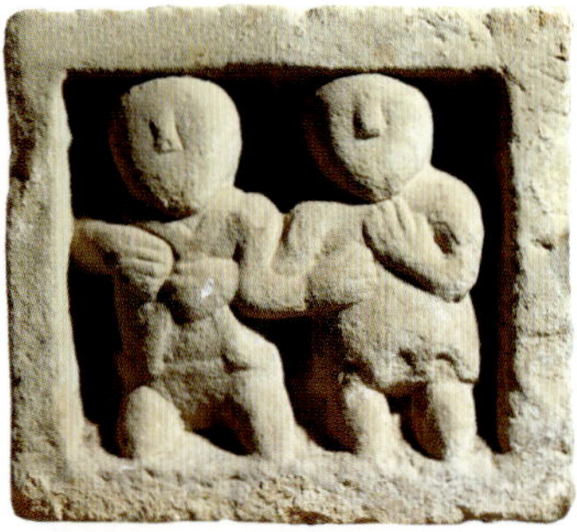

Sillar y estela funeraria románicos

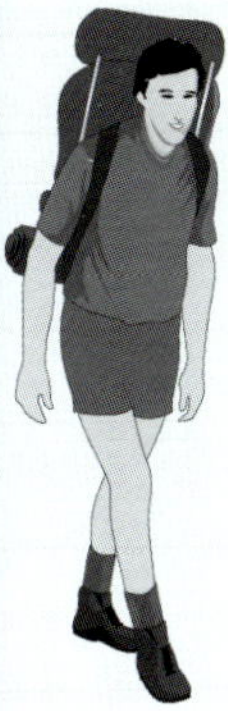

Final de la visita

Es tiempo ya de emprender el regreso. Te propongo el camino de vuelta siguiendo el Ebro, en paralelo a su curso, por la carretera que se abre paso hasta Orbaneja del Castillo, salvando una distancia de diez kilómetros. Llegamos primero a Villaescusa de Ebro, población que toma la forma de arco del río que le da nombre. Y seguimos avanzando por una zona en la que el río, aún joven, hace ya gala de su fuerza y horada las montañas para abrirse camino, y esculpe formas caprichosas y bellas, y talla murallas escarpadas, y entre la sinuosa raya provincial de Cantabria y Burgos nos regala una obra maestra de ingeniería: el Parque Natural de las Hoces del Ebro.

Todo es curva en nuestro camino, todo es sombra amable de los árboles de ribera, todo es rumor de agua. Y en Orbaneja del Castillo el pueblo se abre para que el arroyo que mana de la Cueva del Agua lo traspase por el centro, y le pone escalones para que salte ligero en cascada para unirse más abajo con el padre Ebro. En Orbaneja el rumor del agua es clamor, y lo llena todo.

Y al fondo, en lo alto, las formas caprichosas del paisaje kárstico emulan fantasmales castillos en ruina. Detengámonos aquí. Merece la pena.

Porque hay monumentos naturales que llenan el espíritu tanto o más que las obras románicas que estamos visitando a lo largo y ancho de la geografía cántabra.

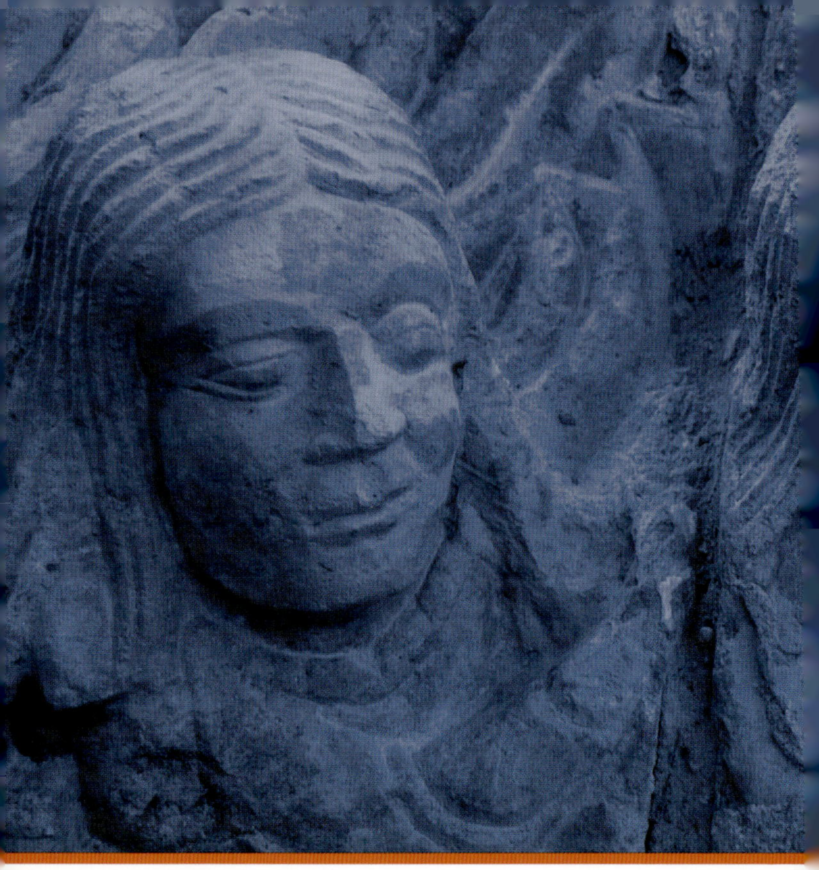

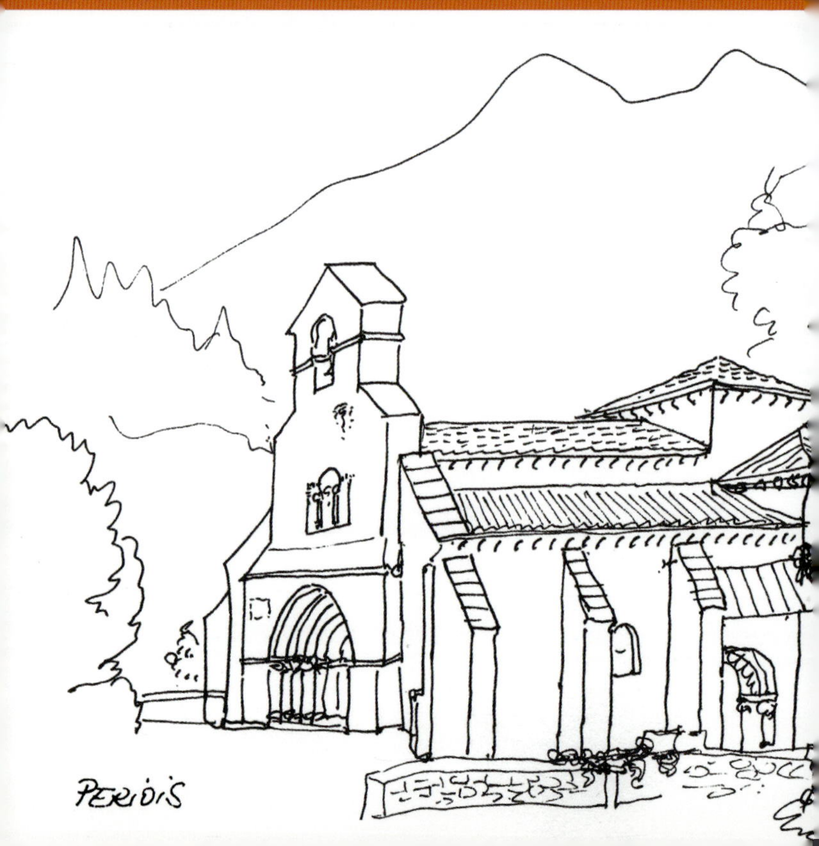
PERIOIS

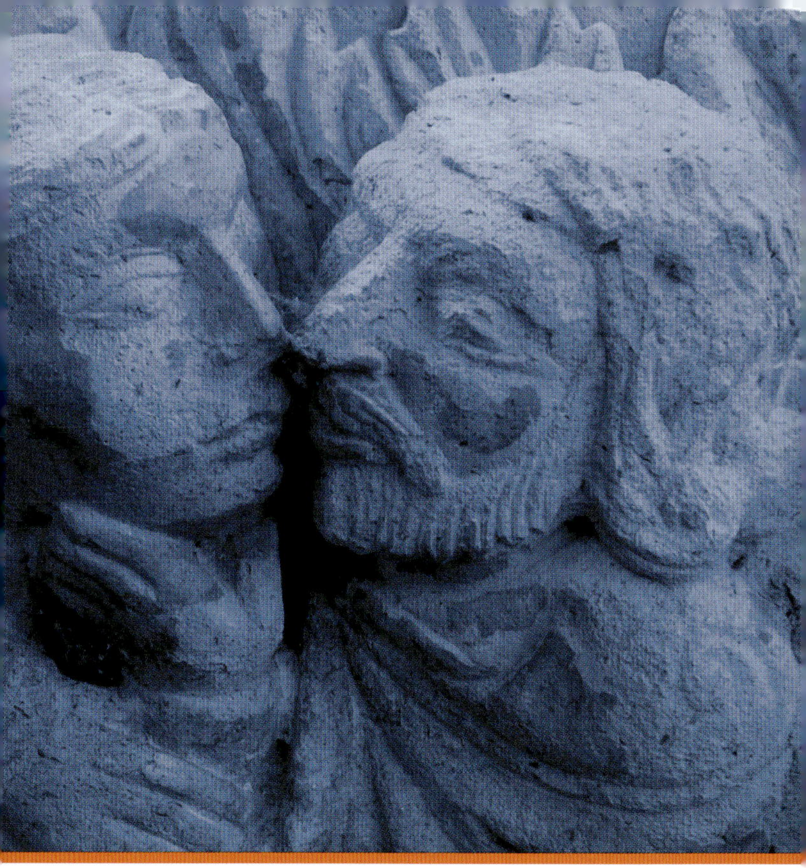

Piasca

Iglesia de Santa María

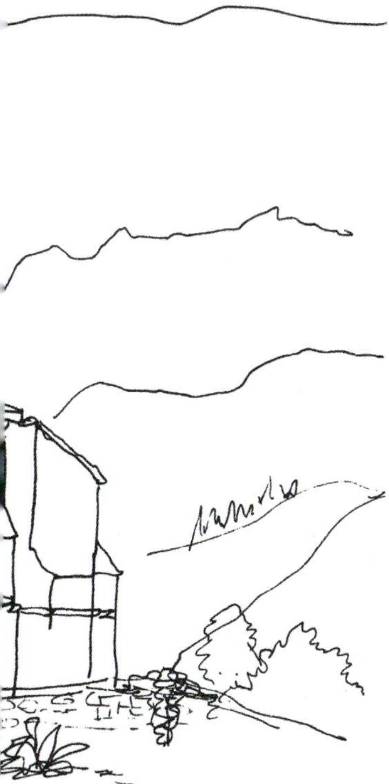

Piasca

Por el pequeño pueblo de Piasca y por su iglesia de Santa María no se pasa. A ambos hay que ir, porque están apartados de la carretera autonómica que une Ojedo con Piedrasluengas, escondidos, como queriendo preservar su pureza.

Hasta la Liébana se puede llegar por el angosto desfiladero de La Hermida, al que Benito Pérez Galdós prefería llamar esófago, antes que garganta. También se puede acceder desde el puerto de San Glorio, que une esta zona con León por una tortuosa carretera de montaña; pero te propongo que transitemos el camino que une Aguilar de Campoo con Piedrasluengas, atravesando parte de la Montaña Palentina.

Lo prefiero porque por este camino aparecen dispersos muchos edificios románicos de sabor rural, y es posible que por él también se desplazasen hacia Piasca las piedras de la cantera de Becerril del Carpio, cuya ductilidad tanto apreciaban los maestros tallistas románicos.

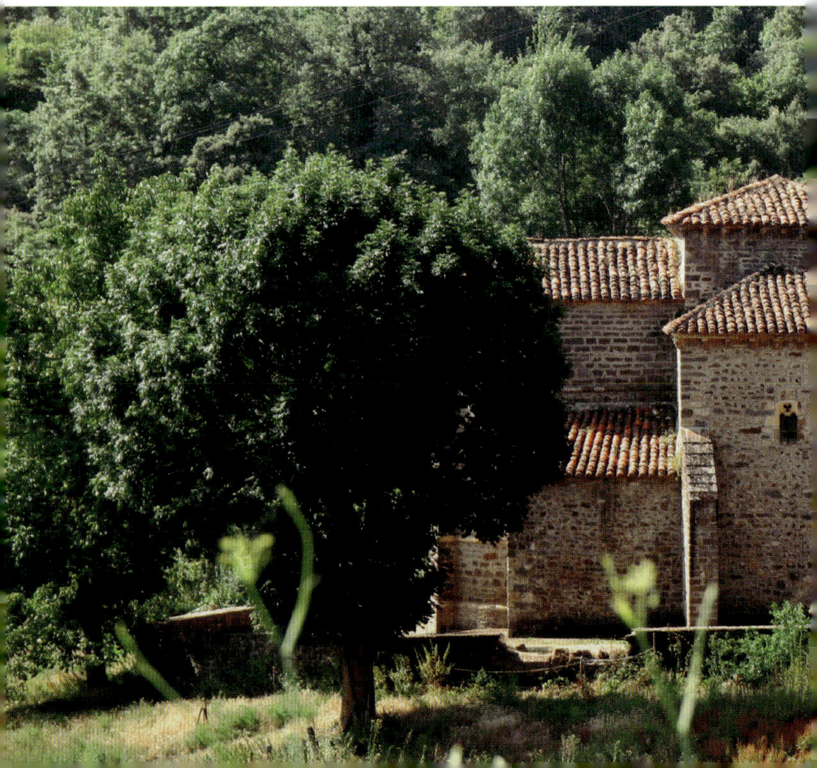

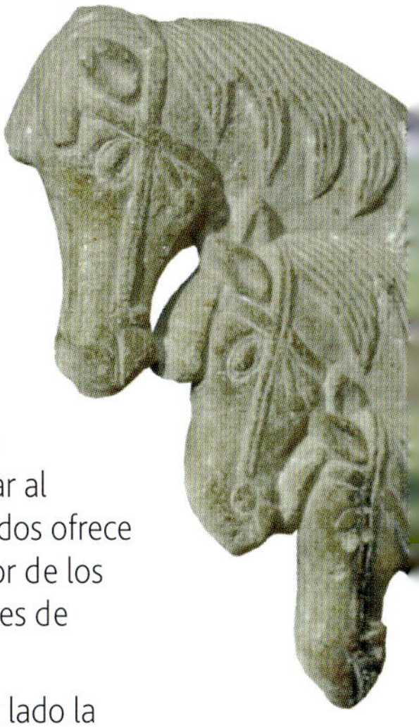

Antes de llegar a Piasca hay que pasar por una senda regada de pueblos pequeños, que se protegen al abrigo de las torres de sus iglesias –románicas en Matalbaniega, en Matamorisca, en San Salvador de Cantamuda (de parada obligada), en Camasobres...–. También dejamos atrás un imponente paisaje de montaña –con la cresta roma de Peña Labra guiándonos como faro de altura– antes de llegar al mirador de Piedrasluengas, que en días despejados ofrece desde sus 1.355 metros el majestuoso esplendor de los Picos de Europa, al fondo, y los poblados bosques de Liébana, abajo, en el abismo.

Serpeando la línea de la carretera dejamos a un lado la venta amiga de Pepín y comenzamos a entrever, entre los montes, como pueblos caprichosamente colocados en un belén, Cueva, Avellanedo, Pesaguero, Basieda, Lomeña..., antes de llegar a la localidad de Cabezón de Liébana. Y, andando, andando, tras recorrer este camino que tantas veces hollaron los pies de Juan de Piasca, el cantero que mejor supo dar expresividad a la piedra generosa de Becerril, llegamos al desvío que nos deja frente a la iglesia de Santa María.

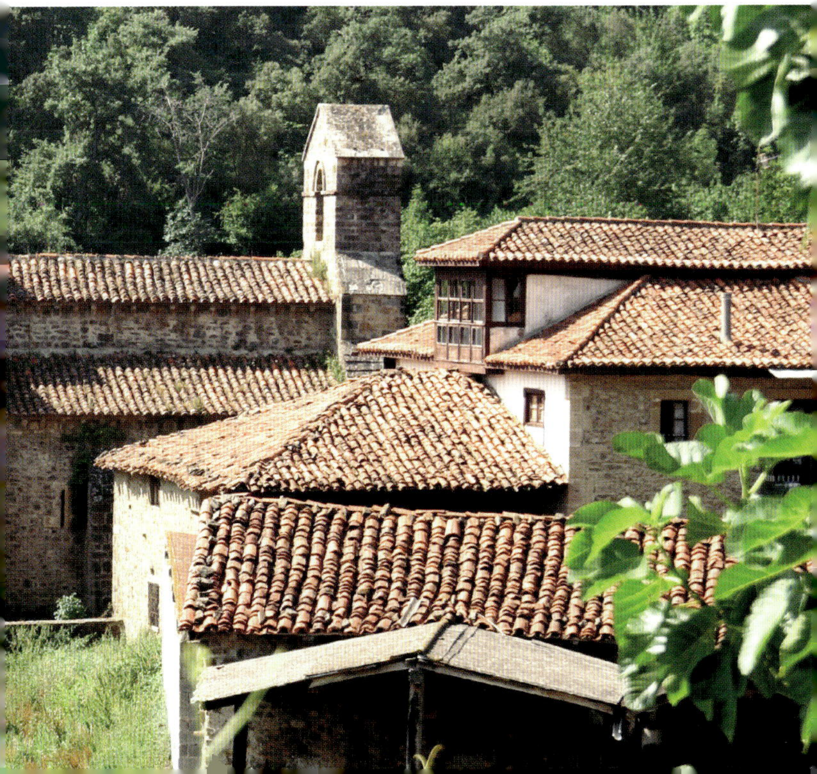

Iglesia de Santa María

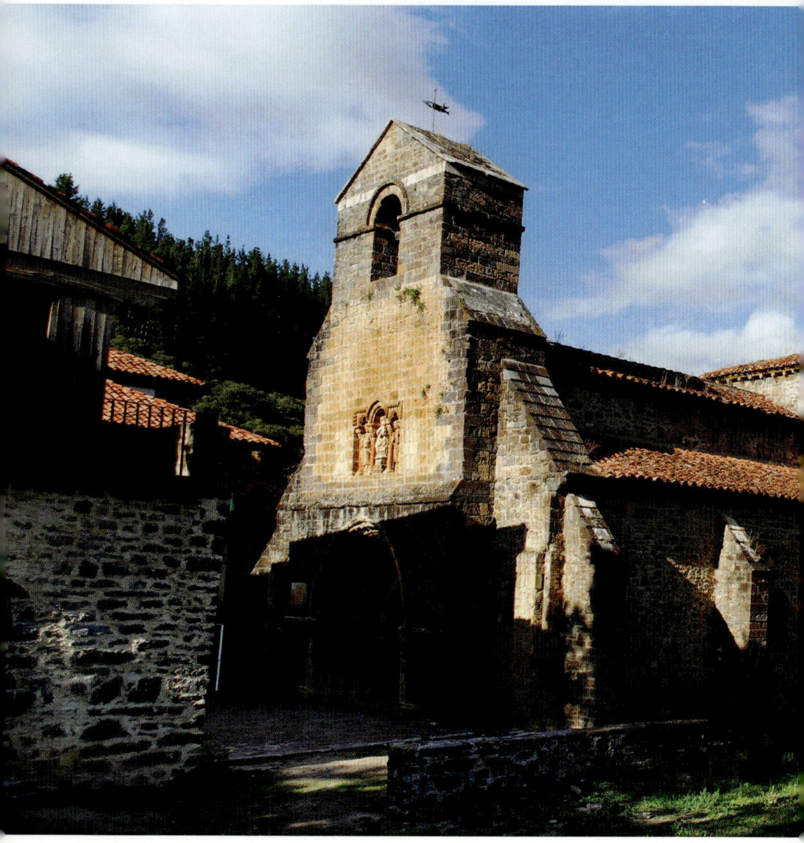

He dicho que la carretera nos dejaba frente a la iglesia de Santa María, pero en realidad donde nos deja es en la corralada de una casona montañesa, adornada siempre con flores muy bien cuidadas.

Quien llega hasta aquí por vez primera tiene la sensación de haberse equivocado, de haber entrado por error en una finca particular. Pero no. Estamos en el buen camino. Tan sólo hay que superar la habitual presencia amistosa de algún perro y aventurarse a pasar por la entrada que, al frente, nos pone, ahora sí, ante la majestuosa fachada oeste, en la que de inmediato atraen nuestra atención la puerta y el nicho columnado que se halla sobre ella.

Si este edificio –actualmente iglesia y antiguo monasterio– no tuviera, como tiene, otros elementos de gran valor, la sola presencia de esta espectacular portada lo colocaría entre los más valiosos de nuestro románico cántabro.

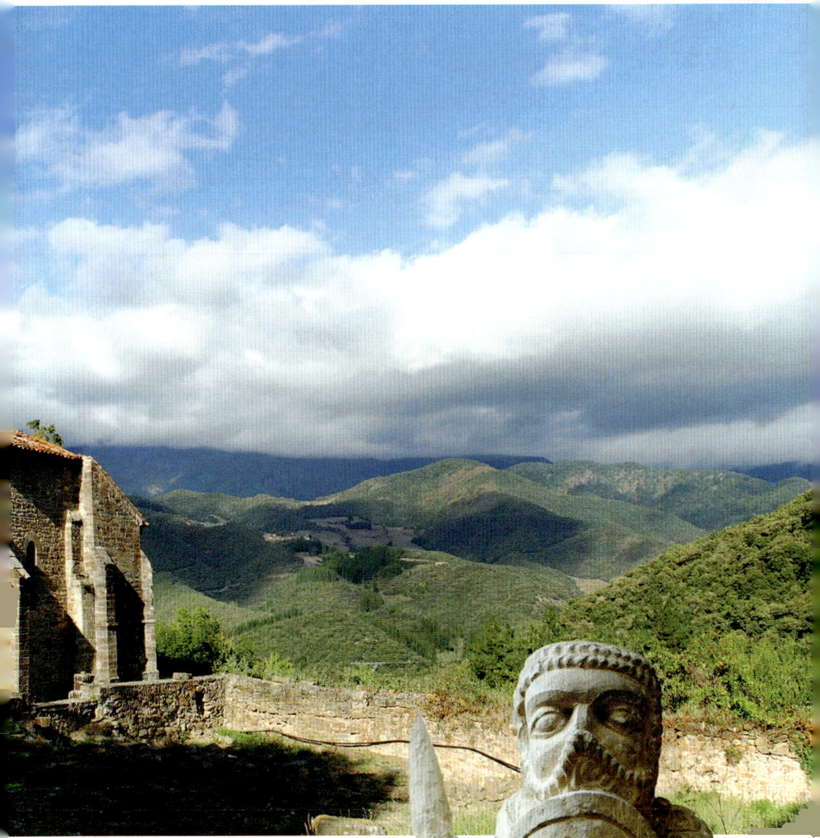

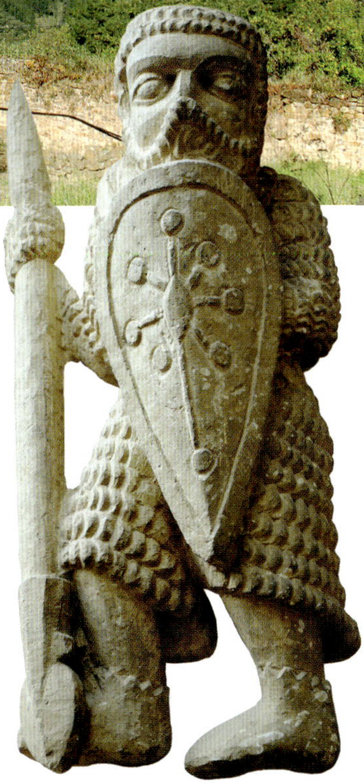

La puerta

Ya desde lejos comprobamos que la piedra de toda la puerta tiene el tono amarillento de la piedra caliza procedente de la citada cantera palentina. Una piedra blanda y agradecida para el trabajo de la talla. Una piedra que en su mayor parte pudo ser cincelada en el mismo lugar en que se extrajo –se dice que recién arrancada es tan blanda que se puede labrar con una navaja– y trasladada hasta aquí, bien protegida, en carros de bueyes.

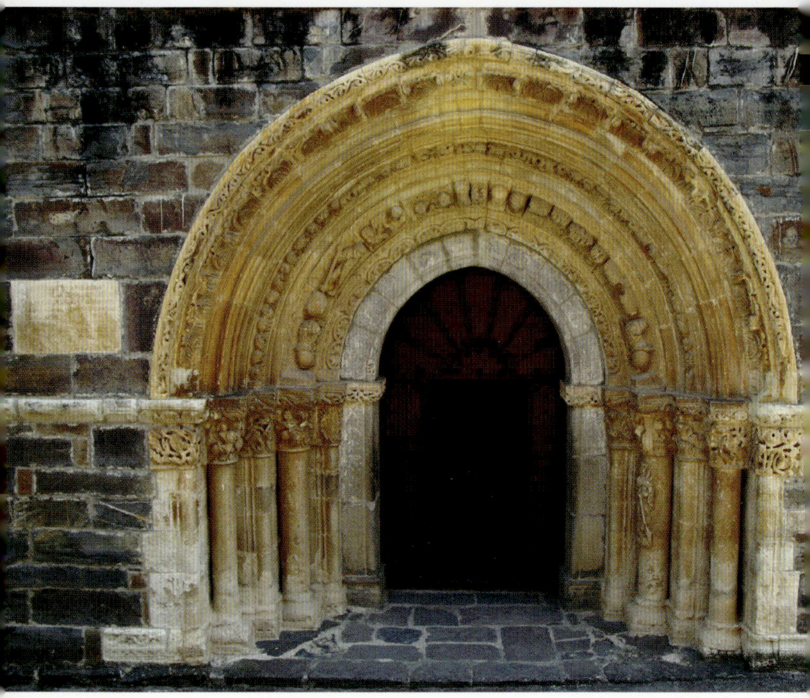

La puerta se adelanta al muro para soportar un tejadillo inclinado, y la profundidad que alcanza se salva con cinco arquivoltas ligeramente apuntadas en las que los canteros han realizado un trabajo espléndido, con mucho gusto estético e inigualable maestría. Las cinco están protegidas por una chambrana de sinuoso trazado vegetal.

La primera, la tercera y la quinta son de motivos vegetales, y muestran gran pericia en el calado. La segunda es sencilla, geométrica. La cuarta es en la que la imaginación y la mano de los tallistas se reflejan en todo su esplendor.

En ella hay motivos vegetales, animales y humanos: hay un león de perfil con el rostro de frente; hay una cabeza de animal que nos amedrenta con su gesto agresivo; hay un guerrero, pertrechado con cota de malla, lanza y escudo, y con cabello y bigote bien marcados; hay un personaje femenino y otro masculino, sentados en sendas sillas, que tocan a dos manos el mismo arpa; hay

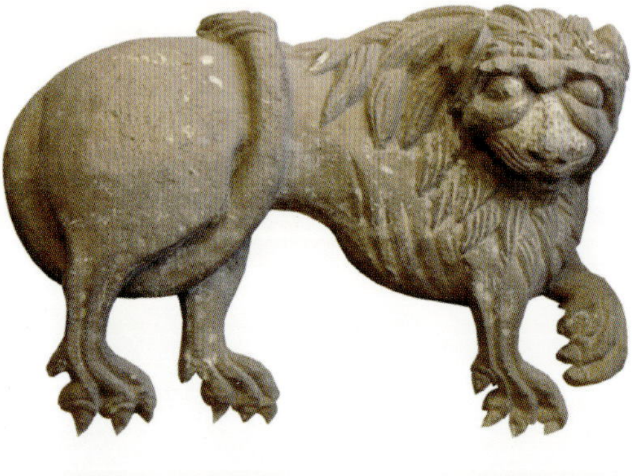

dos hombres músicos que tocan sus respectivos laúdes; hay una amenazante cabeza animal con las fauces abiertas, y un motivo vegetal que da paso a dos cabezas de monjes, salidas, sin duda de la mano de distintos canteros, una con mucha más pericia que la otra; hay acantos verticales que doblan sus puntas; y hay, al fin, otro león muy parecido al del inicio, del que se diferencia por la distinta posición de la cabeza.

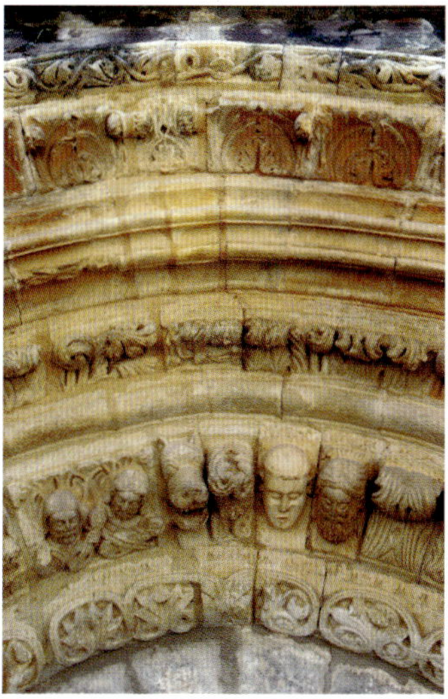

Detalle de las cinco arquivoltas

Las arquivoltas descansan sobre cinco capiteles dispuestos a cada lado. Pese a estar machacados en algunos casos y en otros en parte desaparecidos por expolio, muestran gran calidad en la talla de cestas y cimacios.

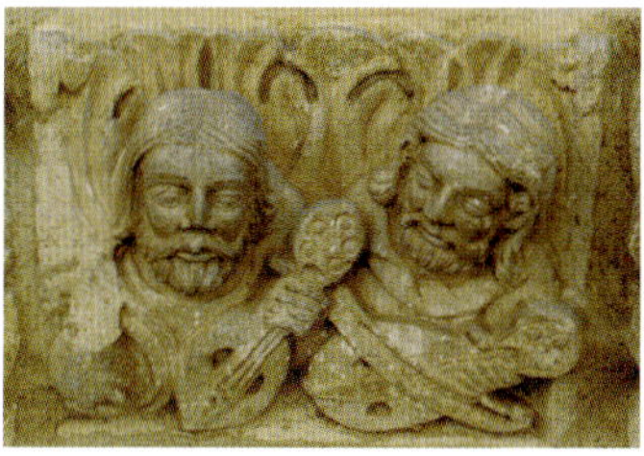

Rabelistas

Los del lado izquierdo presentan, de fuera a dentro, el primero, un relieve de calados entre los que se enrollan un animal fabuloso y un león de grandes garras; el segundo, dos centauros afrontados, armados con escudos redondos (arrancado en uno de ellos); el tercero, animales alados que se enfrentan mordiéndose la cabeza; el cuarto, destrozado, muestra a un caballero que sostiene las riendas de su montura con la mano izquierda, mientras levanta la derecha doblando su cuerpo hacia atrás; el quinto y último de este lado está, desgraciadamente, casi destruido.

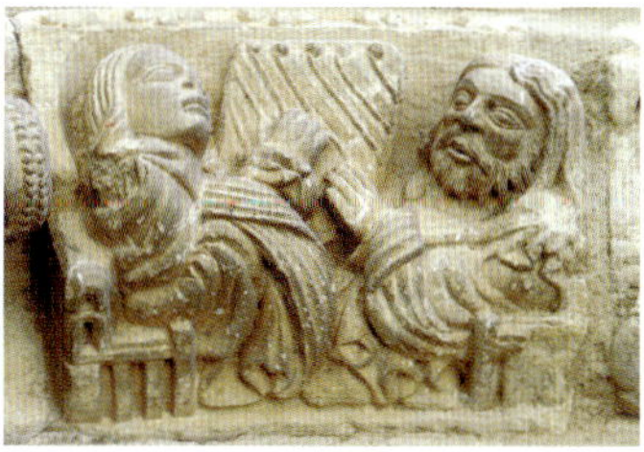

Arpistas

Los cinco del lado derecho, de nuevo de fuera a dentro, presentan, el primero, una escena que se corresponde con su compañero de la izquierda, en la que dos gallináceas y un león aparecen envueltos entre tallos que los abrazan; el segundo, dos animales con las cabezas enfrentadas, cuerpo de equino y alas que les surgen del vientre; el

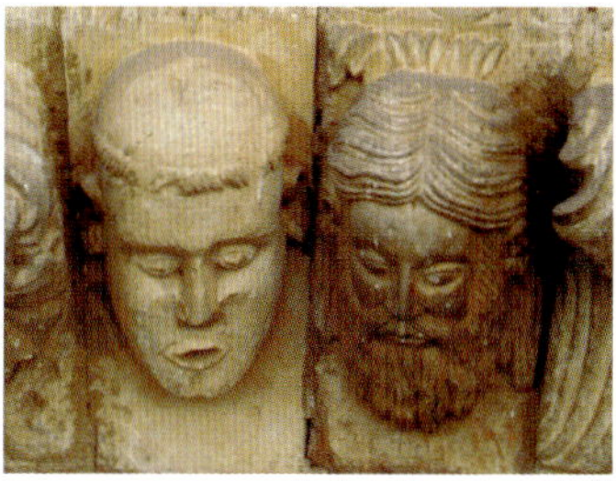

Monjes

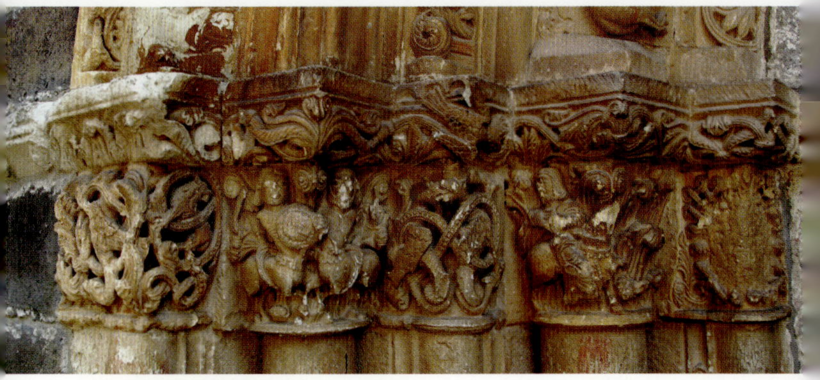
Capiteles del lado izquierdo

tercero es vegetal, con cesta de acantos; el cuarto, iconográfico, presenta a la izquierda una figura de mujer, a la derecha un hombre sentado que tiene junto a su cabeza otra cabeza hacia abajo, como caída del cielo o volando, y en el centro los restos de una figura que ha sido arrancada brutalmente por algún desaprensivo; el quinto y último se parece mucho al tercero, con acantos que vuelven sus puntas.

Cabe destacar también el fuste del cuarto capitel de este lado derecho, en el que el relieve del arcángel San Miguel, muy deteriorado, hace las veces de estatua-columna, luchando contra el dragón que se halla a sus pies.

El nicho columnado

Elevando la vista, podemos ver las estatuas románicas de San Pedro y San Pablo, que flanquean otra de una Virgen con el Niño, ya del siglo XVI. Están protegidas por columnas rematadas con capiteles bien trabajados y miden más de 1,50 m de altura. Las dos

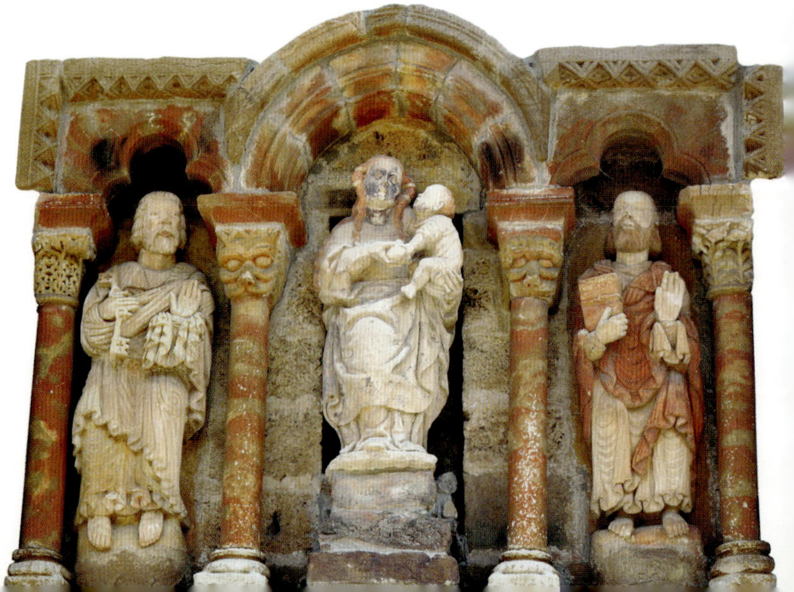

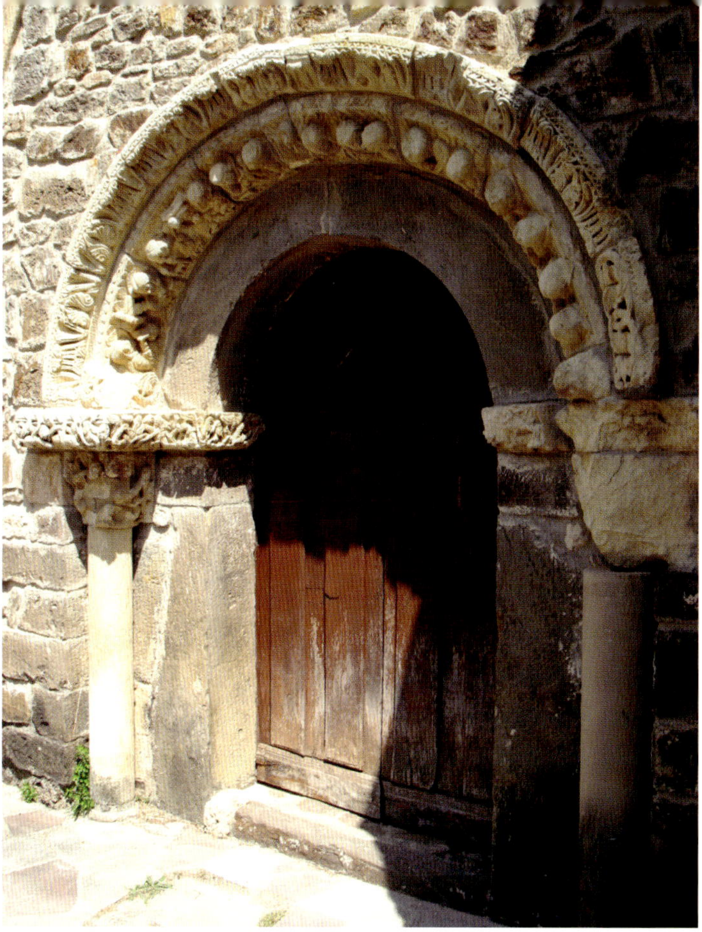

Puerta del Sur

muestran postura similar, con su mano izquierda de frente y abierta, y la derecha sujetando los objetos que les distinguen. Tienen los pies visibles y paralelos, y su vestimenta es parecida, con saya baja, túnica y capa. Toda ella con los pliegues remarcados.

La puerta del Sur

Si nos dirigimos ahora hacia la derecha, podremos ver, al otro lado de la tapia, los restos del antiguo monasterio, que han salido a la luz tras sucesivas excavaciones arqueológicas. Y, en la fachada de ese lado sur, la puerta que se abre con dos arquivoltas de medio punto, la exterior con acantos y la interior con una rica iconografía que no desmerece en nada la que acabamos de dejar atrás en la cuarta arquivolta de la puerta oeste.

Esta arquivolta comienza, desde la izquierda, con tallos de trayectoria serpentiforme; sigue con la escena de una fragua, donde un personaje barbado golpea una pieza con un martillo y otro anima el fuego con el fuelle; la siguiente escena muestra un hombre, también barbado, que sostiene un libro con la mano izquierda y escribe con la derecha, mientras un ángel, frente a él, levanta el ala derecha; aparecen luego dos personajes con barba y

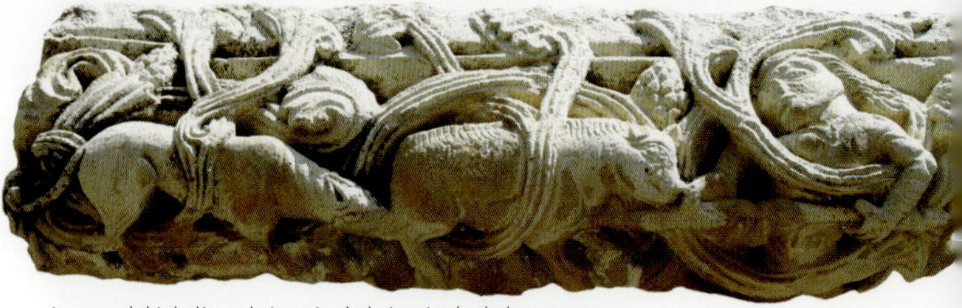

La caza del jabalí en el cimacio de la izquierda de la ventana

Escena del beso

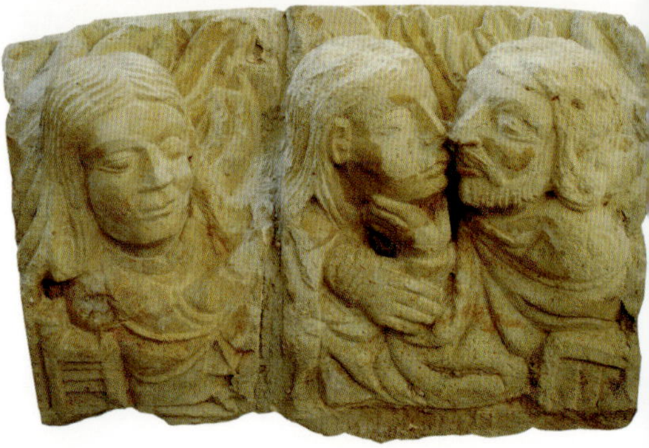

gorro plano que parecen coser unas túnicas; sigue un acanto, que da paso a la famosa escena en la que una pareja se besa, acariciando el hombre con suavidad la barbilla de la mujer mientras ella toca su mano, y otra mujer observa la escena; vienen después dos músicos con rabel, y dos parejas de monjes encapuchados, leyendo o cantando. Estas últimas figuras muestran un estado de paulatino deterioro, en este caso por erosión natural, que ya es pleno en el cimacio y en el capitel del lado derecho.

El cimacio de la izquierda, sin embargo, aún se conserva bien, y muestra en su desarrollo varias escenas: la caza del jabalí, basiliscos o grifos, extraños animales alados con cabezas de lobo, un busto humano armado con arco que se enfrenta a un basilisco, y la cabeza de un animal fabuloso.

La cabecera exterior

Me he dejado atrapar por la primera impresión que nos ha causado la vista del edificio y aún no te he hablado de su planta. Llegados aquí, y antes de iniciar el análisis de la cabecera, es el momento de decir que el edificio tiene planta basilical, con tres naves, la central más alta y más ancha, y tres ábsides, el de la epístola y el central en semicírculo, y el del evangelio rectangular, aunque posiblemente en origen fuese igual que el de la epístola. En altura sobresale el crucero, que se destaca sobre el resto de la cubierta.

Si desde la puerta sur avanzamos hacia la cabecera, podremos ver que en ella se concentra una obra artística de gran calidad, sobre todo en la ventana principal del ábside central y en el conjunto de canecillos, capiteles y metopas del alero. Por su ejecución y por los temas que trata, no hay duda

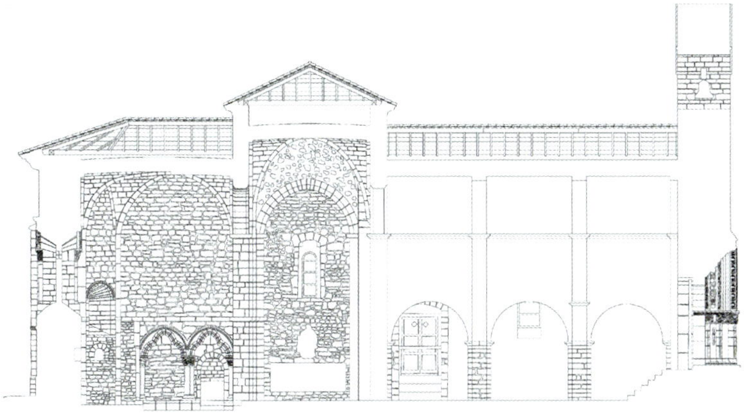

Sección longitudinal

de que han salido de las mismas manos que trabajaron las figuras de las dos puertas que acabamos de dejar atrás.

Debo decirte que los canecillos, los capiteles y las metopas que puedes contemplar ahora, tanto en el ábside de la epístola como en el central, no son los originales. Ante el estado de descomposición que presentaban, se optó por retirarlos para su conservación y poner en su lugar reproducciones fieles. En la misma intervención se colocaron placas impermeabilizantes para proteger ambos ábsides. Los originales se guardan en un edificio anexo, junto con los moldes utilizados para su reproducción. No obstante, y para dejar constancia de la fidelidad del trabajo, se ha dejado *in situ* dos piezas originales para ver si el espectador puede descubrirlas (cuando terminemos la visita te diré cuáles son; ahora quiero que, con tu sagacidad, intentes identificarlas sin mi ayuda. Además, te voy a presentar en esta guía, a modo de comparación, el antes y el ahora de algunas figuras para que calibres la calidad de su reproducción).

Vista de la cabecera desde el exterior

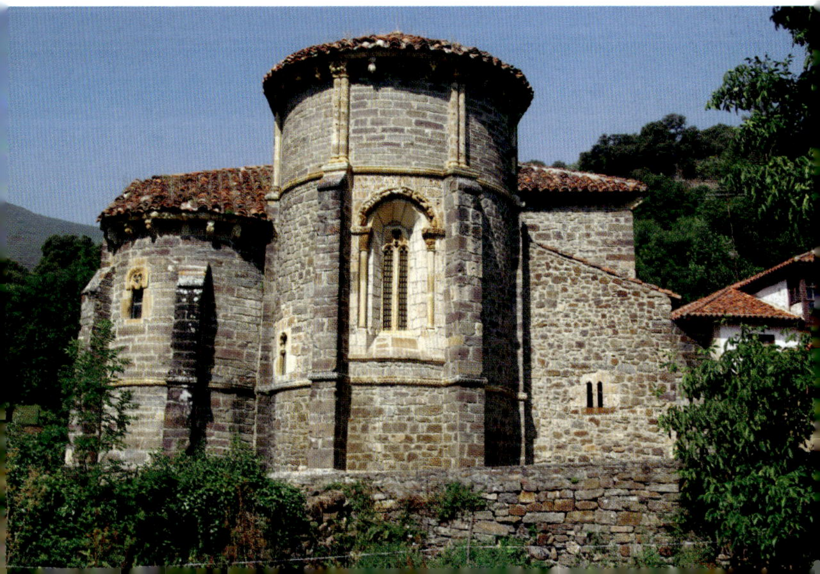

Siete canecillos y siete metopas tiene el ábside de la epístola, entre los que podemos distinguir basiliscos, lechuzas, sirenas de doble cola, cabezas de hombre tocando un cuerno, extraños grifos, pájaros con cabeza humana, hojas de acanto, zarcillos…

El ábside central presenta la que muchos consideran la cornisa románica más sobresaliente de cuantas existen en Cantabria, por la riqueza de sus temas y la perfección del conjunto. En ella queda a la vista el sentido barroco y preciosista de los artistas románicos, y esa especie de *horror vacui* que les llevó a trabajar con fruición cada detalle en capiteles, canecillos y metopas. Abundan los motivos de molinillos, las marañas de cintas y los tallos «achurrados», las flores octopétalas inscritas en círculos, los acantos, las volutas… Y también hay grifos, sirenas, centauros luchando (en similar posición a los que vimos en la puerta principal), grullas que pican a culebras, arpías, águilas, músicos tocando el rabel, arpistas, bailarinas… Y bellas escenas bíblicas en los dos capiteles centrales: la del izquierdo de difícil identificación; la del derecho con la representación del sacrificio de Isaac, magníficamente compuesta.

La ventana central es grande, esbelta, y está enmarcada por dos columnas de fustes muy altos que se rematan con capiteles

Antes de la restauración

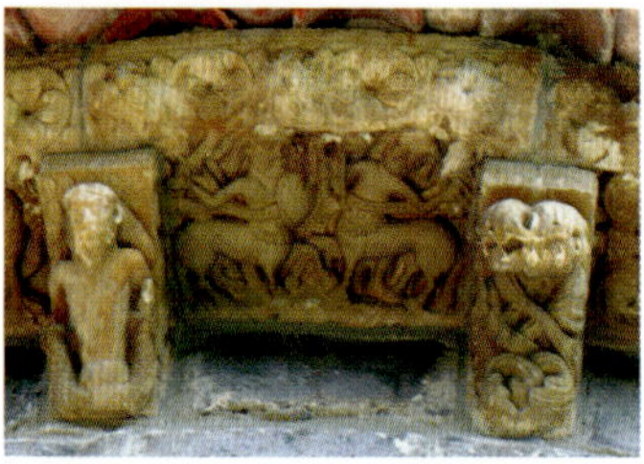

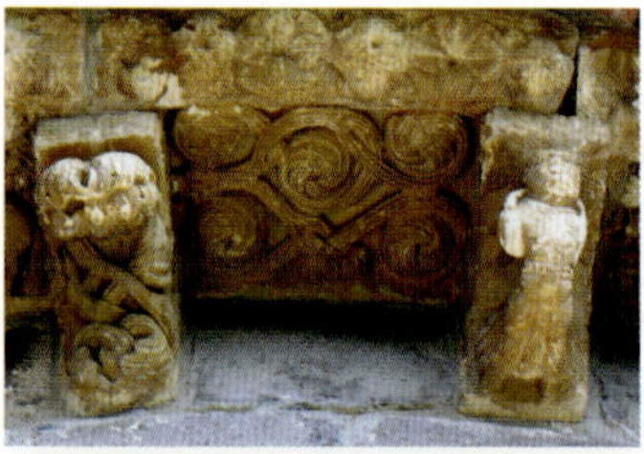

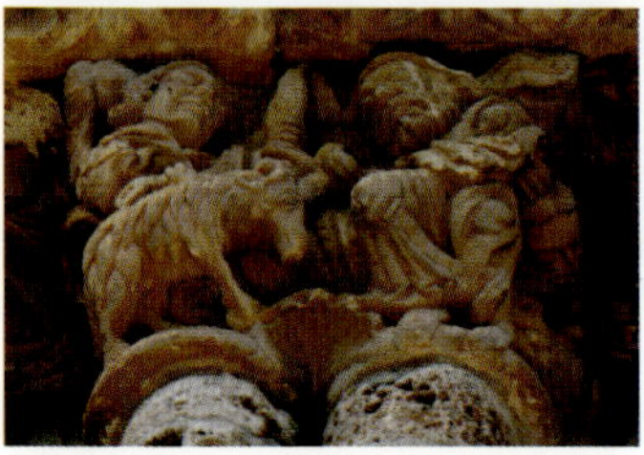

Después de la restauración

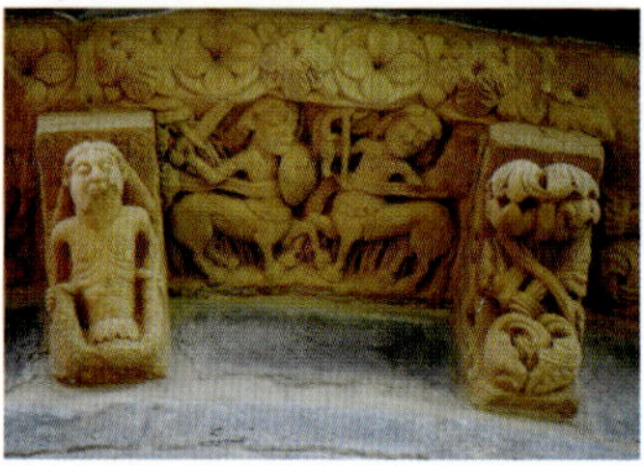

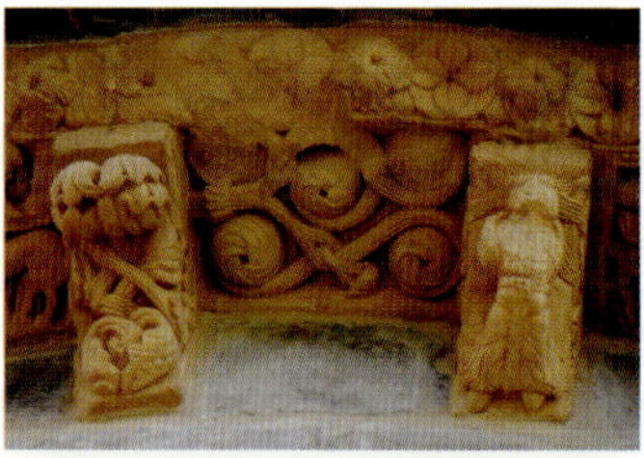

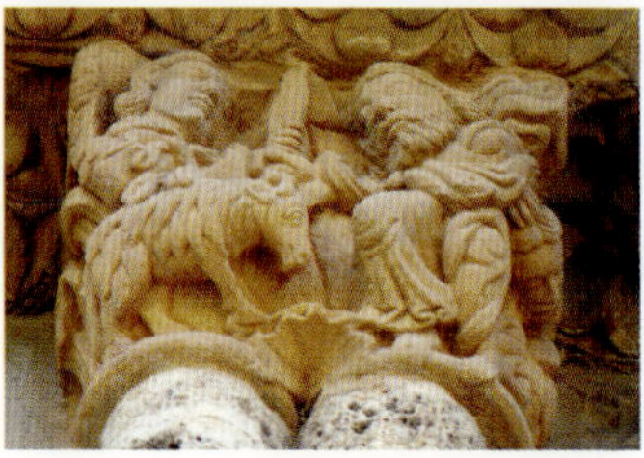

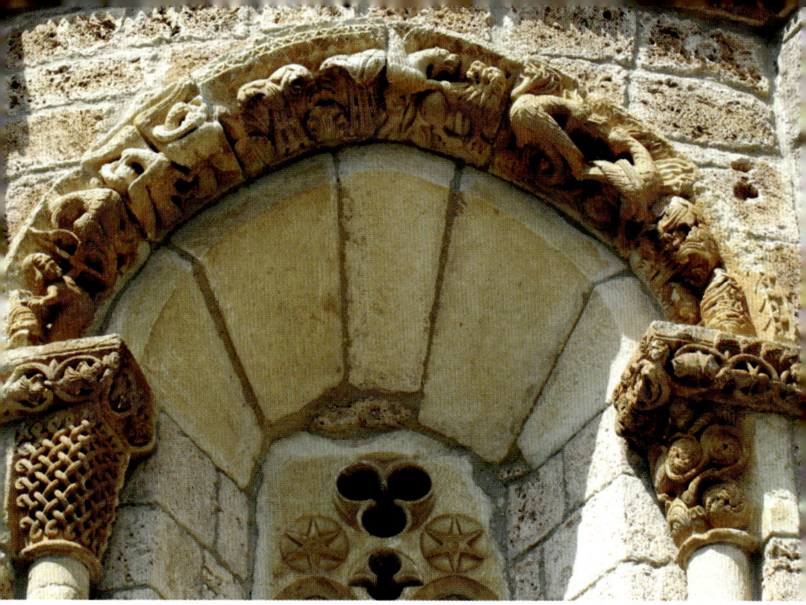

Detalle de la ventana central del ábside mayor

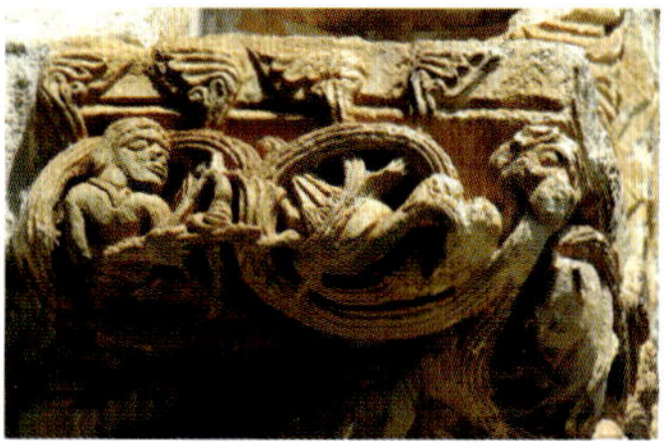

Lateral del cimacio del capitel derecho

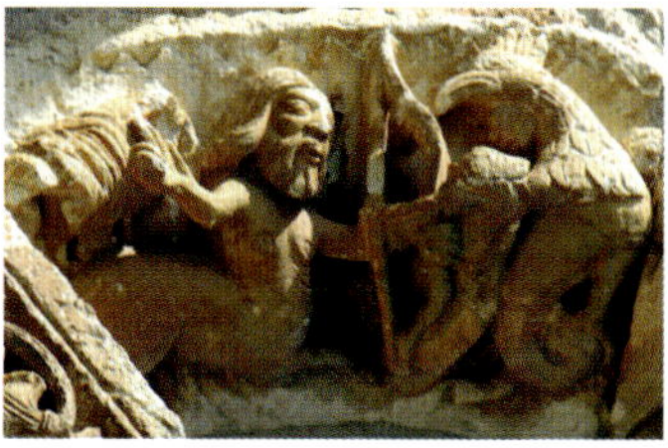

Primera dovela de la arquivolta

de molinillos, el derecho, y de cestería, el izquierdo. El cimacio derecho presenta en el frente una escena de caza del jabalí, muy parecida a la que vimos en la puerta sur, y en el lateral un personaje con arco que dispara a un ave. El izquierdo tiene motivos vegetales en las dos caras.

La arquivolta sigue la estética de cuanto hemos visto hasta ahora, y presenta, sucesivamente, un centauro disparando con su arco a un basilisco, dos animales desplegando las alas, acantos verticales, un dragón que se enfrenta a un león, dos animales con cabeza de felino que se muerden entre sí, acantos verticales y acantos de puntas dobladas.

Avanzando por el lado norte del transepto, para dirigirnos al interior rodeando el edificio, todavía podemos demorarnos en la contemplación de los diez canecillos iconográficos que sostienen su alero, rematados con una bella cabeza masculina en esquina, que da paso a los siete que componen su lado oeste.

El interior

Sólo con asomarnos al interior descubrimos la presencia imponente de las tres naves y del alto crucero central. Y podemos apreciar al fondo la inclinación hacia la izquierda de la parte alta de la cabecera, acaso debida a los problemas de filtraciones que se producen en esta zona de vaguada.

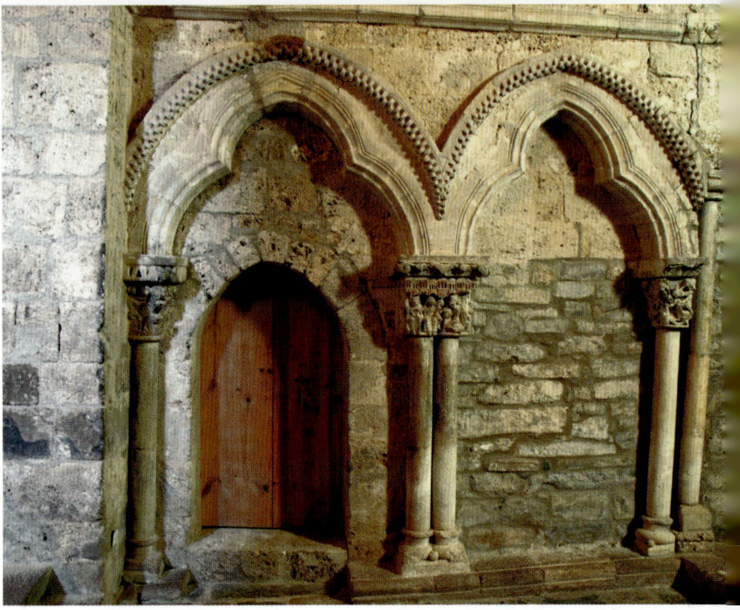

Arquería del lado del evangelio

Lados izquierdo y derecho del capitel central

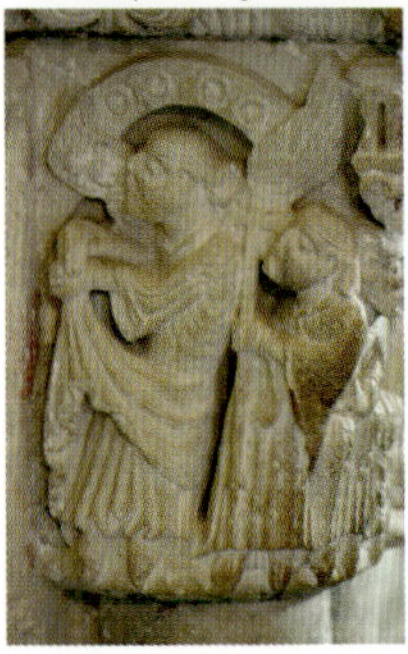

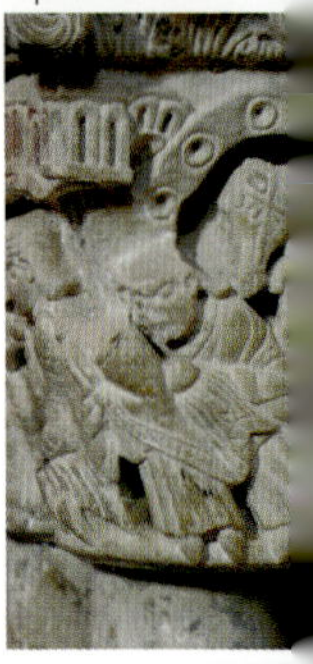

Los motivos románicos más atractivos se concentran en la cabecera, en los capiteles de las arquerías del lado del evangelio y de la epístola. Todos tienen una talla muy elaborada y merecen que los contemplemos con atención. Además, están en una situación que nos permite analizarlos de cerca. Pero yo me voy a detener en los centrales de cada lado, ambos dobles.

El del evangelio muestra la escena de la Adoración de los Reyes Magos. Las figuras están colocadas bajo una secuencia de torres que representan la Jerusalén Celeste. En la parte frontal aparecen representados San José –con gesto ausente y apesadumbrado, tan repetido en la iconografía románica–, a su derecha la Virgen, sentada frontalmente, con el Niño sobre su pierna, de medio lado, que mira con atención al primer rey. Siguen,

Vista delantera del capitel central

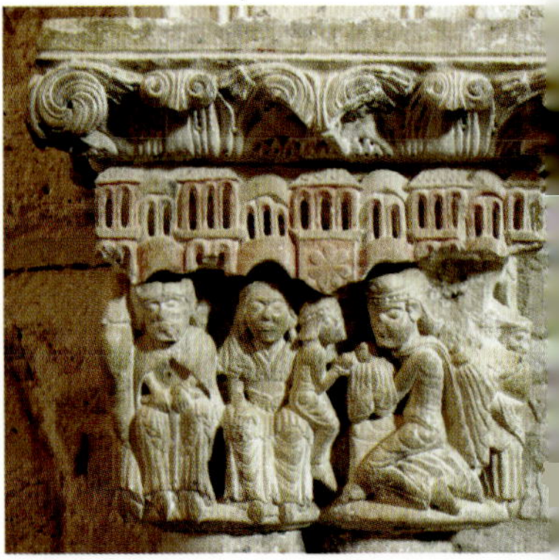

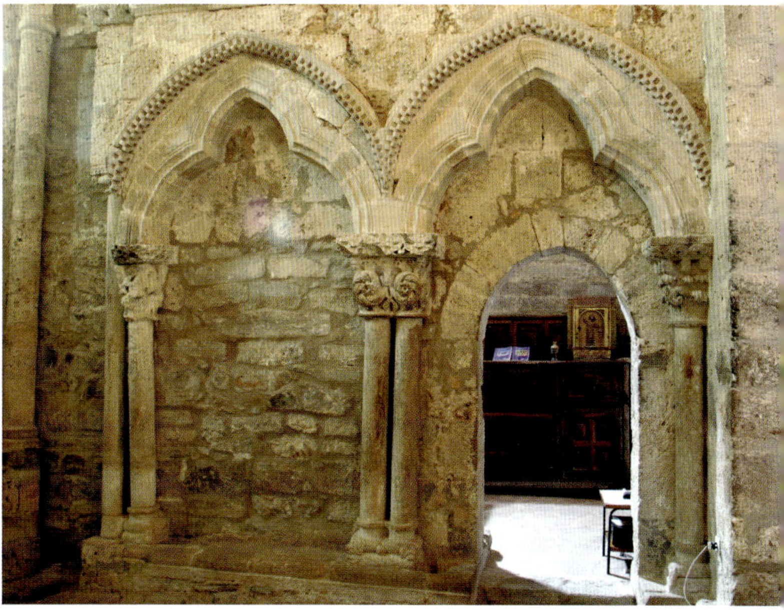

Arquería del lado de la epístola

Capitel central del lado de la epístola

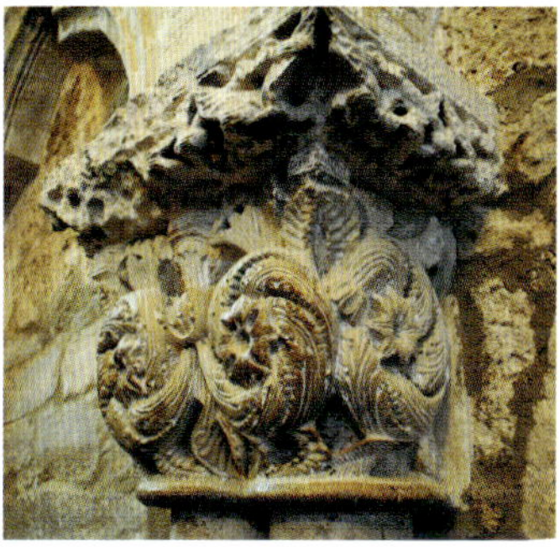

Capitel derecho del lado de la epístola

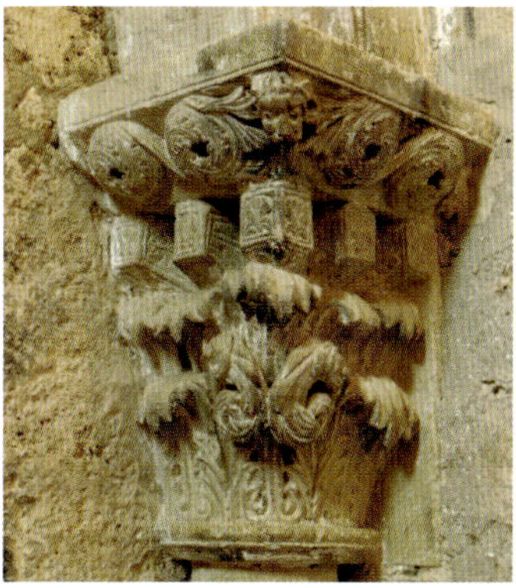

en el lateral derecho, las figuras de los otros dos reyes –uno de ellos descabezado– y de los tres caballos; en el lateral izquierdo hay dos figuras, un ángel y un joven tras él que porta lo que parece una cruz procesional.

El otro capitel está construido a base de molinillos de palmas. Tiene gran perfección en su labor de trépano y transmite la sensación de que el maestro cantero dominaba a las mil maravillas la talla del aire.

De nuevo hacia el exterior

Salgamos de nuevo hacia el exterior del edificio. Durante toda la visita no ha dejado de rondar por mi cabeza la figura de Juan de Piasca. Creo que acertaremos si consideramos que fueron sus manos y las de su escuela las que trabajaron en este edificio a las órdenes de Covaterio, el maestro de obra, que es quien aparece nombrado en la lápida de dedicación que podemos ver ahora a la derecha de la puerta, y que dice que la iglesia se terminó de construir en el año 1172.

Las huellas artísticas que dejó Juan de Piasca en su pueblo tienen gran parecido con las que trazó por Vallespinoso de Aguilar, Rebolledo de la Torre (donde firmó su trabajo en 1186), en Pozancos, en Henestrosas de las Quintanillas (Cantabria)..., en un peregrinaje que sembró por esta geografía cercana una estética, que se iba alejando del hieratismo de sus contemporáneos.

Dirijo ahora mis pasos hacia la sombra de una higuera que hay en un lateral, al fondo del edificio. Me siento en una piedra desde donde puedo ver cómodamente toda la fachada suroeste. Saco la cámara fotográfica y aprovecho la espléndida luminosidad del día. Comienzo a cazar imágenes. (No, no me he olvidado. El canecillo y la metopa originales, que dejaron en su lugar para que comprobásemos la calidad de las reproducciones, están en el ábside central, inmediatamente a la derecha del capitel del sacrificio de Isaac. Son la metopa contigua al capitel, y el canecillo del águila).

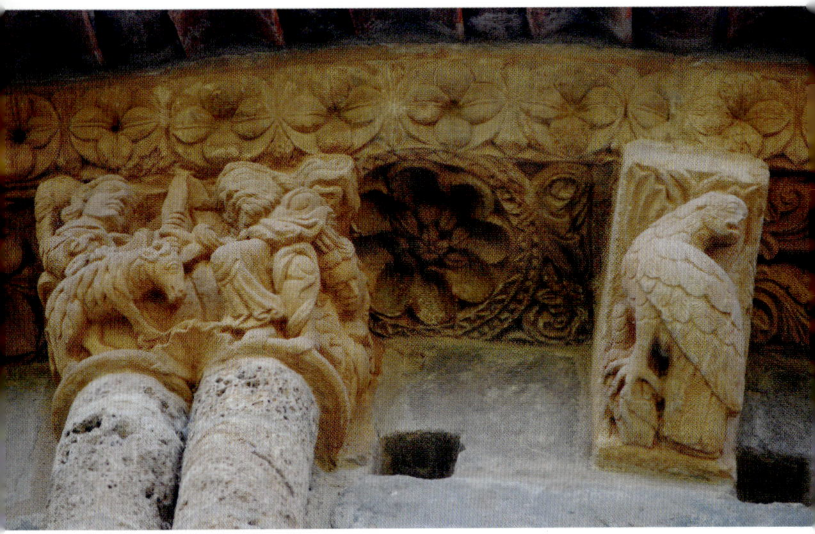

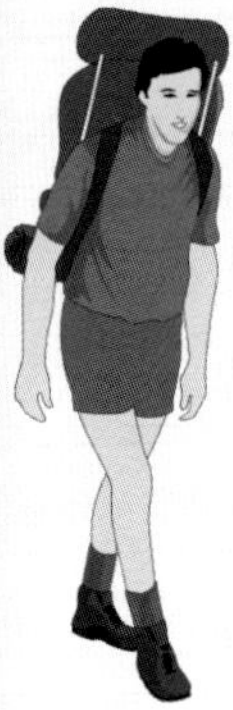

Final de la visita

Terminada la visita, llega el momento de dirigirnos hacia Potes, la capital de Liébana, que nos recibe siempre acogedora, con profusión de comercios en sus soportales. Aquí se ofrece la rica y variada gastronomía de la zona: orujo, tostadillo, miel, repostería..., y toda clase de quesos, entre los que no puedes dejar de probar el quesuco de Liébana y el picón de Bejes-Tresviso, ambos con denominación de origen.

Y estando aquí, a cinco kilómetros de Santo Toribio, sería imperdonable no visitar el monasterio de su nombre, centro de peregrinación de la cristiandad en el que se adora un pedazo de la madera de la vera cruz y lugar desde donde Beato de Liébana defendió la filiación divina de Cristo. A partir de la iluminación de sus *Comentarios al Apocalipsis*, nacieron los bellos códices que en su honor se llaman Beatos.

El monasterio conserva sus dos portadas románicas, que mantienen desgastados vestigios de su antiguo esplendor.

Por todo este monte hay sembrados restos de ermitas que forman alrededor de Santo Toribio una especie de aréola mística, con huellas románicas en la espadaña de Santa Catalina, desde donde la visión de Potes y de los Picos de Europa resulta espectacular. (Por cierto, si el día es despejado, es casi obligado que te acerques hasta Fuente Dé para contemplar de cerca, al pie de su antiguo circo glaciar, la sobrecogedora presencia de esos picos).

Y si después decides regresar a la capital de Cantabria por el desfiladero de La Hermida, no dejes de visitar, en un pequeño respiro que te ofrece la angostura de los montes, la pequeña joya mozárabe de Santa María de Lebeña.

En verdad, merece la pena.